J. Miranda und P. Mercado

DIE GEHEIMEN WUNDERWAFFEN DES III. REICHES

J. Miranda und P. Mercado

DIE GEHEIMEN WUNDER-WAFFEN DES III. REICHES

DÖRFLER
ZEITGESCHICHTE

Copyright © by GeraNova Zeitschriftenverlag GmbH,
München

Genehmigte Lizenzausgabe für Edition DÖRFLER im
NEBEL VERLAG GmbH, Eggolsheim

Umschlaggestaltung: Andreas Dorn

ISBN 3-89555-063-9

1 2 3 4 5   6 5 4 3 2

Inhalt

Einführung

Der besondere Dank der Autoren gilt David Masters und seiner Familie für deren umfassende Hilfe bei der Erstellung dieses Buches.

Dieses Buch befaßt sich sowohl mit echten Flugkörpern, welche gebaut wurden und auch flogen, als auch mit phantastischen Projekten, welche nie das Zeichenbrett verließen. Um Irrtümer zu vermeiden, sind alle Zeichnungen, welche „Projekte" betreffen, mit einem * vermerkt.

Die meisten Zeichnungen sind im Maßstab 1:72 gehalten - sehr zum Vorteil der Modellbauer. Davon abweichende Maßstäbe sind neben der jeweiligen Zeichnung vermerkt.

Um die Einbildungskraft des Lesers zu stärken und die Illustrationen anschaulicher zu machen, beschlossen die Autoren, einige dieser Projekte in Farbe darzustellen, mit den Markierungen und Tarn-mustern, wie sie die Luftwaffe benutzte.

J. Miranda und P. Mercado

Die geheimen Wunderwaffen

Als sich in den letzten Monaten des Jahres 1942 das Zünglein an der Waage des Militärpotentials auf die Seite der Alliierten neigte, mußten die Achsenmächte ihre Strategie „Erobern und Beherrschen" aufgeben und durch die Strategie „Verteidigung des Reichsgebiets" ersetzen. Die industrielle Reorganisation, welche diese plötzliche Umstellung der politischen Ziele verlangte, war so gewaltig, daß sie Deutschland nur teilweise durchführen konnte. Dazu gehörte, daß man

- ganze Fabriken in befestigte Tunnels verlegte,
- die Fertigung über das ganze Land verteilte, um deren Ausbombung durch den Feind zu erschweren,
- die Entwicklung neuer chemischer Technologien, um den Mangel an Rohmaterial wie Gummi und Öl auszugleichen,
- physikalische Grundsätze in allen Richtungen zu durchforschen, in der Hoffnung, auf alternative Herstellungsmethoden zu stoßen,
- neue Materialien, Systeme und Techniken zu finden
- ... und vielleicht sogar die „Wunderwaffe".

Ihre geographische Lage zwang die Alliierten, mit Hilfe von Flugzeugen den Krieg ins deutsche Reichsgebiet zu tragen. Bombenangriffe richteten bei der Rüstungsindustrie verhältnismäßig wenig Schaden an, zeigten aber eine verheerende Wirkung bei der Zivilbevölkerung. Und das war der Grund, warum die Luftverteidigung höchste Priorität hatte: Flak, Raketen, Radar und Abfangjäger.

Die deutschen Wissenschaftler und Techniker, hoch motiviert und mit allen erforderlichen Mitteln ausgestattet, arbeiteten mit Hochdruck und entwickelten eine Unmenge von Projekten - in ihrer Vielfalt und Genialität einmalig in der Geschichte der Luftfahrt! Vor allem wenn man bedenkt, daß es ihnen trotz Personalmangel und dem kurzen Zeitraum von fünf Jahren gelang, so erstaunliche wissenschaftliche und technologische Leistungen zu erbringen.

Die Phantasie der heutigen Techniker basiert in hohem Maße auf so konservative Grundlagen wie Gewinn, Nutzen, Sicherheit, usw., in Friedenszeiten durchaus verständlich. Exotische Ideen, welche nicht schon durch den Computer ad absurdum geführt werden, scheiden spätestens bei den Windkanalversuchen aus. Ihre deutschen Kollegen von 1943 dagegen hatten nichts zu verlieren - sie probierten einfach alles ... und oftmals mit Erfolg, wie die Siegermächte, die sich in den Nachkriegsjahren damit beschäftigten, bestätigten.

Der erste Flugkörper

„Das größte Ziel der Welt", welches deutsche Piloten mit ihren Bomben nicht verfehlen konnten, war 1940 die Großstadt London. Aber was war das kleinste und schwierigste Ziel? Das war ohne Zweifel ein kleiner englischer Zerstörer, der verzweifelt versuchte, einen Stukaangriff auszumanövrieren.

Seeziele waren sehr schwer zu treffen, das ist durch eine Reihe von Luftangriffen der Italiener auf das große und schwerfällige britische Schlachtschiff HMS Warspite am 7. Dez. 1940 bewiesen worden: von 300 Bomben, welche zwischen 8.50 und 11.50 Uhr abgeworfen worden waren, hat nicht eine einzige das Ziel getroffen!

Nur durch den außergewöhnlichen Mut deutscher und japanischer Stukapiloten konnten taktische Erfolge erzielt werden - jedoch zu einem unverhältnismäßig hohen Preis! Die hohen Verluste an Menschen und Material durch die Flak und die Abfangjäger der alliierten Flotte standen in keinem Verhältnis zu den Erfolgen.

Die Japaner glaubten eine Antwort darauf gefunden zu haben, durch das Opfern der Piloten ihrer Spezial-Angriffseinheiten „Kamikaze" und „Tokubetsu". Die Deutschen entwickelten gesteuerte Flugkörper, welche in großer Entfernung vom Ziel von Flugzeugen aus gestartet wurden und welche dadurch nicht der wirkungsvollen feindlichen Luftabwehr ausgesetzt waren. Anfangs bestanden diese aus bereits vorhandenen und im praktischen Einsatz erprobten Waffen.

Durch die Anbringung von Tragflächen und Steuerflossen konnten normale Bomben und Torpedos bis zum Aufschlag auf ihr Ziel zugleiten. Gelenkt wurden sie durch Drahtsteuerung, Funkstrahl oder den ersten passiven Radarsensoren, Infrarotstrahlen, oder in sie eingebauten Akustik- oder Magnetfelder. Vom Mai 1944 an wurden auch die sog. „Mistel-Bomber" eingesetzt, zu fliegenden Bomben umgebaute Kampfflugzeuge, welche, Autopilot-gesteuert, ihr Ziel anflogen.

Im Gegensatz dazu gab es noch zwei deutsche Flugzeug-Entwürfe, welche nur für unbemannte Einsätze bestimmt waren: die Arado E 377 und die Fieseler Fi 103. Das Konzept der Ersteren, vorgesehen, die anfänglichen „Mistel"-Modelle zu ersetzen, war der Abschuß in Sichtweite des Ziels und die Führung durch eine Kreiselkompass-Gradlaufsteuerung.

Der zweite Entwurf, die Fieseler Fi 103, war der erste einsatzfähige Marschflugkörper der Militärgeschichte, welcher während des Fluges mit Hilfe einer Kreiseleinrichtung und eines Magnetkompasses Kurskorrekturen zum Ziel selbständig ausführen konnte.

Diese Waffe wurde ab Juni 1944 unter der propagandistischen Bezeichnung V-1 (Vergeltungswaffe Nr.1) eingesetzt und begann damit eine neue Art der Kriegführung, welche die Strategiekonzepte der nächsten Jahrzehnte grundlegend veränderte.

Ruhrstahl/Kramer X-1 „Fritz-X"

Ihre offizielle Bezeichnung war PC 1400X und sie war eine Verbesserung der panzerbrechenden Bombe PC 1400 „Fritz", wie sie von der Luftwaffe gegen große Schlachtschiffe eingesetzt wurde. Sie hatte einen panzerbrechenden Kopf, einen dicken Stahlmantel, um die Kräfte beim Aufschlag auf das Schiff zu absorbieren, und 300 kg „Amatol"-Sprengstoff. In ihrem Rumpf waren direkt hinter dem Aufschlagzünder ein Funkempfänger und eine elektromechanische Vorrichtung eingebaut, welche Steuerimpulse an die vorderen Steuerflächen weitergab und so ihren Bahnneigungswinkel beeinflußte.

Die „Fritz" wurde von einem in großer Höhe fliegenden Flugzeug wie eine normale Bombe abgeworfen. Um sie während des Fallens besser beobachten zu können, waren an ihrem Rumpfende Rauchkörper angebracht. Dann wurde durch einen gut ausgebildeten, geschickten Bombenschützen im Bug der Abwurfmaschine der Fallwinkel der Bombe durch vorsichtige Funkimpulse solange korrigiert, bis Fallwinkel und Ziel übereinstimmten.

<u>Einsatzgebiete</u>

Die „Fritz-X" wurde im Mittelmeer am 8. August 1943 eingesetzt und von den Do 217 K-2 und K-3 der II/KG100 gestartet. Dabei wurde das italienische Schlachtschiff „Roma" versenkt und die „Italia" schwer beschädigt.

An alliierten Schiffen wurden mit dieser Bombe der Zerstörer „Janus" versenkt, und das Schlachtschiff „Warspite" und die Kreuzer „Savannah" und „Uganda" beschädigt.

Verglichen mit den ausgesprochen konservativen Statistiken dieser Zeit wären 5.000 konventionelle Bomben nötig gewesen, um das gleiche Resultat zu erzielen.

Die „Fritz-X" war auch gegen Landziele eingesetzt worden, z.B. gegen die Oderbrücken im April 1945.

<u>Technische Daten:</u>

Entwurf:	Büro Dr. Kramer, DVL (Deutsche Versuchsanstalt für Luftfahrt)
Entwicklungsstufe:	einsatzfähig
Material:	Panzerbrechender Spezialstahl von großer Wandstärke
Heck:	Kreuzform-Leitwerk, verstärkt durch einen zwölfteiligen Ring. In zwei Achsen bewegliche Flossen, betätigt durch eine Wagner Elektrosteuerung.
Antrieb:	Keiner für die ersten Versionen. Für später waren Feststoffraketen als Beschleuniger vorgesehen.
Ausrüstung:	Funkmeß-System Kehl/Straßburg (FuG203 und FuG230)
Sprengkopf:	320 kg Armatol
Länge:	3,26 m
Spannweite:	(Flossen) 1,35 m
Größter Durchmesser:	0,56 m
Startgewicht:	(antriebslose Version) 1,570 kg
Höchstgeschwindigkeit:	1,035 km/h
Reichweite:	5 km
Anzahl gebaut:	1.386 Stück

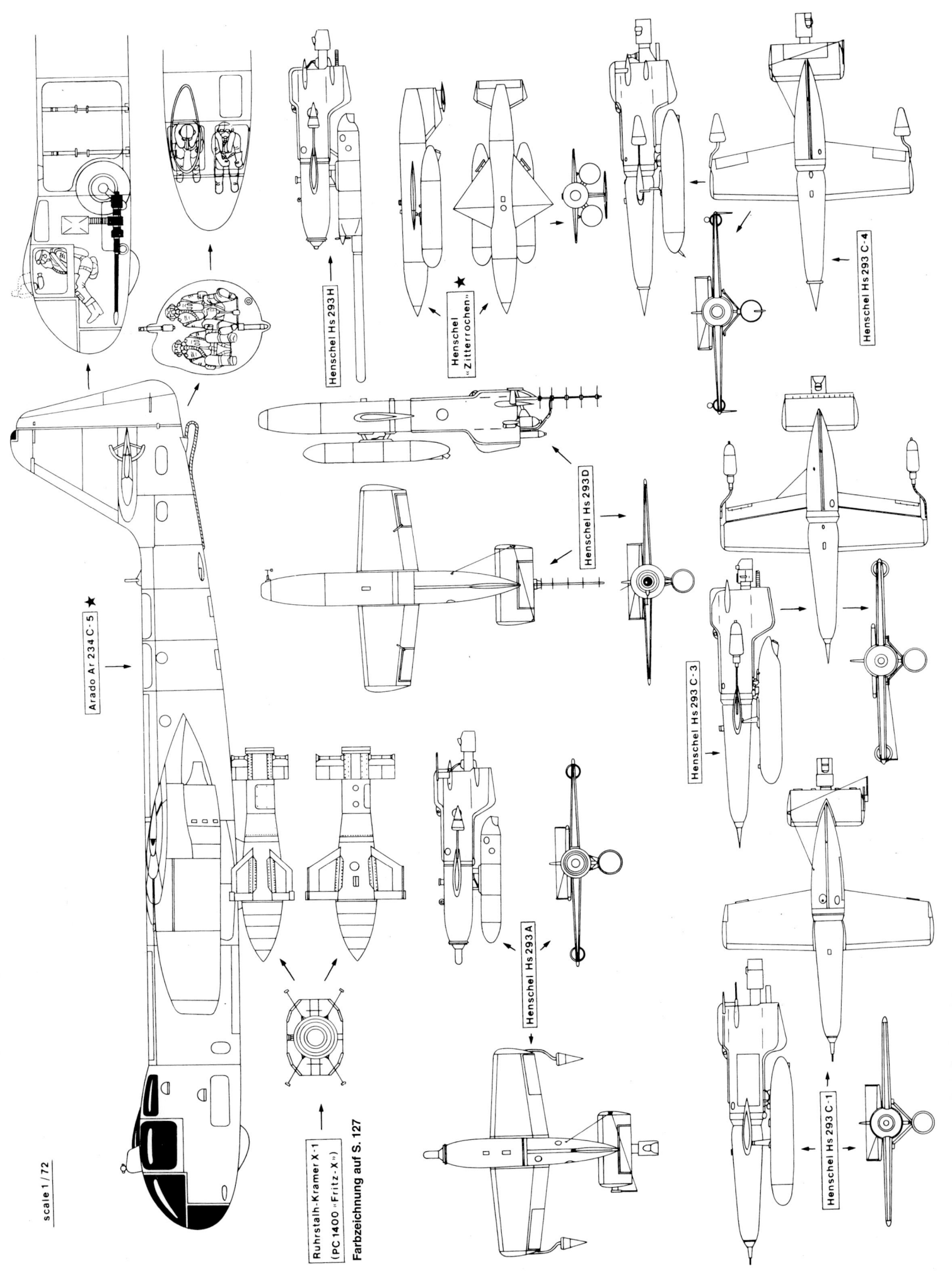

scale 1 / 72

Arado Ar 234 C - 5 ★

Henschel Hs 293 H

Henschel "Zitterrochen" ★

Henschel Hs 293 C - 4

Henschel Hs 293 D

Henschel Hs 293 C - 3

Henschel Hs 293 A

Henschel Hs 293 C - 1

Ruhrstalh-Kramer X-1
(PC 1400 «Fritz-X»)

Farbzeichnung auf S. 127

11

Henschel Hs 293 Serie

Die Hs 293 entstand aus der normalen SC500 Bombe mit angebauten Flächen, Flossen und einem Antriebsmotor. Sie wurde mit verschiedenen Leitsystemen erprobt. Die Modelle V-4 und C-1 waren funkgesteuert wie die Fritz-X, aber nachdem sich herausgestellt hatte, daß man den Leitstrahl stören kann, wurden die Modelle C-3, C-4 und A-0 mit einem Steuerdrahtsystem ausgerüstet. An den beiden Tragflächenspitzen der Bombe waren Lenkdrahtspulen befestigt, welche sich während des Fallens abwickelten und über die die Bombe vom Startflugzeug aus mittels elektrischer Impulse gelenkt werden konnte. Die A-Modelle besaßen eine Art panzerbrechenden Hohlladungs-Sprengkopf. Die C-Modelle hatten konische Form zum Eintauchen unter die Wasseroberfläche kurz vor dem Ziel und dann unterhalb der Wasserlinie die Schiffsseite zu treffen. Es war auch ein Modell „D" gebaut worden, welches über die Steuerdrähte ein Ziel-Funkbild zum Bombenschützen übertrug, sowie ein Modell „H", ausgerüstet mit einem akusto-magnetischen Detektor für den Angriff auf Bomberformationen.

Einsatzmöglichkeiten

Die beiden Lenkbomben Fritz-X und Henschel Hs 293 A-1 waren die einzigen, die mit großem Erfolg eingesetzt wurden. Sie waren ein echter Schritt vorwärts ins Zeitalter der „intelligenten" Waffen.

18 Dornier Do 217 E-5 der Versuchseinheit II/KG 100 griffen im August 1943 in den Gewässern des Golf von Biscaya eine Schiffsformation mit der Hs 293 an, versenkten das Kanonenboot „Egret" und beschädigten die „Athabascan" schwer.

Auch die III/KG 40, welche gewöhnlich Einsätze gegen Handelsschiff-Geleitzüge im Atlantik mit Heinkel He 177 A-5 und Focke-Wulf Fw 200 C-4 flog, setzten die Hs 293 ein. Sie beschädigten einige Handelsschiffe und den Zerstörer „Jervis".

Im Mittelmeergebiet operierte die II/KG 40 mit ihren Heinkel He 177 A-4, versenkte die Zerstörer „Inglefield", „Boadicea", „Intrepid", „Culverton" und „Vasilissa Olga" und das Schlachtschiff „Valiant". Einige Transportschiffe wurden schwer beschädigt.

Diese Erfolge ebneten den Weg zur Entwicklung der schweren Versionen Hs 294 und Hs 295.

Technische Daten (Hs 293 A)

Entwurf:	Entwicklungsgruppe Dr. Wagner, Henschel Flugzeugwerke
Entwicklungsstufe:	einsatzreif
Basismodell:	Eine SC500 Bombe
Flächen und Leitwerk:	Aluminiumkonstruktion. Elektronisch gesteuerte bewegliche Teile.
Antriebsmotor:	Ein Walter 109-507 B mit 600 kg Schub
Treibstoff:	T-Stoff und Z-Stoff (*)
Druckversorgung:	Preßluft
Gewicht Sprengkopf:	295 kg hochexplosiv
Steuersystem:	Ein drahtgesteuertes Dortmund/Duisburg (FuG207 und FuG237)
Länge:	3,92 m
Spannweite:	3,10 m
Startgewicht:	1,045 kg
Reichweite:	18 km

(*) siehe Tafel 3

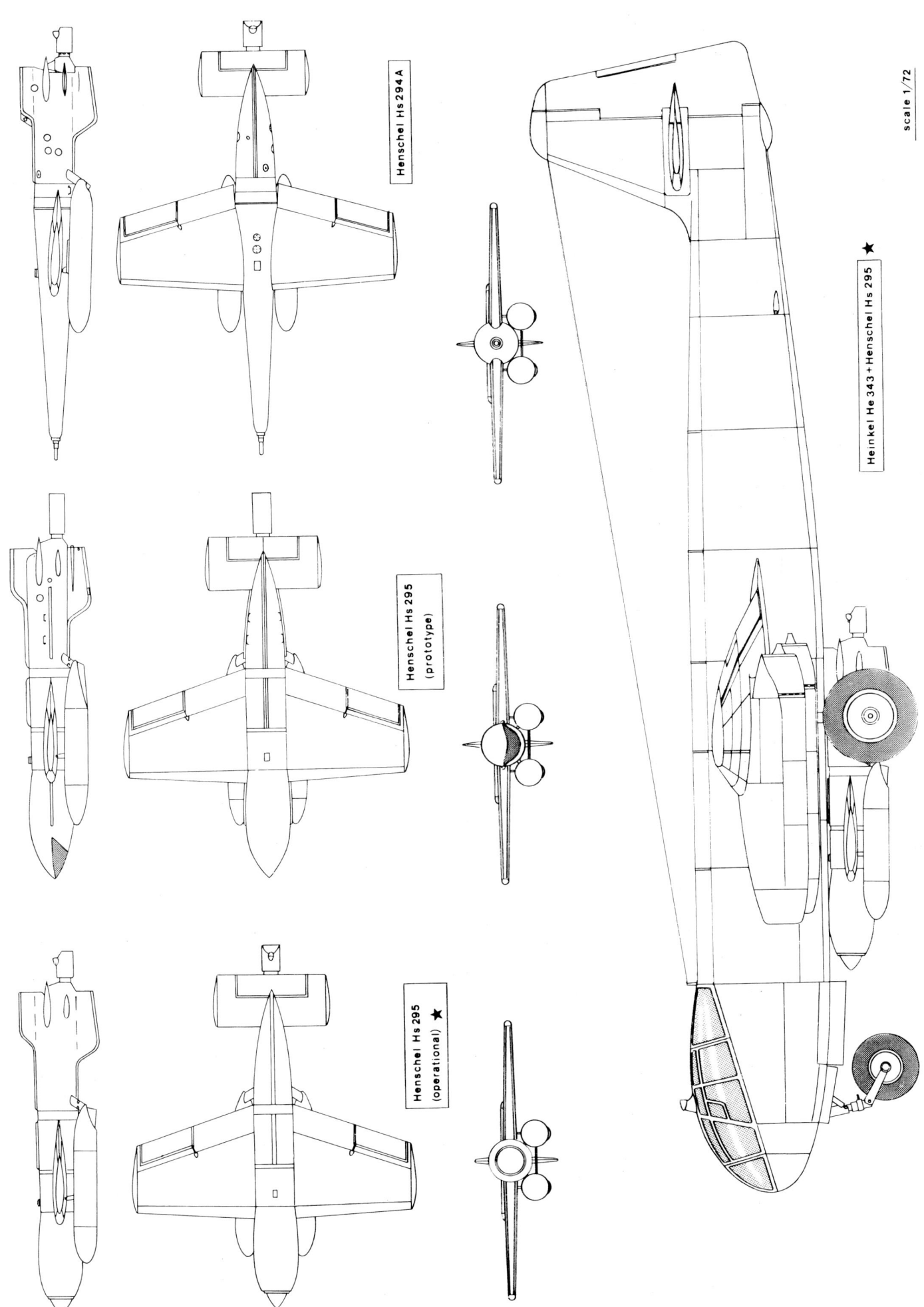

Henschel Hs 294 A

Henschel Hs 295
(prototype)

Henschel Hs 295
(operational) ★

Heinkel He 343 + Henschel Hs 295 ★

scale 1/72

13

Andere Entwicklungen

Technische Daten Henschel Hs 294

Entwicklungsstand:	Probeflüge
Bauweise:	Alu-verkleideter Stahl
Tragflächen- und Leitwerk:	Aluminium-Gerüst und -Beplankung. Bewegliche Teile elektrisch betätigt.
Antrieb:	Zwei Walter 109-507 D mit einem Gesamtschub von 1.300 kg
Treibstoff:	T-Stoff und Z-Stoff
Druckversorgung:	Druckluft
Sprengladung:	650 kg Amatol
Steuersystem:	Funkgesteuert (Hs 294 B mit Draht, Hs 294 D Funkbild-gesteuert)
Länge:	6,114 m
Spannweite:	4,025 m
Größter Durchmesser:	0,620 m
Startgewicht:	2.170 kg
Höchstgeschwindigkeit:	235 m/sek.
Reichweite:	4 bis 14 km in 500 bis 8.000 m Höhe

Technische Daten Henschel Hs 295

Entwicklungsstand:	Prototyp für aerodynamische Versuche
Bauweise:	Alu-verkleideter Stahl
Tragflächen- und Leitwerk:	Aluminium-Gerüst und -Beplankung. Bewegliche Teile elektrisch betätigt
Antrieb:	Zwei Walter 109-507 D mit einem Gesamtschub von 1.300 kg
Treibstoff:	T-Stoff und Z-Stoff
Druckversorgung:	Preßluft
Sprengladung:	585 kg
Steuersystem:	passiver Radar Empfänger
Länge:	5,44 m
Spannweite:	4,08 m
Größter Durchmesser:	0,58 m
Startgewicht:	2.090 kg
Höchstgeschwindigkeit:	235 m/sek.
Reichweite:	4 bis 14 k in 500 bis 8.000 m Höhe

Henschel „Zitterrochen"

Während man bei den Projekten Hs 294 und Hs 295 ihre Wirksamkeit durch Vergrößerung ihrer Sprengladung zu erreichen versuchte und dafür ein Doppeltriebwerk in Kauf nahm, sollte der „Zitterrochen" mit Überschallgeschwindigkeit fliegen. Seine Zerstörungskraft sollte in der Hauptsache in seiner kinetischen Aufschlag-Energie liegen, anstatt in der Größe seiner Sprengladung (ca. 200 kg).
Bevor man im Jahre 1944 die eigentliche Produktion starten konnte, wurde das Projekt gestrichen.

Technische Daten „Zitterrochen"

Entwurf:	Entwicklungsgruppe Dr. Vöpl, Henschel Flugzeugwerke
Entwicklungsstand:	Entwurf
Bauweise:	Leichtmetall-Legierung
Tragflächen- und Leitwerk:	Aufbau und Beplankung Leichtmetall-Legierung. Bewegungen um die Querachse werden durch ein elektrisch betätigtes Höhenruder gesteuert. Rollbewegungen durch Wagner-Stäbe.
Antrieb:	Zwei Walter 109 einer weiterentwickelten Version
Treibstoff:	T-Stoff und Z-Stoff
Steuersystem:	unbekannt
Länge:	3,47 m
Spannweite:	1,51 m
Größter Durchmesser:	0,37 m
Startgewicht:	unbekannt
Höchstgeschwindigkeit:	mach 1,5

Blohm und Voss BV 226 und BV 246 „Hagelkorn"

Diese antriebslosen Gleitbomben wurden für Versuche mit verschiedenen Arten von End-Lenkungen verwandt.

Version 226 besaß eine charakteristische kreuzförmige Steuerflächenanordnung und war vorgesehen für Seeziele. Sie besaß eine Selbststeuereinrichtung mit Infrarotsensoren.

Die Version 246 war funkgesteuert und hatte an der Unterseite einen Rauchgenerator, damit der Bombenschütze im Abwurfflugzeug den Flug verfolgen konnte.

Es wurden auch einige Einheiten des 246 „Radieschen" gebaut. Sie waren mit einem fortgeschrittenen „Pfadfindergerät" ausgerüstet, das die Lenkbombe mit Hilfe des gegnerischen Radarstrahls zum Ziel steuerte.

Zwischen Dezember 1943 und Februar 1944 wurden in Hamburg 100 „Hagelkorn" hergestellt, dann wurde das Werk bei einem Luftangriff zerstört.

Im Jahre 1944 wurde in Karlshagen ein ausgedehntes Abwurf-Versuchsprogramm mit Heinkel He 111 H-6 und Focke-Wulf FW 190 A durchgeführt.
Trotz der guten Ergebnisse kam es nicht zur Produktion, da man es für eine Waffe hielt, die durch feindliche Elektronik leicht zu stören war. Man plante, den Jagdbomber P.204 als Einsatz-Startrampe für diese Geräte zu verwenden.

Technische Daten BV 226 und BV 246 (für letzteres in Klammern)

Entwicklungsstand:	Flugversuche
Bauweise:	Rumpf und Leitwerksgruppe aus Metall. Flächen aus beweglichen Formguß-Beton wurden so unter das Startflugzeug gezogen, daß sie während des Abwurfvorgangs wie Federn reagierten.
Steuersystem:	Infrarot (Funk- oder Radarempfänger)
Spannweite:	6,4 m (6,4 m)
Länge:	3,56 m (3,52 m)
Länge „Radieschen":	4,03 m
Höhe:	0,56 m (0,85 m)
Startgewicht:	(730 kg)
Gleitweite:	209 km
Starthöhe:	10.500 m
Gewicht der Sprengladung:	435 kg
Geschwindigkeit am Ziel:	450 km/h

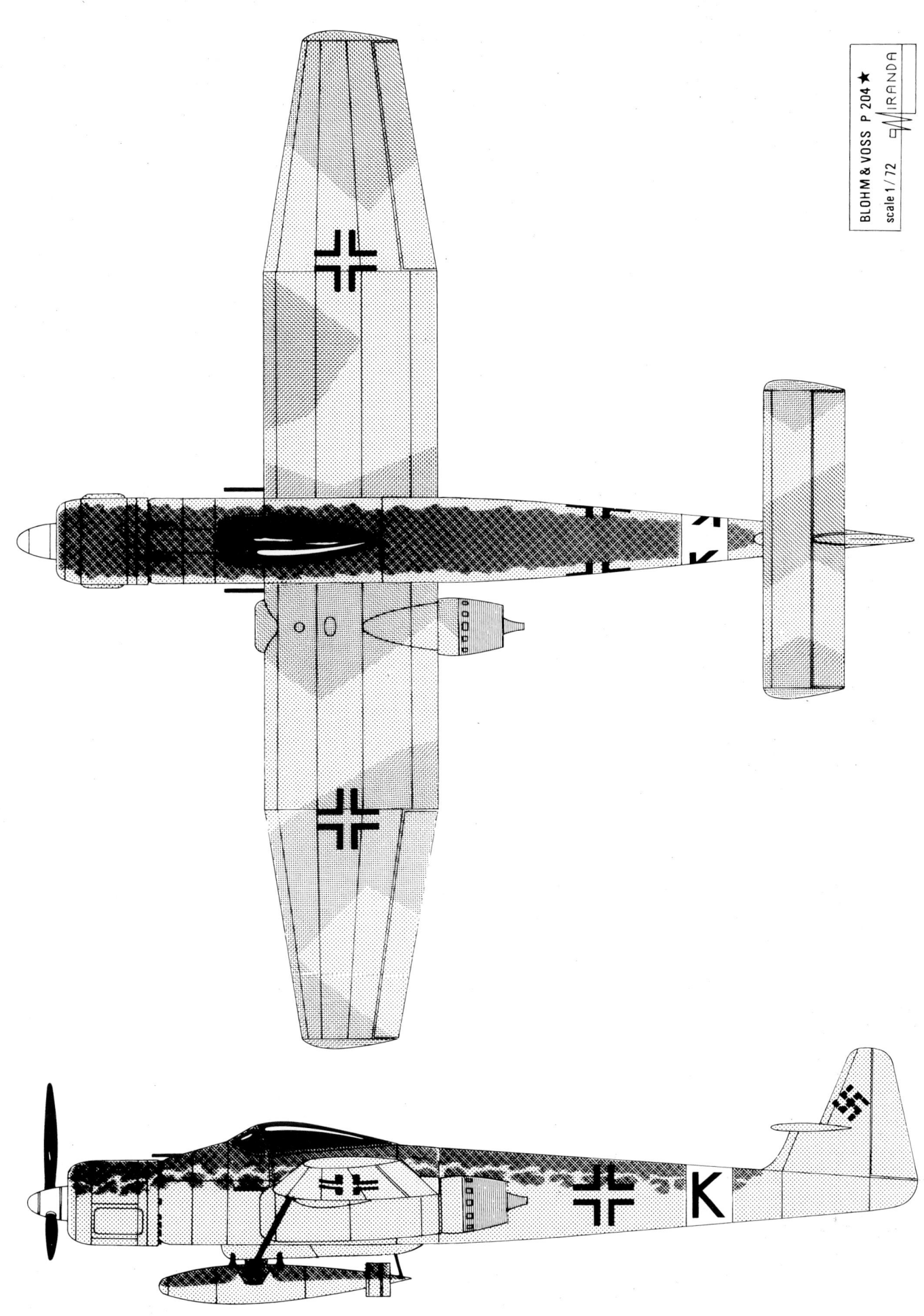

BLOHM & VOSS P 204 ★
scale 1/72
MIRANDA

17

Lippisch GB 3/l

Eine kleine Gleitbombe, die unter der Leitung von Dr. Lippisch bei der Deutschen Forschungsanstalt für Segelflug projektiert wurde. Man hat für diese Bombe alle Forschungsergebnisse und aerodynamischen Versuche verwendet, welche für den Delta-Segler DM-1 durchgeführt worden waren. Theoretisch blieben die Leistungen dieses Projekts hinter denen des Hagelkorn zurück; außerdem konnte dieser Typ auf Grund seiner Schwanzflosse nicht von kleineren Flugzeugen, wie Focke-Wulf Fw 190, abgeworfen werden. Das Projekt wurde 1944 gestrichen.

Technische Daten Lippisch GB 3/1

Entwurf:	Gruppe Dr. Lippisch bei der DFS
Entwicklungsstand:	Entwurf
Bauweise:	Holzrahmen mit Sperrholzbeplankung
Tragflächen- und Leitwerk:	Sie hatte Elevons, eine Kombination aus Höhen- und Querruder zur Steuerung der Roll- und Steigbewegungen, und ein normales, elektrisch betätigtes Seitenleitwerk.
Antrieb:	Eine kleine Feststoffrakete zur Beschleunigung nach dem Abwurf
Steuersystem:	unbekannt
Länge:	3,0 m
Spannweite:	2,5 m
Größter Durchmesser:	0,4 m
Startgewicht:	´250 kg
Sprengladung:	100 kg
Reichweite:	5 km

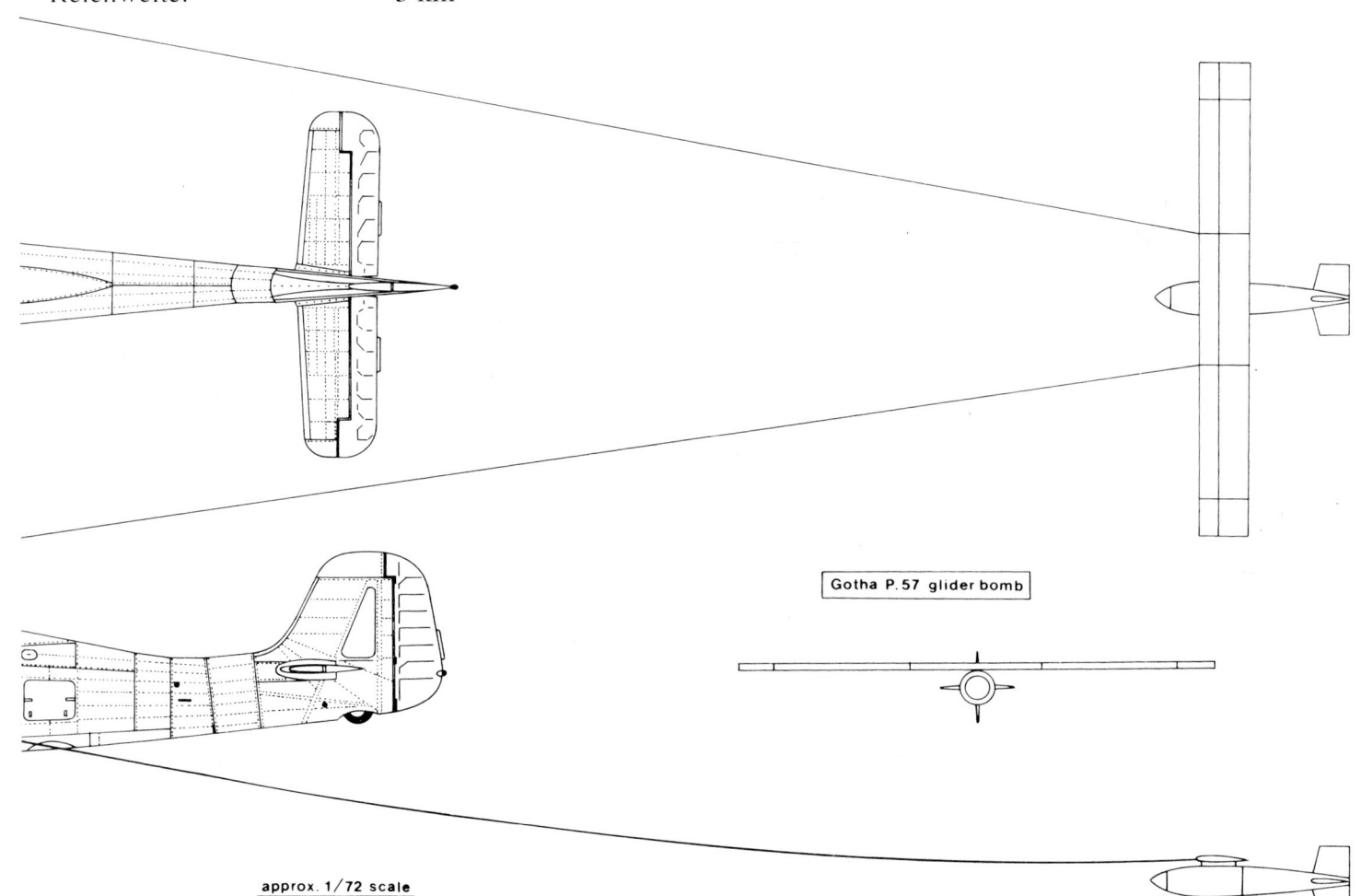

Gotha P.57 glider bomb

approx. 1/72 scale

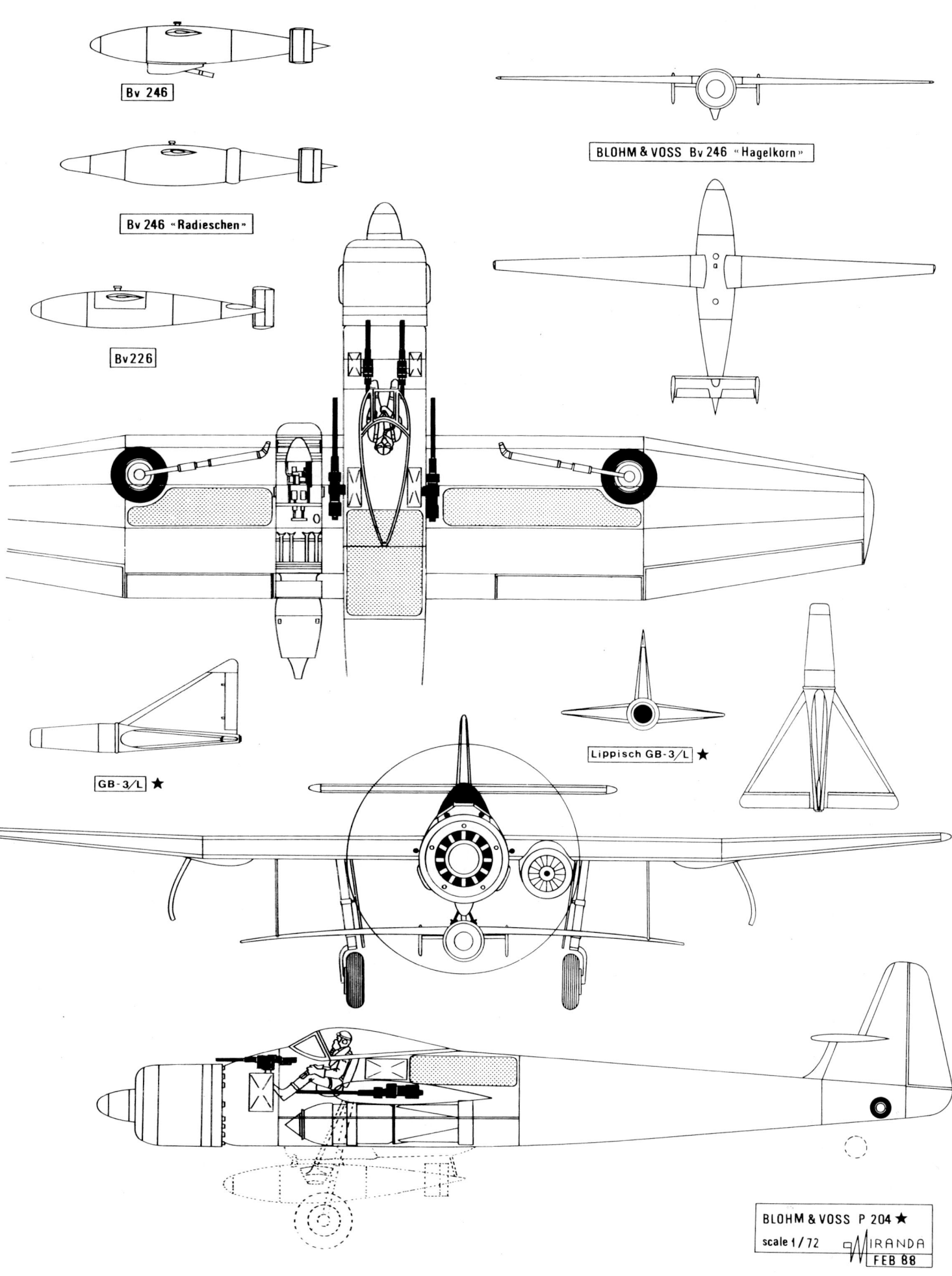

Bv 246

Bv 246 «Radieschen»

Bv 226

BLOHM & VOSS Bv 246 "Hagelkorn"

GB-3/L ★

Lippisch GB-3/L ★

BLOHM & VOSS P 204 ★

scale 1/72   MIRANDA
FEB 88

19

Blohm & Voss BV 143, Henschel G.T. 1200 und andere Gleit-Torpedos

In der Zeit zwischen den beiden Weltkriegen haben die Briten ihre Lufttorpedos am hinteren Ende mit aerodynamischen Leitflächen versehen, die einen festen Anstellwinkel hatten. Dadurch waren die Abwurfflugzeuge leichter zu reparieren und bekamen einen günstigeren Abwurfwinkel.

In Deutschland forderte 1936 das RLM (Reichsluftfahrtministerium) als Erweiterung des britischen Konzepts, Torpedos mit Steig-Leitflächen zu entwickeln. Durch den längeren Gleitflug wurde die Abwurfentfernung zum Ziel vergrößert und damit auch die Sicherheit für das Abwurfflugzeug.

- Das erste praktische Modell in dieser Richtung war der Lufttorpedo LT 92 „Frosch". Er bestand aus einem normalen Lufttorpedo, der unter einen kleinen Gleiter mit ca. 1,94 m Spannweite hing und bei Berührung mit der Wasseroberfläche ausgeklinkt wurde. Die Gesamtlänge dieser ungesteuerten Vorrichtung war 5,11 m.

- Das nächste Gleitermodell, es trug die Bezeichnung L. 10 „Friedensengel", konnte sowohl mit dem Lufttorpedo LT.1 als auch LT 950D bestückt werden. Der „Friedensengel" war mit einem Autopiloten, zur Korrektur des Gleitwinkels, versehen.

Technische Daten LT.1 und LT 950D (in Klammern)

Entwicklungsstand:	Einsatzfähig
Bauweise:	Metall
Steuerung:	Trägheitssystem (beide)
Spannweite:	3,10 m (3,30 m)
Länge:	5,33 m (5,80 m)
Höhe:	0,79 m (0,94 m)
Startgewicht:	218 kg (218 kg)
Abwurfhöhe:	2500 m
Gleitstrecke:	9.000 m
Gleitgeschwindigkeit:	87 m/sek

Eine weiterentwickelte Variante war die L.11 „Schneewittchen", die zwar auf demselben Prinzip basierte, jedoch mit dem Unterschied, daß sich bei ihr beim Aufschlag auf die Wasseroberfläche zwei Ventile öffneten und den Torpedo ausklinkten.

Technische Daten L.11 „Schneewittchen":

Entwicklungsstand:	Flugversuche
Bauweise:	Metall
Spannweite:	3,53 m
Länge:	6,34 m
Höhe:	0,72 m
Startgewicht:	1.480 kg
Gleitstrecke:	1.100 m
Gleitgeschwindigkeit:	120 m/sek

Es wurden auch angetriebene Modelle, wie die Blohm & Voss BV 143 und die Henschel Hs GT-1200 entworfen.

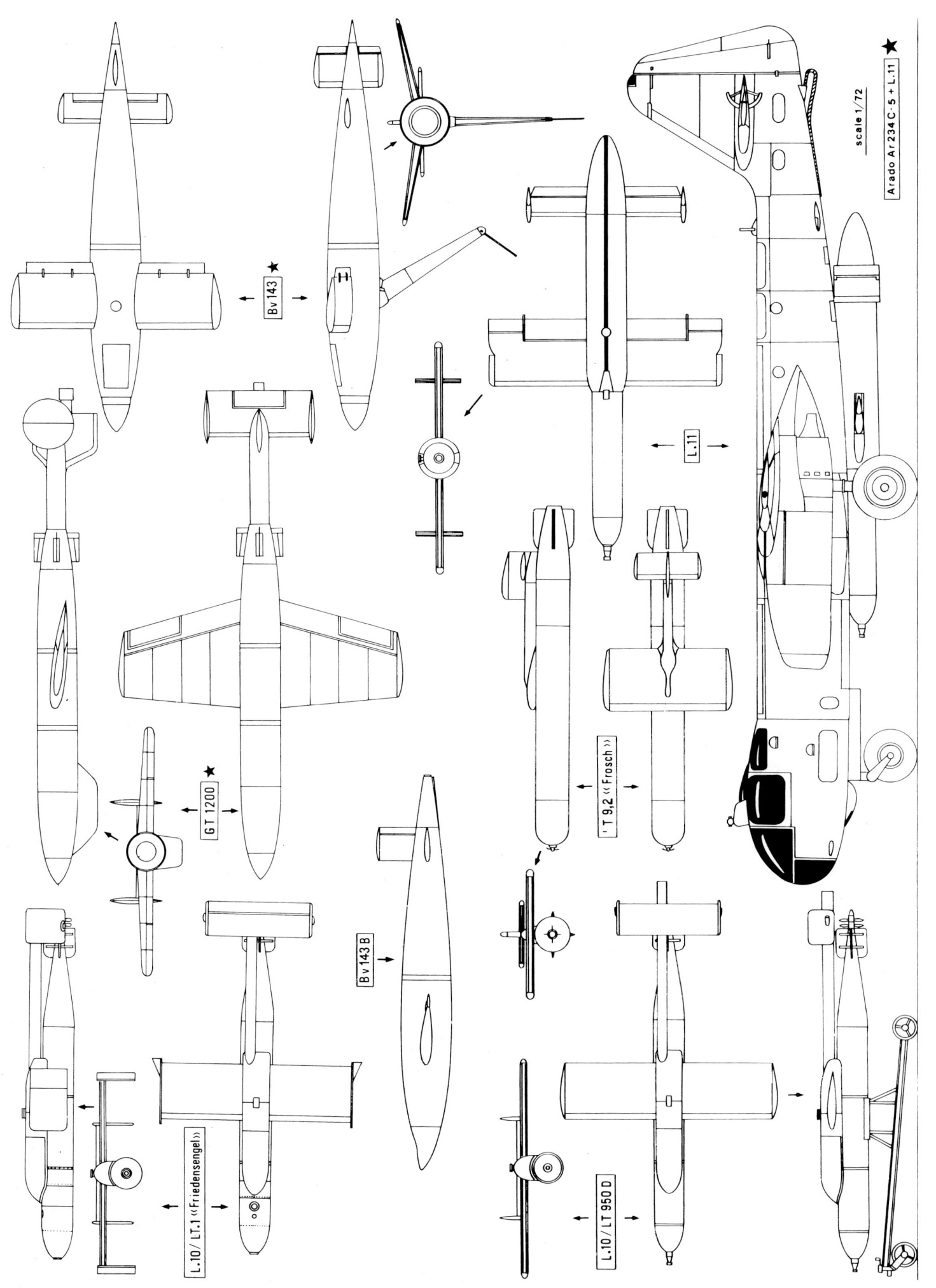

Bv 143

L.11

Bv 143 B

GT 1200

'T 9,2 «Frosch»

L.10/LT.1 «Friedensengel»

L.10/LT 950 D

scale 1/72

Arado Ar 234 C-5 + L.11

21

Die BV 143 verhielt sich im Gleitflug wie die anderen Modelle, sie hatte jedoch einen nach unten ragenden Stab. Wenn dieser die Wasseroberfläche berührte und dadurch nach hinten gedrückt wurde, zündete er ein Raketentriebwerk, worauf die Vorrichtung in einen Flachbahnflug mit hoher Geschwindigkeit überging bis zum Aufschlag.

Dieses System hat nie richtig funktioniert, weil die Stabilisatoren bei dieser niedrigen Höhe nicht genügend Zeit hatten, die Flugrichtung einzustellen. Andere Versionen mit neuen Ausrüstungen wurden getestet. Die A-2 hatte doppelte Schwanzflossen und vertikale Stabilisatoren an den Flügelspitzen äußerlich ähnlich der L. 10. Sie war außerdem mit einem Doppelkammer-Raketentriebwerk (für Marsch- und für Hochgeschwindigkeit) ausgerüstet und hatte statt des nach unten ragenden Gelenkarms einen äußerst zuverlässig arbeitenden Funkhöhenmesser.

Die Version „B" war entwickelt worden zum Start von einem Katapult, wie es für die Fieseler Fi 103 benutzt wurde. Sie sollte eine Waffe für die Küstenartillerie werden. Mit einer delphin-artigen hydrodynamischen Bugsektion ausgestattet, sollte sie sich wahrscheinlich wie ein Kiesel über die Wasseroberfläche mit mehreren „Sprüngen" auf ihr Ziel zubewegen.

Technische Daten der BV 143:

Entwicklungsstand:	Flugversuche
Bauweise:	Metall
Steuerung:	Trägheitssystem und Autopilot
Antrieb:	Walter 109-502
Spannweite:	3,17 m
Länge:	5,98 m
Höhe (mit ausgefahr. Arm):	3,02 m
Startgewicht:	1.055 kg
Gleitstrecke:	8.000 m
Gleitgeschwindigkeit:	115 m/sek

- Die Henschel GT-1200 verwandte einen schwachen Raketenantrieb, um die Gleitstrecke zu verlängern. Am Ende der Gleitstrecke, wenn sie das Wasser berührte, lösten sich Flächen und Leitwerk und eine zweite, stärkere Rakete wurde als Unterwasser-Antrieb gezündet. Auf Grund ihres Magnetzünders explodierte das Gerät automatisch, wenn es sich unter dem Rumpf des Schiffsziels befand.

Technische Daten der Henschel GT 1200:

Stadium:	Projekt
Bauweise:	Metallrumpf, Flächen und Leitwerk Holz
Steuerungssystem:	Trägheitssystem in einem Behälter im Bug
Antrieb:	Zwei eines nicht festgelegten Typs mit Festbrennstoff
Spannweite:	4,2 m
Länge:	7,35 m
Höhe:	1,1 m

Arado E 377

Diese Gleitbombe wurde entwickelt, um von der Arado Ar 234 C abgeworfen zu werden. Sie war so groß, daß sie nur in der Mistel-Konfiguration in die Luft gebracht werden konnte. Für den Start wurde ein von Rheinmetall-Borsig entwickelter fünfrädriger Startwagen benutzt.
Es war beabsichtigt, sie mit Sprengladungen von 1.800 kg, 2.000 kg und 350 kg zu versehen. Bei der letzteren handelt es sich um eine Hohlladung für Schiffsziele.

Den Grundentwurf übernahm auch Junkers für sein Projekt Ju 268, auch als „Mistel 6" bekannt. Die Version E 377a unterschied sich von der E 377 dadurch, daß sie BMW 003A Turbojets in Zwillingsausführung verwandte. Als Führungsflugzeug war eine Heinkel He 162 vorgesehen.

Technische Daten Arado E 377 (E 377a in Klammern):

Entwicklungsstand:	Flugversuche
Bauweise:	Holz mit Sperrholzbeplankung
Startfahrwerk:	Abwerfbares Rheinmetall-Borsig Fahrwerk mit Beschleuniger-Raketen Walter 109-500
Antrieb:	(2 BMW 003A mit einer Schub-Leistung von je 800 kg)
Steuerung:	Trägheitssystem, Autopilot
Spannweite:	11,50 m (10,584 m)
Länge:	10,368 m (10,584 m)
Höhe:	1,368 m (1,368 m)
Startgewicht:	(10.480 kg)
Höchstgeschwindigkeit:	(780 km/h in Seehöhe und nach dem Start)

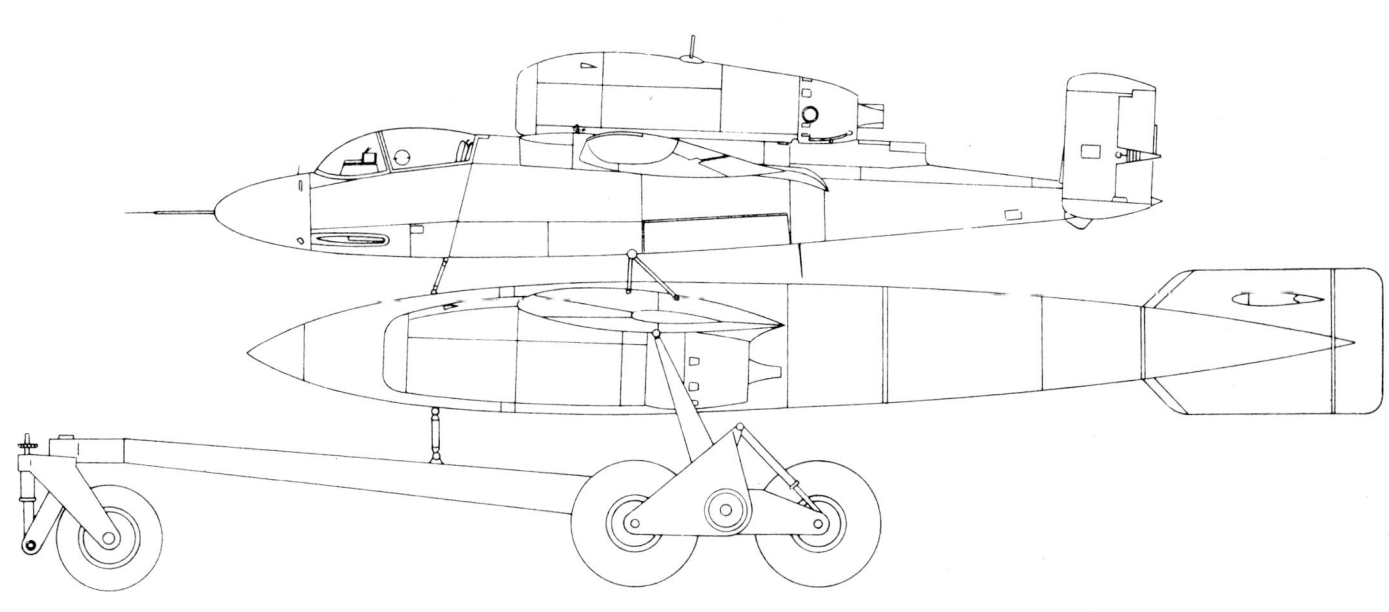

scale 1/72   Farbzeichnung auf S. 128 oben   Heinkel He 162 + Arado E 377a ★

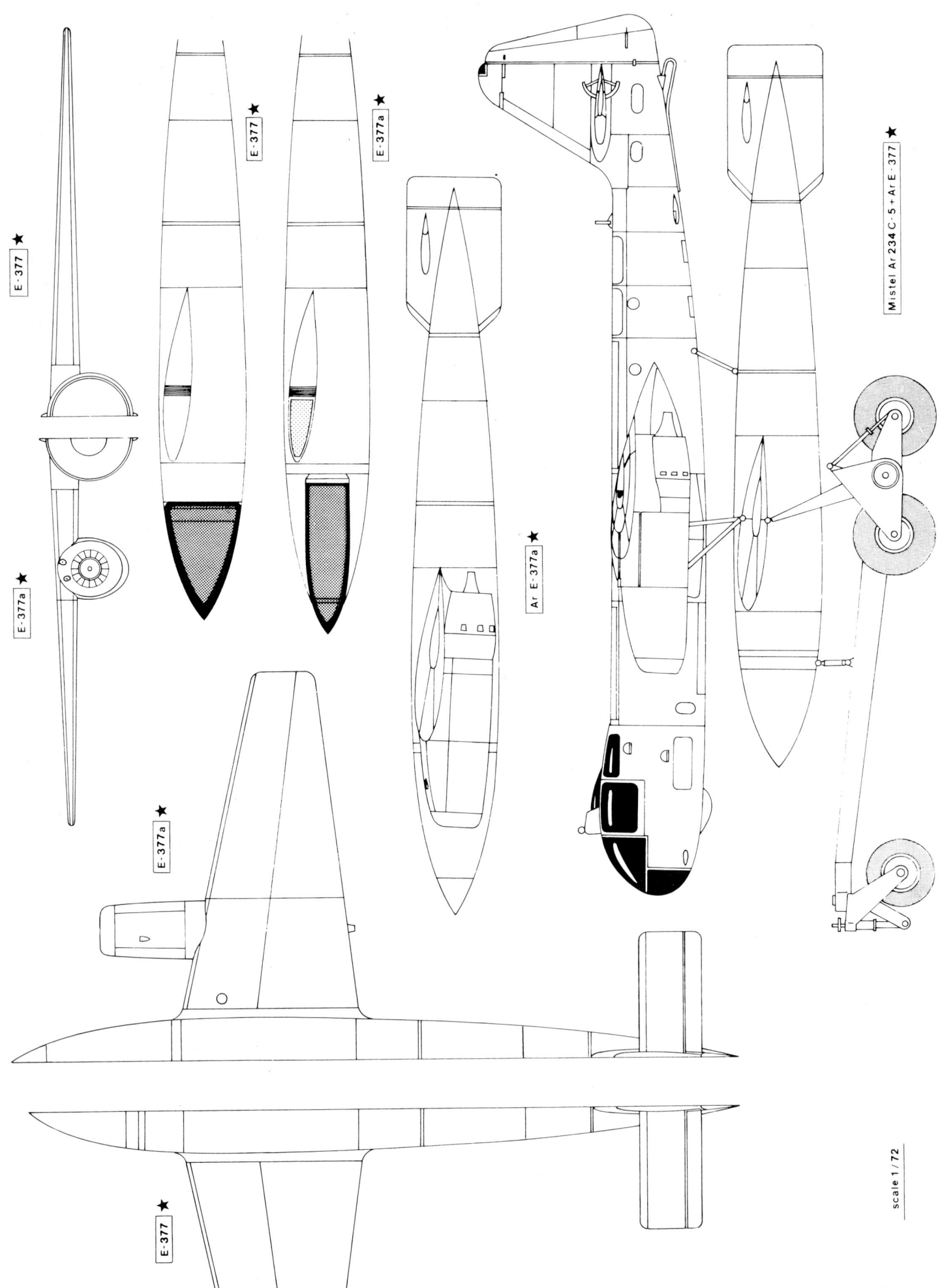

E-377 ★

E-377 ★

E-377a ★

E-377a ★

E-377a ★

Ar E-377a ★

Mistel Ar 234 C-5 + Ar E-377 ★

E-377 ★

scale 1/72

Mistel und andere Kombinations-Flugzeuge

Deutsche Ingenieure studierten alle möglichen Konfigurationen, um durch den Zusammenbau zweier konventioneller Flugzeuge eine kombinierte Flugmaschine zu schaffen. Sie verwandten dazu die Ergebnisse vieler Experimente, die während des Krieges durchgeführt wurden.

Das klassische Zugseil verwandelte sich in die Zugstange und diese sich in das Gelenk-Schleppgerät für die Flugformation „Deichselschlepp". Damit wurden Experimente mit der Heinkel He 177A-3 gemacht, wobei diese einen mit Tragflächen versehenen Treibstofftank schleppte. Dies war auch für den Einsatz der Arado Ar 234B vorgesehen.

Wenn eine durch einen Bomber zu transportierende Vorrichtung größer war, als des Bombers Bombenschächte (He 111 H-22 + Fieseler Fi 103), wurde sie an dessen Unterseite befestigt (Parasit-Anordnung). Wenn durch eine solche Kombination das Fahrwerk des Transporteurs nicht benutzt werden konnte, setzte man die ganze Einheit auf einen Rheinmetall-Borsig „Startwagen", welcher durch Startraketen angetrieben wurde (Ar 234C + Fi 103). Eine Serie von Vorrichtungen, genannt „Schnellbombenträger" und entwickelt by Daimler-Benz, basierte auf dem „Parasit"-System.

Eine andere Variation bestand aus zwei Flugzeugen gleichen Typs, welche mittels einer gemeinsamen Tragfläche zu einem „Zwilling" zusammengebaut wurden. Die Heinkel He 111Z war ein solches Experiment, welches nach diesem Prinzip gebaut war. Es gab noch mehr Projekte dieser Art, z.B. mit der Bf 109 (Bf 109Z) und der Me 309 (Me 609).

Wenn die Parasitmaschine auf dem Rücken des Trägerflugzeuges befestigt war (zh.B. Ar 234 C + Fi 103), so sprach man vom sog. „Huckepack"-System. Der Abwurf geschah dann mittels einer Führungsstabvorrichtung, mit welcher die nun freigewordene Maschine stabilisiert werden konnte, solange sie sich innerhalb der vom Führungsflugzeug erzeugten Turbulenzen befand und welche auch verhinderte, daß sie mit deren Leitwerk kollidierte. Dieses System war im Prinzip wie jene gabelartige Bombenaufhängung bei der Ju 87.

Wurden beide Flugzeuge übereinander und mittels eines hohen Rohrgestells verbunden, so sprach man von einer „Mistel".

Die ersten Machbarkeitsversuche mit dieser neuen Vorrichtung begannen 1942, als man eine Klemm 35B auf den Lastensegler DFS 230A baute und mit einer Ju 52 schleppte.

Auch andere Kombinationen wurden erfolgreich getestet, z.B. Fw 56 „Stößer" + DFS 230A und Bf 109 E-1 + DFS 230A. Die Letztere konnte bereits mit eigenem Antrieb starten.

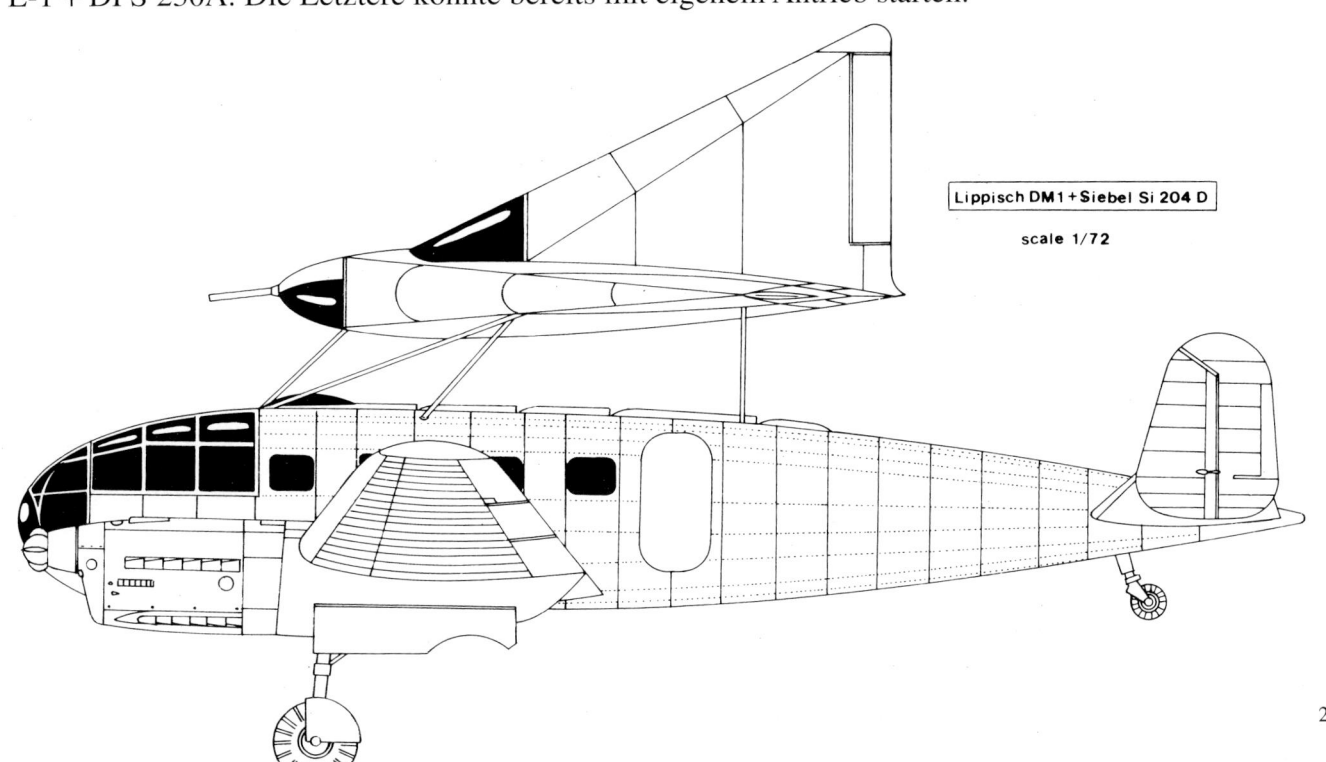

Lippisch DM1 + Siebel Si 204 D

scale 1/72

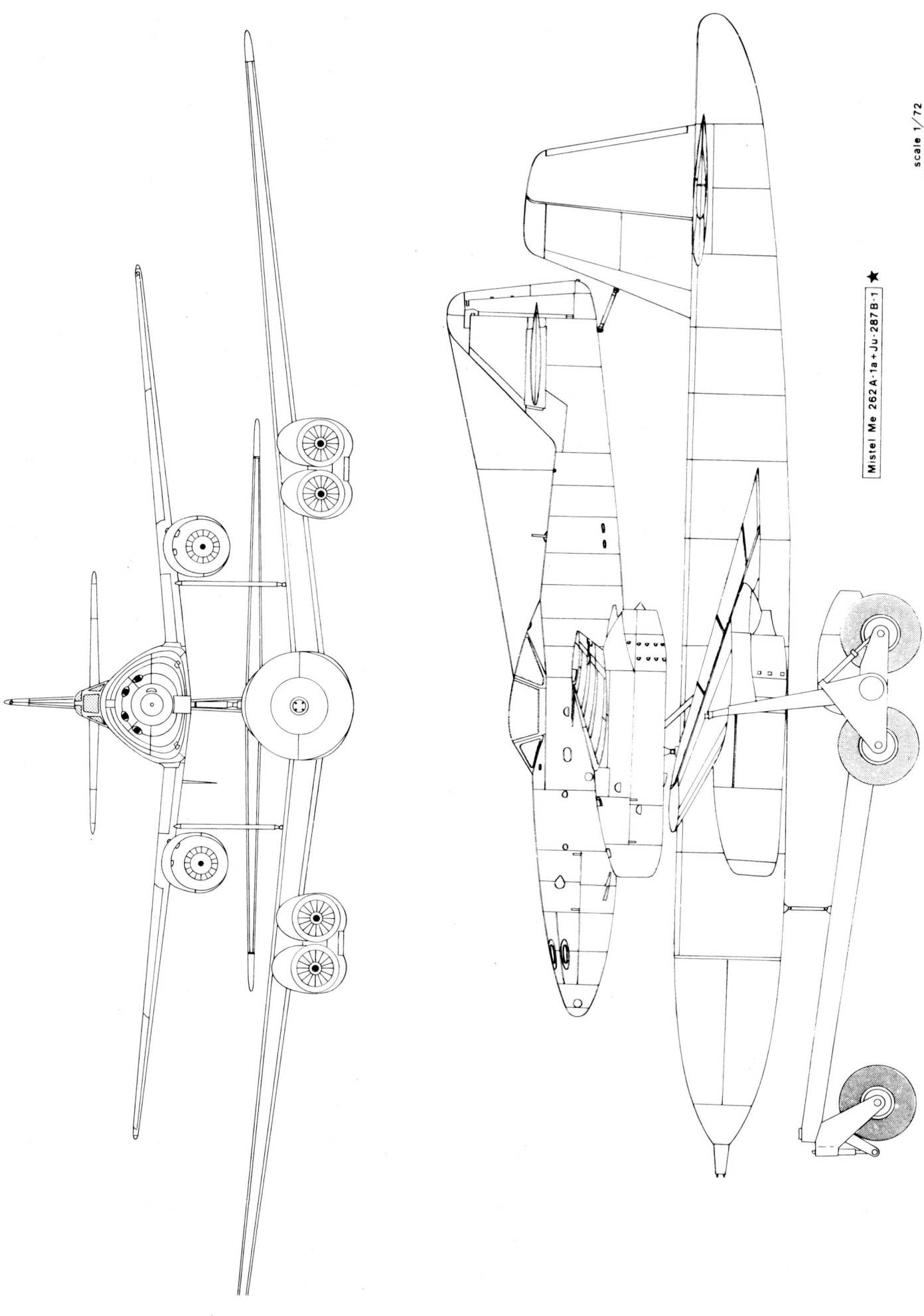

Mistel Me 262 A-1a + Ju-287 B-1 ★

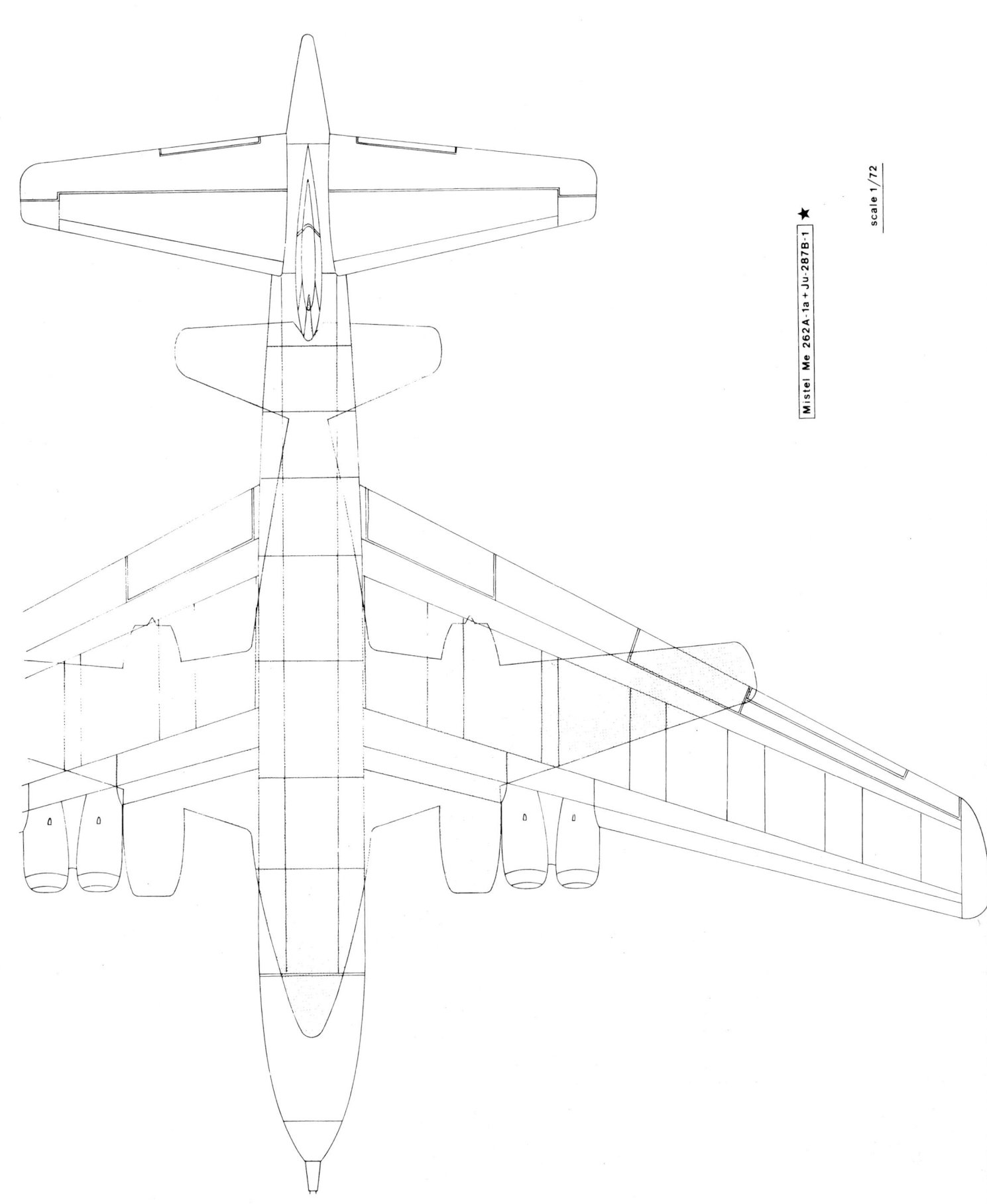

Mistel Me 262A-1a + Ju-287B-1 ★

scale 1/72

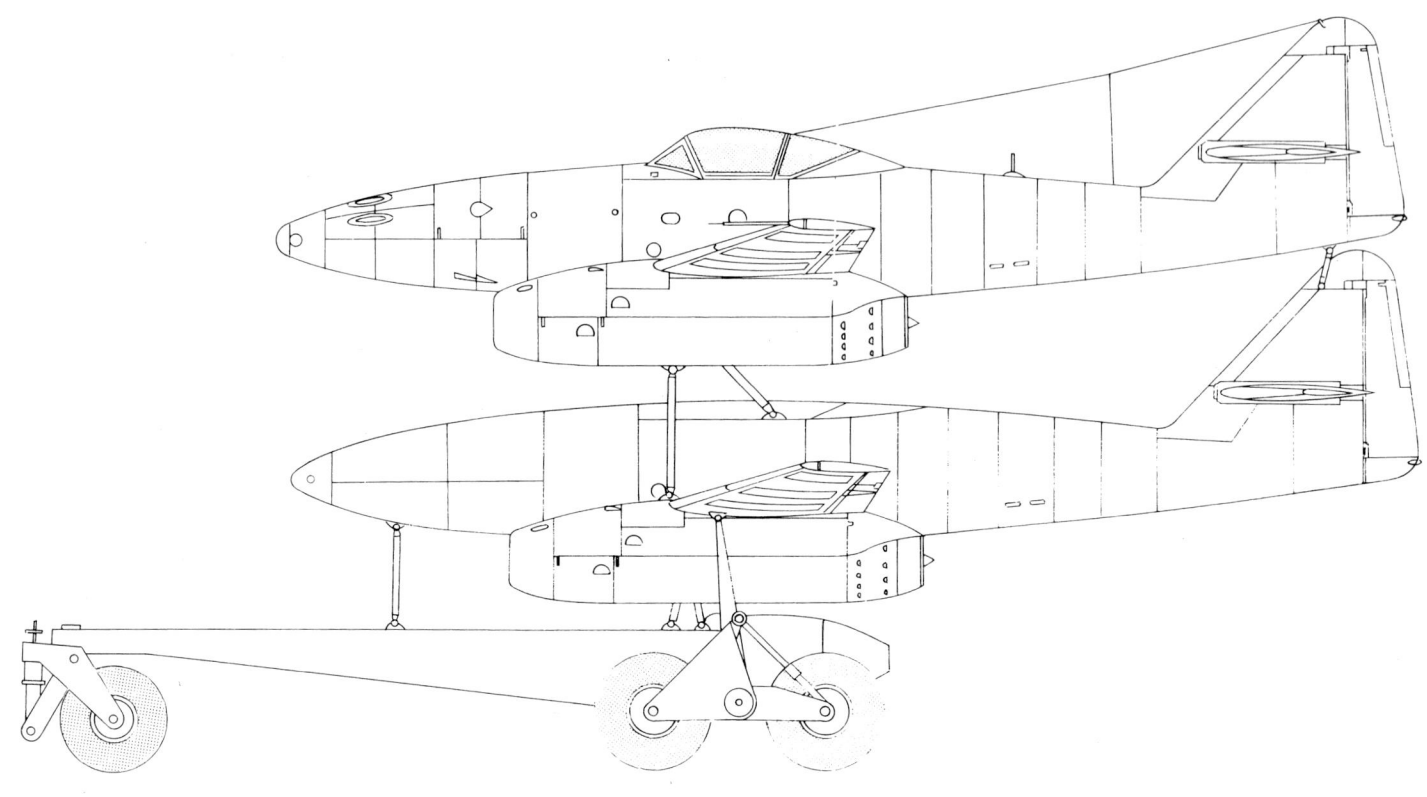

Mistel Me 262A-1a + Me 262A ★

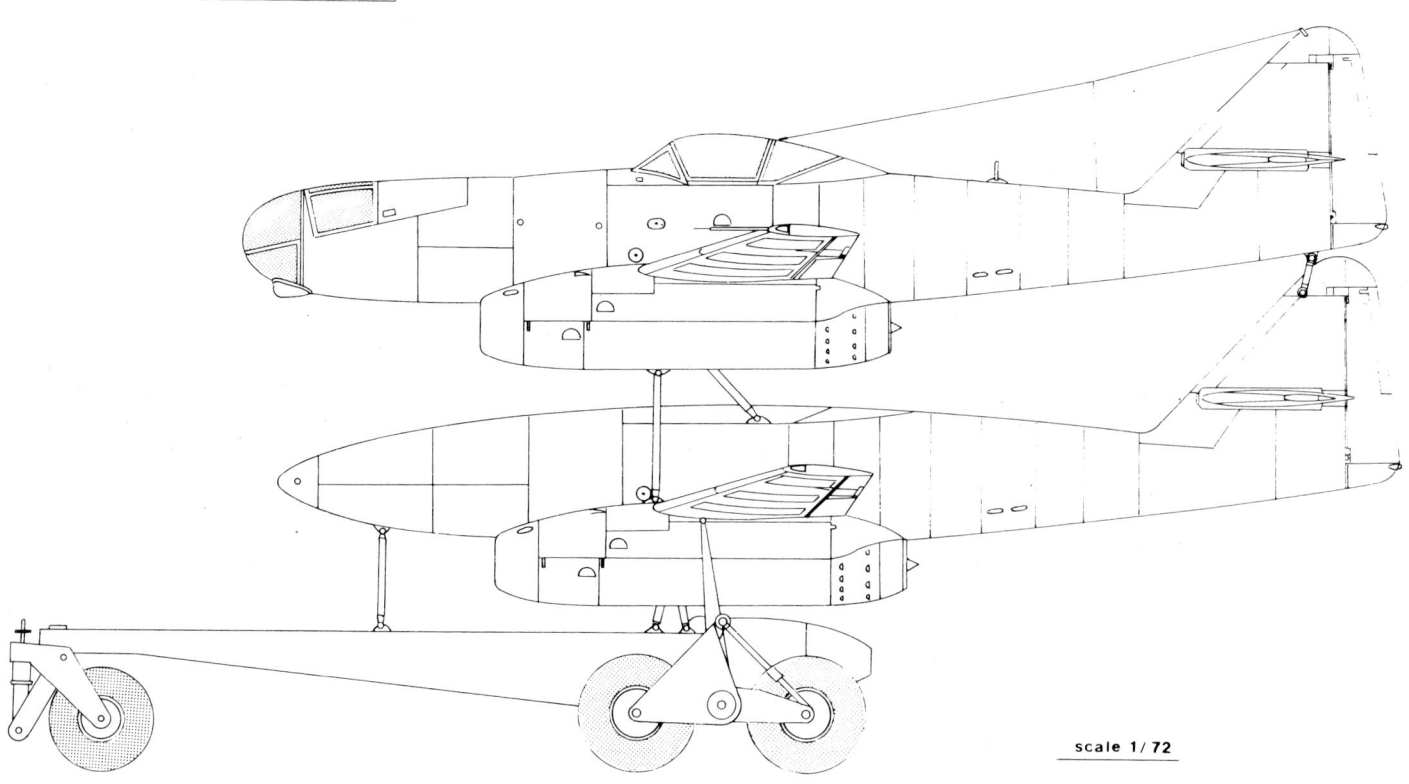

Mistel Me 262A-2 + Me 262A ★

scale 1/72

Im Mai 1944 wurde auf der Basis dieser Experimente die Mistel-1, eine einsatzfähige Konfiguration, zusammengestellt. Sie bestand aus einer Ju 88 A-4, welche statt des Cockpits einen Sprengkopf hatte, und einer Bf 109 F-2/F-4. Zur Ausbildung der Piloten wurde auch eine Schulversion, die Mistel S-2, gebaut. Bei dieser Ausführung hatte man das Originalcockpit der Ju 88 beibehalten, sodaß diese Kombination mit doppelter Besatzung flog.

Die Kombination Mistel-2 bestand aus einer Ju 88 G-1 und verschiedenen Fw 190 Versionen (A-6, A-8 und F-8). Auch dafür gab es eine Schulversion, die Mistel S-2

Weitere Kombinationen waren Mistel-3 (Ju 88 A-6 oder A-6/U geführt von einer Fw 190 F-8) und Mistel 4 (Ju 88 H-1 oder H-2 geführt von einer Fw 190 A-8 oder einer Fw 190 F-8).

Die Mistel-5 unterschied sich von den anderen durch ihren Verwendungszweck: statt als Bomberwaffe sollte sie Fernaufklärung fliegen. Zu diesem Zweck war die Ju 88 H-4 die Führungsmaschine mit voller Besatzung, während die Fw 190 A-8 als Begleitjäger in Mistelposition mitgeführt wurde.

Die Mistel-1 war einsatzklar bei IV/KG 101, die Mistel-2 bei II/KG 200. Die Versionen 3 und 4 flogen nur als Schulmaschinen S-3 bzw. S-4. Die Mistel-5 allerdings kam über das Projektstadium nicht hinaus.

Einsatz-Misteln wurden von den Jägerpiloten gesteuert und flogen in offener Formation ihre Ziele an: Schiffseinheiten, Befestigungen und Brücken. Hatte der Pilot sein Ziel erkannt, ging er in einen flachen Bahnneigungsflug über und visierte das Ziel mittels seines Reflexvisiers an. Dann schaltete er den Kurskreisel der Ju 88 ein, welcher sie auf dem eingestellten Kurs hielt, und zündete die Sprengbolzen, welche die beiden Maschinen zusammenhielten. Nach der Trennung flog der Jäger mit vollem Tank zurück.

Der Bomber, mit einer Hohlladung von 3.800 kg Sprengstoff im Bug, traf das Ziel mit doppelter Kraft: einmal mit der zerstörenden Wirkung seiner Sprengladung, zum anderen mit der kinetischen Aufschlagenergie seiner 14 to Fluggewicht plus des restlichen Treibstoffs in seinen Tanks. Während der Versuche wurde bewiesen, daß diese Waffe eine Eindringtiefe von 8 m in Stahl und 20 Meter in Gußbeton hatte. Der Schwachpunkt dieser ersten Miteln war ihre niedrige Angriffsgeschwindigkeit, welche sie äußerst verwundbar durch Flak und Abfangjäger machte.

Für die nächste Generation plante man die schnellsten verfügbaren Flugzeuge ein. Außer der bereits erwähnten Kombination Ar E377 mit He 172 oder Ar 234C, gab es auch ein Projekt mit zwei Me 262A. Die untere der beiden sollte im Bug eine Sprengladung und im Cockpit einen zusätzlichen Treibstofftank haben. Als Führungsflugzeug war vorgesehen, entweder die Serienmaschine Me 262 A-1a oder die ausgereifte zweisitzige Bomberversion Me 262 A-2 zu verwenden. Eine weitere Variation dieser Idee sah vor, als untere Maschine eine besatzungslose Ausführung des Bombers Ju 287 zu verwenden, welche mit einer Sprengladung ähnlich jener der Mistel-1 bestückt war.

Ebenso war vorgesehen, mit Hilfe einer Mistel-Kombination das geplante „manuell gesteuerte Raketenprojektil" in seine optimale Startposition zu bringen.

Die Mistelkonfiguration wurde aber auch für Flugversuche verschiedenster Prototypen verwendet, um theoretische Daten aus Windtunnelversuchen durch Versuche unter echten Flugbedingungen zu vervollständigen.

Gewöhnlich wurde auch eine Reihe von Standversuchen mit Prototypen unternommen, wobei an verschiedenen Punkten des Verbindungsgestells Belastungsanzeigen angebracht waren. Damit prüfte man das voraussichtliche Verhalten der Steuerorgane im Flug. Anschließend wurde dann während eines flachen Gleitflugs die Verbindung gelöst, wobei eine Sicherheitsmarkierung die Beschädigung des Trägerflugzeug-Leitwerks verhinderte.

Mit diesem System wurde auch die Lippisch DM-1 getestet (mit einer Siebel Si 204D), ebenso die Me 328 V1, V2, und V3 (mit einer Do 217E), die DFS 228 (mit einer Do 217K), sowie der Sänger Pulso-Jet (mit einer Do 217 E-2).

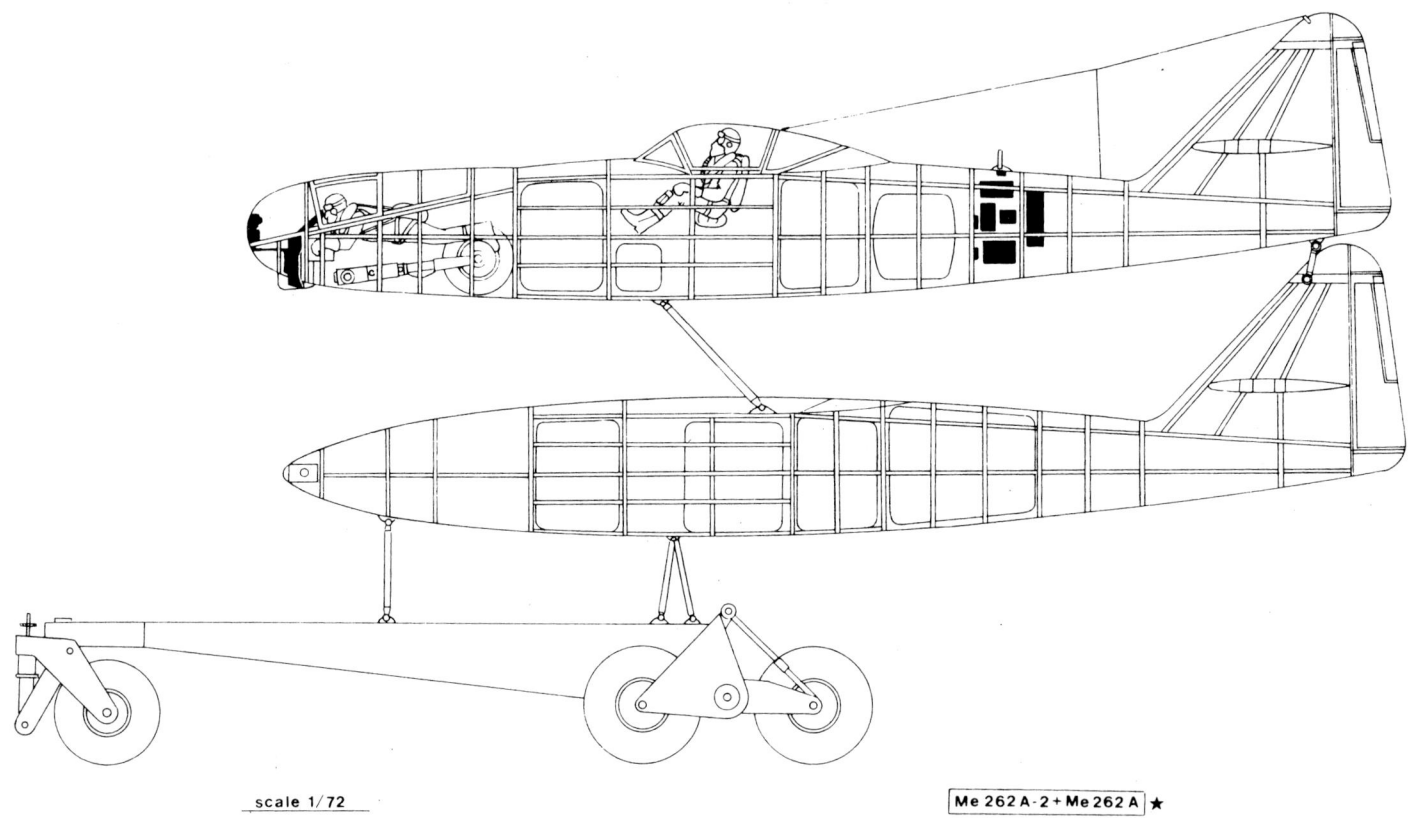

scale 1/72

Me 262 A-2 + Me 262 A ★

Farbzeichnung auf S. 128 unten

Me 262 HG III

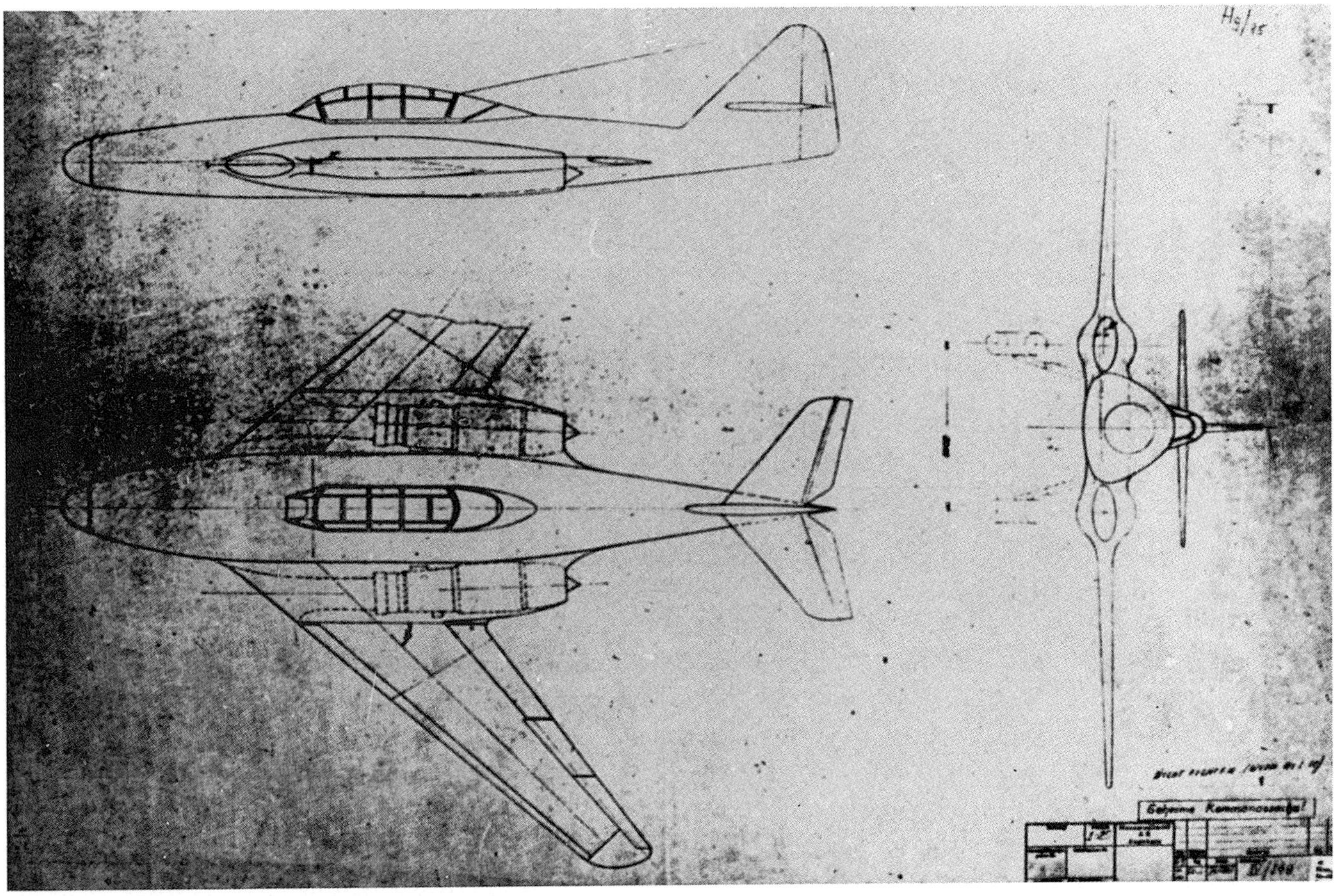

Werkszeichnung einer doppelsitzigen Ausführung der Me 262
HG III.

Windkanalmodelle für verschiedene Hochgeschwindigkeitsprojekte.

Fieseler Fi 103

Die großen Verluste, die die Luftwaffe während der Schlacht von England erlitt, veranlaßten die Deutschen, weniger konventionelle Angriffswaffen zu entwerfen, solche die auch schwieriger zu neutralisieren waren. Die Piloten boten eine Lösung an, bestehend aus einem kleinen, gelenkten Flugzeug, billig,schnell und in der Lage, eine beträchtliche Menge Sprengstoff nach London zu transportieren: das Projekt „Fernfeuer".

Dagegen schlug das Heer die Entwicklung und Serienfertigung der monströsen ballistischen Rakete A4 vor. Beide Projekte hatten ihre Vorzüge. Die Flugzeuge benötigten 280 Arbeitsstunden für ihre Fertigung (gegenüber 13.000 für die Rakete), kosteten zwischen RM 1.500,-- und RM 10.000,-- (Kosten der Rakete RM 75.000,--) und verbrannten einen wesentlich billigeren Kraftstoff, welcher zudem noch aus den deutschen Braunkohlen-Reserven gewonnen werden konnte (gegenüber den teuren Treibstoffen, welche die Raketen benötigten). Das abgelehnte Luftwaffenprojekt wäre in Friedenszeiten durchaus berücksichtigt worden, aber die Heeresrakete konnte nicht abgefangen werden, Radar erfaßte sie erst in der Endphase ihres Fluges und außerdem besaß sie die zehnfache Zerstörungskraft wie ihr Rivale von der Luftwaffe, allein schon auf Grund der gewaltigen Menge kinetischer Energie.

Die endgültige Entscheidung, von Hitler persönlich im Juni 1942 getroffen, lautete ganz logisch: höchste Priorität für beide Projekte, welche die offizielle Bezeichnung „V-1" bzw. „V-2" erhielten („V" für Vergeltungswaffe). Die „V-1" wurde aus einem neueren Typ Pulso-Schubrohr entwickelt, welches Ende der Zwanziger Jahre von dem Aerodynamik-Experten Paul Schmidt konstruiert wurde. Die Vorrichtung bestand aus einer rohrförmigen Brennkammer, welcher von vorne durch eine Verengung verdichtete Luft zugeführt wurde, die sich dann in der Brennkammer mit zerstäubtem Brennstoff vermischte. Diese Mischung wurde gezündet, die Gase entwichen hinten aus dem Rohr und erzeugten nicht nur Schub, sondern saugten durch das entstandene Vakuum wieder frische Luft von vorne in das Rohr. Damit wiederholte sich der Zyklus, und zwar nicht mit konstanter Verbrennung, sondern in intermittierenden Schüben, „pulsierend", was der Vorrichtung auch den Namen „Pulso-Jet" gab.

Dieses Triebwerk wurde bei der Firma Argus Motorenwerke in Serie gefertigt unter der Bezeichnung Walter 109 oder Argus-Rohr As 014 Pulso-Schubrohr. Die Fertigung profitierte von den wenigen beweglichen Teilen, der Einfachheit der Bauweise und der Wartung.

Die Zellen wurden von den Fieseler Ingenieuren Robert Lusser und Willy Fiedler konstruiert. Die Testzeit dauerte 18 Monate, während dieser Zeit wurden in Karlshagen (Peenemünde West) 350 Prototypen gestartet. Das erste Modell war am 30. August 1942 fertig und wurde am 10. Dezember 1942 von einer Fw 200 Condor - noch antriebslos - gestartet. Vierzehn Tage später erfolgte dann der erste Start der Fi 103 V12 mit Antrieb, und zwar von einem experimentellen Dampfkatapult.

Die Entwicklung dauerte lange und war wegen vielen neuen und unvorhergesehenen Problemen äußerst schwierig. Die Startgeschwindigkeit zum Beispiel war viel höher als zuvor angenommen und überschritt schon beinahe die Grenzen der vorhandenen technischen Möglichkeiten. Ebenso wurde beim Fliegen der Prototypen festgestellt, daß der entstehende Luftwiderstand erheblich größer war als vorgesehen (wahrscheinlich wegen der primitiven Bauweise). Dies reduzierte die projektierte Geschwindigkeit von 900 km/h auf tatsächliche 700 km/h, einen Geschwindigkeitsbereich, in dem sich auch die konventionellen Abfangjäger bewegten.

Des weiteren gab es auch Probleme mit dem eingebauten Steuerungssystem. Es stellte sich heraus, daß die Vibrationen des Motors während des Fluges die magnetische Polarität der Zelle veränderten, was wiederum die Funktion des sehr empfindlichen, im Bug eingebauten Magnetkompasses negativ beeinflußte.

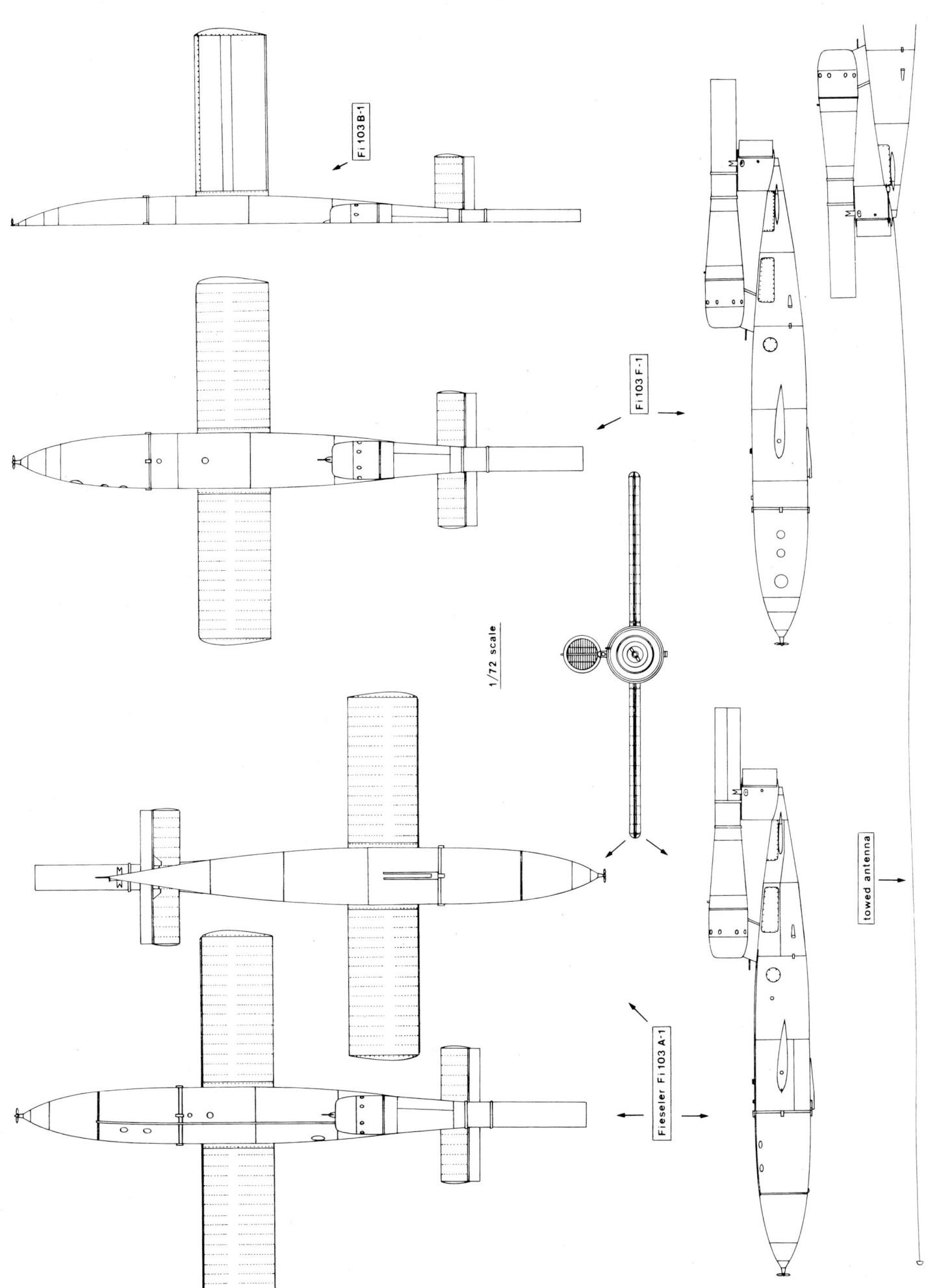

Fi 103 B-1

Fi 103 F-1

1/72 scale

towed antenna

Fieseler Fi 103 A-1

Bevor die endgültige serienreife Version erreicht war, mußte der Prototyp 150 mal modifiziert werden. 32.000 Einheiten wurden hergestellt. Die Produktion war auf 50 verschiedene Firmen verteilt worden, die Montagewerke befanden sich in Nordhausen und Peenemünde (Fieseler), sowie in Fallersleben (Volkswagen).

Der Propagandaschlag, den diese neue Art von Kriegführung erzeugte, war enorm und schlug sich in der Menge der Namen und Spitznamen nieder, die diese Maschine erhielt. Auf deutscher Seite der bekannteste Name: „V-1" für Propagandazwecke; beim Hersteller Fieseler lief sie unter der Typbezeichnung Fi 103; bei der Flak hatte sie die Bezeichnung „FZG 76" - Flak-Zielgerät 76 -, welche auch die Abwehr, bzw. der Spionagedienst als Deckname benutzte, während die mit ihrem Einsatz und Start beschäftigten Einheiten sie „Kirschkern" oder „Krähe" nannten. Die durch ihren Einsatz betroffene Bevölkerung Süd-Englands nannten sie „Brummbombe" (Buzz-Bomb) oder P-Maschine (P-Plane). In der Pilotensprache der britischen Jagdflieger hatte sie den Funk-Codenamen „Taucher" (Diver) oder „Wüschelrute" (Doodlebug).

Einsatzart:

Der Start erfolgte von einer Betonrampe von 42 m Länge, welche genau auf das Zielgebiet gerichtet war, gewöhnlich eine englische Stadt. Auf der Rampe waren zwei Führungsschienen und dazwischen eine geschlitzte Röhre mit einem frei in ihr laufenden Kolben mit Starthaken, an dem die V-1 befestigt wurde. Am hinteren Ende dieser Röhre befand sich ein mobiler Dampfgenerator mit zwei Tanks T-Stoff und Z-Stoff (Wasserstoffsuperoxyd und Kaliumpermanganat), drei Preßluft-Flaschen und einer Dampfentwicklerkammer für diese Mischung.

Zum Starten wurde eine Flasche dazu benutzt, den Hochdruck-Dampf ins Rohr zu pressen und dadurch den Kolben und den Flugkörper in Bewegung zu setzen. Wenn letzterer ungefähr den halben Weg zurückgelegt hatte (+0,4 sek.), traten die beiden anderen Preßluftflaschen automatisch in Aktion, um den Druckverlust in der Röhre auszugleichen. Der Kolben wurde zusammen mit dem Flugkörper katapultiert und später geborgen.

Die normale Abschußgeschwindigkeit war 110 m/sek und die Beschleunigung erreichte 16 bis 17 G, ein Wert, der einen bemannten Einsatz dieser Waffe unmöglich machte. Nach Erreichen der erforderlichen Geschwindigkeit begann das Pulso-Schubrohr zu arbeiten und brachte den Flugkörper in seine Marschflughöhe. Die Einhaltung des Kurses übernahm der Magnetkompass und der Autopilot. Kursabweichungen wurden durch kurze Ruderausschläge korrigiert, die ein pneumatischer Impulsgenerator erzeugte und über Servoeinheiten an die Ruder weitergab. Das Drucksystem bestand aus zwei kugelförmigen, von einem Stahlnetz umhüllten Gummibehältern.

Die Entfernung, die der Flugkörper zurücklegte, wurde mittels der Anzahl der Umdrehungen eines kleinen Propellers gemessen, der an der Bugspitze angebracht war. Nach Erreichen der eingestellten Anzahl Umdrehungen wurde der Sturzvorgang eingeleitet. Das Höhenruder war zu diesem Zweck mit Spoilern versehen, um den Ruderausschlag zu verstärken. Die Treibstoffzufuhr wurde nicht automatisch unterbrochen, wie von einigen Autoren behauptet wird. Der Pulsojet-Motor schaltete ab, wenn ein Sturzwinkel von 60° erreicht war. Obwohl das Treibstoffsystem durch den Luftinhalt der Reserveflaschen unter Druck gehalten wurde, reichte es nicht aus, das Treibstoffgewicht auszugleichen.

Die Zündung der Sprengladung erfolgte beim Aufschlag durch zwei konventionelle Zünder. Manchmal trugen die Flugkörper auch Propaganda-Flugblätter, welche bei der Explosion verstreut wurden. Verschiedentlich wurden auch Funk-Entfernungsmesser in die V-1 eingebaut, mit deren Hilfe die Startmannschaft die Treffgenauigkeit kontrollieren und bei der Einstellung des Autopiloten für den nächsten Abschuß korrigieren konnte. So ausgerüstete V-1 führten eine 1.200 m lange Schleppantenne mit, die eine kleine aerodynamische Bremse gespannt hielt.

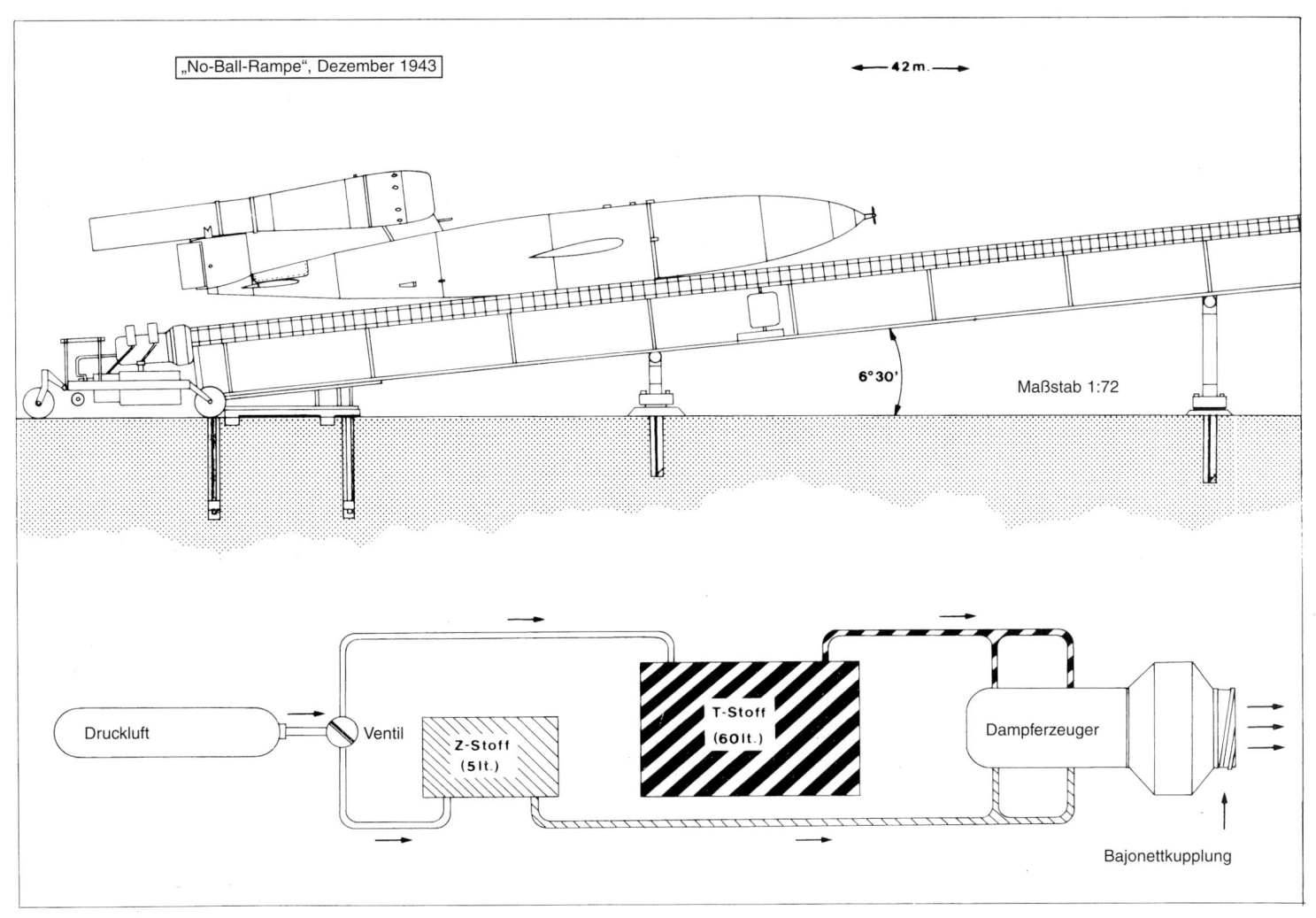

"No-Ball-Rampe", Dezember 1943

42 m.

6°30'

Maßstab 1:72

Druckluft

Ventil

Z-Stoff (5 lt.)

T-Stoff (60 lt.)

Dampferzeuger

Bajonettkupplung

Der Kampf um die Startrampen

In der ursprünglichen Planung war der Bau von acht Zentren für die Lagerung der Flugkörper, dazu drei große Einrichtungen zum Lagern und Starten, sowie 96 Startrampen von 42 m Länge vorgesehen. Die Letzteren sollten auf einen 25 km langen Geländestreifen entlang der französischen Küste verteilt werden, ungefähr zwischen der Cherbourg Halbinsel und Calais, mit der dichtesten Konzentration im Somme-Seine Gebiet.

Im September 1943 waren 38 Rampen startfertig ausgerüstet und 32 auf Lager. Zu diesem Zeitpunkt war der britische Geheimdienst von französischen Agenten über die Existenz von sechs dieser Anlagen informiert worden. Daraufhin wurde eine großangelegte Photoaufklärung über Nordfrankreich angeordnet, mit deren Durchführung die RAF-Staffeln Nr. 2 (Mustang Mk.III), Nr. 4 (Mosquito P.R. Mk.IV) und Nr. 16 (Spitfire P.R. Mk. XI) betraut wurden. 52 Anlagen wurden entdeckt und bekamen den Decknamen „No-Ball-Einrichtung".

Im Dezember 1943 begannen dann die konzentrierten Bombenangriffe der Aktion „Armbrust" (Operation Crossbow). Dabei wurden vom RAF Bomber Kommando und der VIII. US Air Force ca. 3.000 Tonnen Bomben auf die entdeckten Einrichtungen abgeworfen.

Ende Januar 1944 waren 25 % der Rampen zerstört. Zwei Drittel der dort beschäftigten französischen Bauarbeiter waren dabei getötet oder verletzt worden. Dieser Einsatz zog 40 % der alliierten Bomberkräfte von ihren sonstigen Aufgaben ab, beseitigte jedoch, wenn auch nur vorübergehend, diese Bedrohung.

Nach der Aktion „Armbrust" entwarfen die Deutschen einen Wiederaufbauplan, bestehend aus drei großen Lagerbunkern und 100 Startrampen von je 21 m Länge, von der RAF als „Himmelsanlage" (Sky-Sites) bezeichnet. Sie waren gegen Luftaufklärung ausgezeichnet getarnt und zur besseren Geheimhaltung von deutschen Arbeitern gebaut worden.

Eine typische Starteinrichtung bestand außer der Rampe und dem Katapult aus Lagertanks für Wasserstoffsuperoxyd und Wasser für Entgiftungszwecke, S-förmigen Bunkern mit einem Fassungsvermögen von je ca. 20 Flugkörpern, Montagegebäude, Startkontrolle und Luftschutzbunker in einem ausgedehnten, eingezäunten Areal mit Wachmannschaften und bewachtem Eingang.

Einige der Anlagen hatten bis zu drei Rampen, andere waren nahe bei den alten, ausgebombten Einrichtungen, welche man repariert hatte und als Scheinziele für alliierte Bomber benutzte. Und alle hatten einen starken Flakschutz

Die Einheiten der Startmannschaften hatten die Deckbezeichnung Flak Regiment 155 (W), Kommandeur Oberst Max Wachtel. Diese Einheiten gehörten zur Luftwaffe, obwohl sie dem Oberkommando des Heeres, XV. Armeekorps General-Leutnant E. Heinemann mit Hauptquartier in Maison Lafitte, unterstanden. Das Regiment, Kopfstärke 3500 Mann, bestand aus vier Bataillonen und jedes davon aus zwei Versorgungskompanien und vier Einsatzkompanien. Letztere waren in der Lage, gleichzeitig 64 Flugkörper zu starten.

Im Juni 1944 begann die V-1 Offensive gegen England unter dem Decknamen „Rumpelkammer". Die ersten Hauptstarts fanden am 13. Juni 1944 statt, als bereits 64 Startanlagen fertiggestellt waren. Obwohl an diesem Tag 10 V-1 gestartet worden waren, erreichten aus verschiedenen Gründen nur vier davon England. Während der folgenden Tage fanden 244 weitere Starts statt, 45 waren Versager und 75 trafen London.

Bis zum Kriegsende wurden 8.892 V-1 vom Boden gestartet, 7.488 davon mit einwandfreiem Start, 3.530 erreichten ihr Ziel und 2.419 davon trafen London. 2.488, die ab Beginn des Jahres 1945 gestartet wurden, erreichten Antwerpen und Brüssel.

1.600 V-1 wurden aus der Luft gestartet und zwar von den 100 He 111 H-22 des III/KG3 und I/KG53, welche auf den holländischen Flughäfen Venlo und Gilze-Rijen stationiert waren. Diese Einsätze begannen am 7. Juli 1944 und waren in der Hauptsache gegen London und Southampton gerichtet. Sie dauerten bis 15. Januar 1945 und kosteten den Verlust von 80 Trägerflugzeugen.

Die Trägerflugzeuge waren He 111 H-22, teilweise umgebaut aus den geringen Beständen an H-21. Um die großen Verluste auszugleichen, wurde in Oschatz eine provisorische Werksanlage errichtet für den Umbau von H-16 und H-20 Zellen in Standard H-22.

Die Starts erfolgten bei Marschgeschwindigkeit und in Höhen zwischen 500 und 3.000 Metern und die Briten entdeckten sie erst am 16. September 1944 durch einen glücklichen Zufall ihrer Radarbeobachtung.

Von November 1943 bis Februar 1945 griffen alliierte taktische Luftstreitkräfte pausenlos jede verdächtige Anlage in Nordfrankreich an und behinderten damit erfolgreich die deutsche „Roboter-Offensive", wenngleich mit sehr hohen Verlusten.

Die Jagdflugzeuge führten Bomben und Raketen, doch ihre Tiefangriffe waren beinahe Selbstmordeinsätze bei der hochspezialisierten und treffsicheren deutschen Flak.

Am 9. Dezember 1943 dezimierten Me 109 G Jäger die Hurricanes Mk.II der 184. Staffel, weil sie wegen dem Gewicht der sechs Sprengraketen, die jede trug, nur 320 km/h fliegen konnten. Kurze Zeit später wurden alle Einheiten, welche zur Bekämpfung der V-1 Anlagen eingesetzt waren, mit der neuen Typhoon Mk.I ausgestattet. Diese Maschine war mit vier 20 mm Kanonen und zwei 250 kg Bomben bestückt. Letztere wurden Anfang 1944 durch 8 Raketen von je 27 kg ersetzt. Bis April 1944 wurden diese Einsätze abwechselnd von folgenden Einheiten geflogen: Staffel No. 56. 137, 164, 174, 181, 183, 193, 197, 245, 263 und 603.

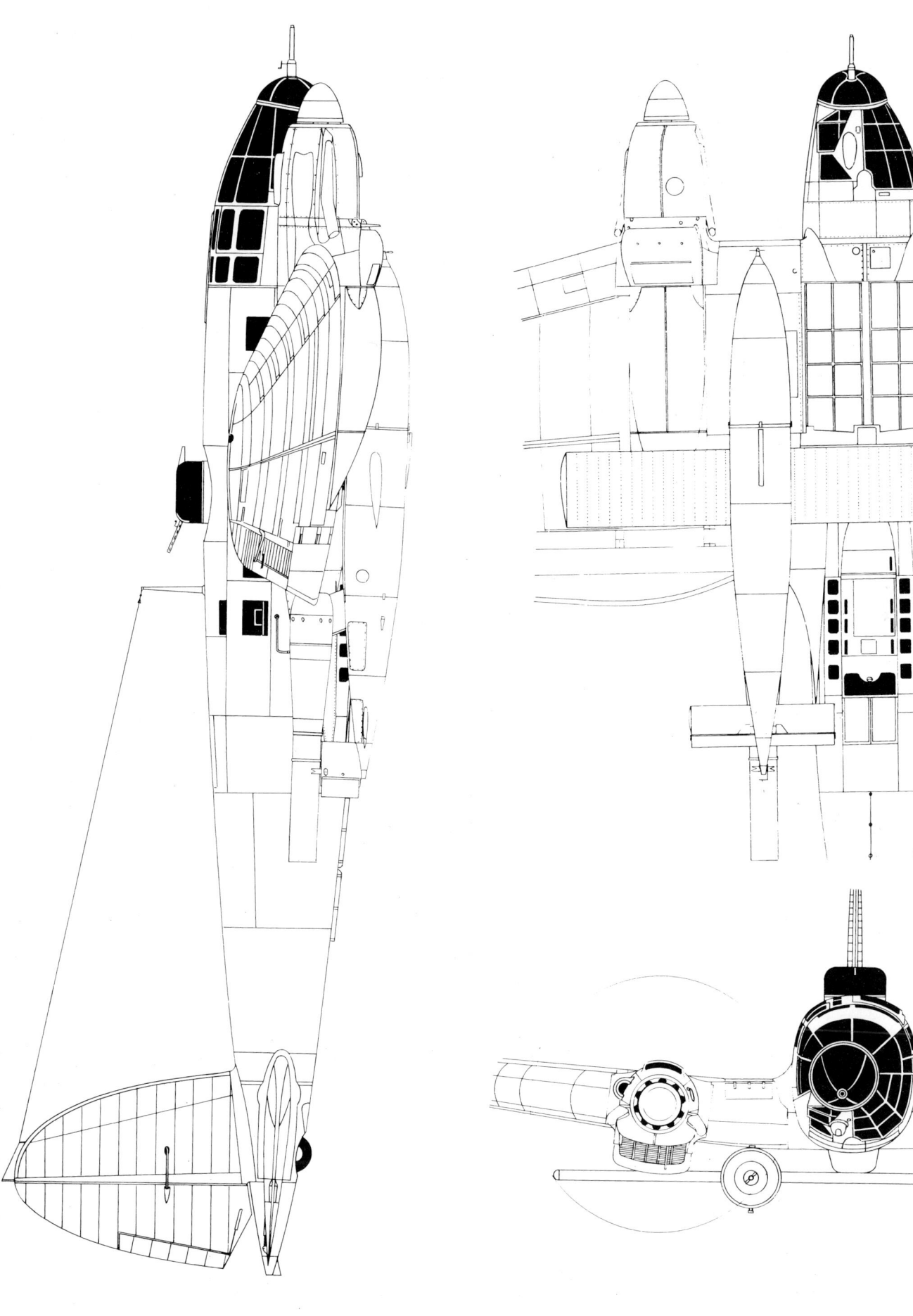

Heinkel He 111 H-22 + Fi 103

scale 1/72

Ebenfalls beteiligt waren die Spitfires Mk.IX B der Staffeln No. 33, 66, 124, 412 (Kanadier) und 504. Sie waren mit je einer 250 kg Bombe ausgerüstet, die sie jedoch ohne zu zielen abwarfen und dabei wenig Schaden anrichteten.

Ab 5. Juni 1944 griffen auch die Mosquitos FB.VI der Staffeln No. 23, 515 und 605 mit ihren Raketen die Anlagen an, um die Landung der Alliierten in der Normandie zu unterstützen. Die vorrückenden Truppen besetzten die Startanlagen und beschränkten so die V-1 Gefahr auf die gelegentlichen Angriffe mit der He 111 H-22.

Zwischen Januar und März 1945 übernahm ein Waffen-SS Regiment eine Startanlage in Delft und startete in dieser Zeit 300 V-1 von zwei Versionen: die F-1 gegen England, und die B-1 gegen Invasionstruppen auf dem Kontinent.

Die Schlacht der fliegenden Bomben

Der Abwehrplan, den die Briten zwischen 13. Juni und 5. September 1944 zur Bekämpfung der „Roboter-Offensive" aufstellten, enthielt vier Verteidigungslinien: zwei Küstengebiete, ein äußeres, welches bis zur französischen Küste reichte und von Langstreckenflugzeugen aus dem Südosten Englands gesichert wurde, und ein inneres, zwischen Küste und London, wo Radar, Flak und Hochleistungs-Abfangjäger stationiert wurden, geführt von einer zentralen Leitstelle, und letztendlich Ballonsperren um bestimmte Stadtgebiete.

- Die Mustangs Mk.III der Staffeln No. 129 (66 V-1-Abschüsse), 306 und 313 (Polen) und die Tagespatrouillen der 418. Staffel (Kanadier) mit ihren Mosquitos FB Mk. VI operierten im äußeren Gebiet. Bei den Nachteinsätzen waren folgende Maschinen beteiligt: die Mosquitos NF Mk. VII der 29. und 465. Staffel (Australier), die Mosquitos NF Mk. XII der 488. Staffel (Neuseeländer), die Mosquitos NF Mk.XIII der 96. (49 Abschüsse), 264. und 409. Staffel (Kanadier), die NF Mk.XVII der 125. Staffel, die NF Mk.XVIII der 25. und 68. Staffel, die NF Mk.XIX der 157. Staffel, sowie die Northrop P-61 „Schwarze Witwe" der amerikanischen 422. und 425. Staffel (9 Abschüsse). Die Gesamt-Abschüsse aller Mosquitotypen während des Unternehmens „Taucher" erreichte 430,5.

- Entlang der Küste zwischen Dover und Hastings hatten die Briten 3.000 Flakgeschütze eingesetzt, hauptsächlich die 40 mm Bofors Mk.I automatik, sowie die 3.7 inch Mk.1 und Mk.6. Sie wurden von amerikanischen M-9 Radargeräten geleitet und feuerten aus Entfernungen unter 2.000 m mit Annäherungszündern.

- Die Spitfires Mk.IX der 1. (47 Abschüsse), 165., 274., 453. (Australier) und 610. Staffel operierten zusammen mit den Spitfires Mk.XV der 41. Staffel (52 Abschüsse) im inneren Bereich. Die bemerkenswertesten Ergebnisse erzielten die Tempest Mk.V Abfangjäger der 3. (146 V-1 abgeschossen), 56., 80., 274., 486. (Neuseeländer) und 501. Staffel. Insgesamt zerstörten die Besatzungen der Tempest V genau 649,5 fliegende Bomben. Der beste Jägerpilot war J. Barry mit 61 Siegen.

Weitere 13 V-1 wurden von den Meteors Mk.I der 616. Staffel abgeschossen. Die Abwehrkämpfe erreichten ihren Höhepunkt in der Nacht vom 27. August 1944, als von 97 durch Radar geortete Flugkörper 87 zerstört wurden: 62 durch Flak, 19 durch Jäger und 6 durch Ballonsperren. Die V-1 war wegen ihrer kleinen Abmessungen und ihrer hohen Geschwindigkeit sehr schwer abzufangen. Die mit 20 mm Kanonen ausgerüsteten Jäger, die normalerweise aus 400 m Entfernung feuerten, mußten bei der V-1 bis auf 100 m herangehen und riskierten dabei, in die Explosionswelle zu geraten, wenn der Flugkörper explodierte.

Um das zu vermeiden, zerstörte eine Mosquito FAB VI der 418. Staffel eine V-1, indem sie kurz vor ihr deren Flugbahn kreuzte, sodaß diese durch die Turbulenzen des Jägers fliegen mußte, wobei ihr Steuergerät versagte. Eine andere Möglichkeit demonstrierte Dean, Pilot bei der 616. Staffel, indem er die Tragfläche der V-1 mit der Flächenspitze seiner Meteor mit einer angedeuteten Rolle anhob, wodurch der Kreiselkompaß der V-1 außer Kontrolle geriet.

Da sie Tarnbemalung hatten, waren sie beim Flug über Land sehr schwer auszumachen. Auch über See und in niedriger Höhe gab sie den gegnerischen Piloten wenig Anhaltspunkte. Während der Nacht war wohl der Feuerstrahl des Pulsomotors zu sehen, für das Schätzen der Entfernung war er jedoch sehr irreführend. Einmal schoß eine P-61 eine V-1 ab, 30 m vor ihrer Nase.

Die nicht abgefangenen Flugkörper überquerten die englische Küste gewöhnlich zwischen Bexhill und Folkestone mit einer Geschwindigkeit von 600 km/h und in einer Höhe von ca. 500 m, jedoch schwankend zwischen 300 m und 2.500 m. Die Eindring-Geschwindigkeit bewegte sich zwischen 550 und 650 km/h.

Während des Unternehmens „Taucher" wurden von 3.957 zerstörten Flugkörpern 1.785 durch Abfangjäger abgeschossen.

Technische Daten der Fi 103 A-1:

Entwicklungsstand:	Einsatzfähig
Konstruktionsart:	Geflügelte Mittelstrecken-Lenkbombe
Bauart:	Tragflächen: Metallstruktur mit Blechbeplankung, ein Rohrholm, kein Querruder
Rumpf:	Aufbau aus gestanzten Stahlrippen und Beplankung aus 2 mm dicken Platten aus legiertem Stahl
Heck:	Aufbau und Beplankung aus Metall. Höhenruder mit Spoilern zur Sturzflugeinleitung über dem Ziel
Antrieb:	Ein Argus As 014 109-014 Pulso-Schubrohr mit einem Startschub von 366 kp und einem Marschschub von 254 kp in 3.000 m Höhe, mit 47 Hz intermittierender Pulsotakt
Treibstoff:	Benzin 80 oct.
Verbrauch:	ca. 2,5 l pro Kilometer
Tanks:	1 Tank mit 568 l in Rumpfmitte auf Flächenhöhe, Förderung durch Preßluft
Sprengladung:	380 kg Armatol mit zwei Aufschlagzündern, gelegentlich in Holz verpackt
Steuerung:	Automatische Kreiselkompaß-Kurssteuerung von Askania, Anemometer-Zählgerät und Kreiselkompaß. Ruderbetätigung durch Preßluft aus 2 Flaschen und einer 30 V Batterie für die Servoanlage.
Spannweite:	5,37 m
Länge:	8,32 m
Höhe:	1,42 m
Startgewicht:	2.152 kg
Start-Höchstgeschw:	400 km/h
Marschgeschwindigkeit:	644 km/h
Dienstgipfelhöhe:	2.625 m
Reichweite:	25 min. bei 238 km/h oder ca. 100 km
Sonderausstattung:	Einige Marschflugkörper besaßen eine Schleppantenne von 1.219 m Länge und einem Funkgerät, welche die Aufschlagentfernung zur Abschußkontrolle funkte. Andere wiederum trugen zusätzlich Propagandaflugblätter, welche bei der Detonation verstreut wurden.

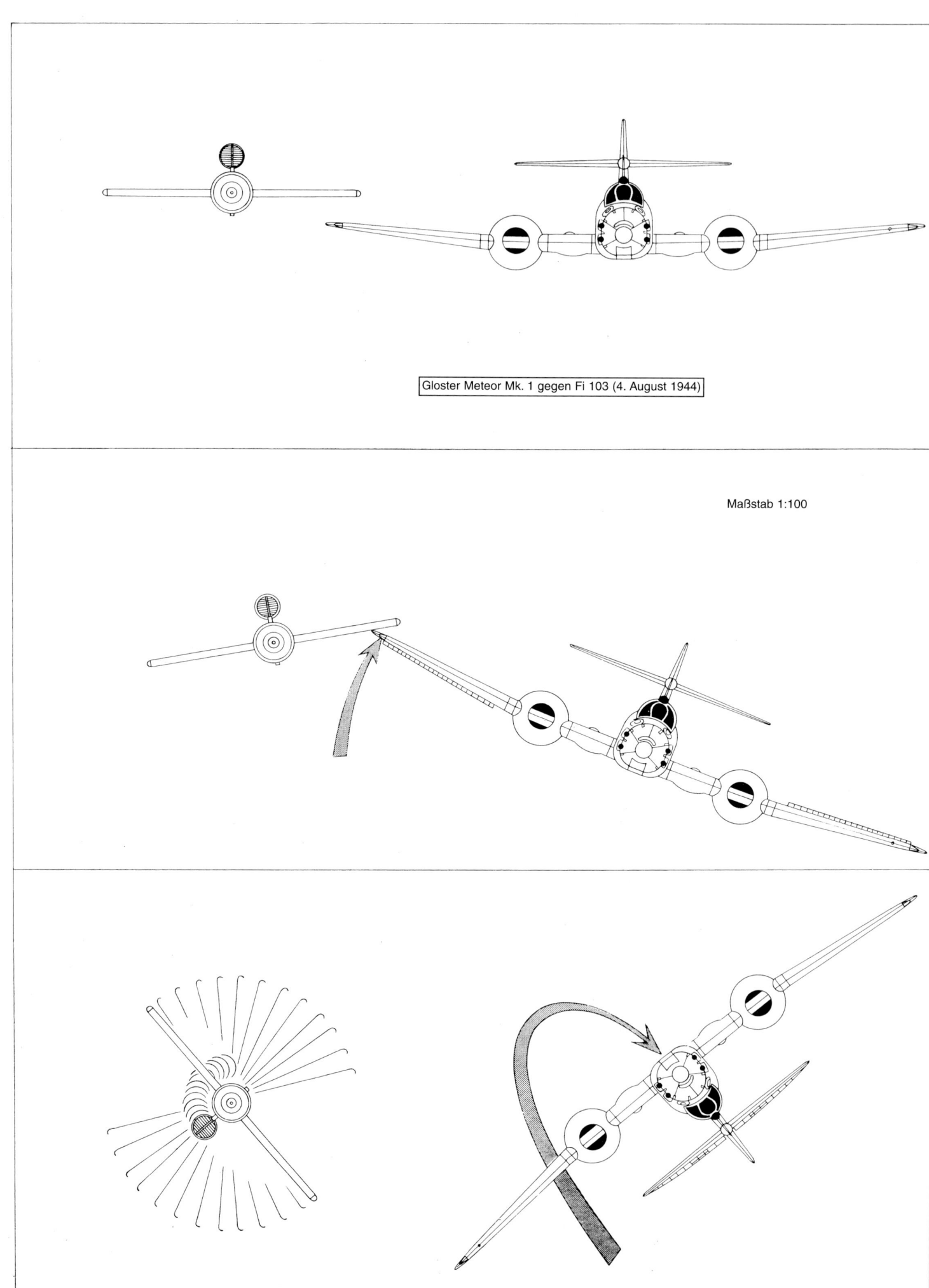

Gloster Meteor Mk. 1 gegen Fi 103 (4. August 1944)

Maßstab 1:100

Fi 103 B-1

Grundsätzlich baugleich mit A-1 bis auf folgende Ausnahmen:

Tragflächen:	Holzbauweise und -beplankung
Spannweite:	5,73 m
Startgewicht:	2.132 kg

Fi 103 B-2

Baugleich mit der A-1 Version, außer:

Bauzustand:	Versuchsstadium
Sprengladung:	SC1800
Startgewicht:	3.122 kg

Fi 103 F-1

Baugleich mit der A-1 Version, außer:

Treibstofftank:	756 l
Reichweite:	370 km
Sprengladung:	436 kg Armatol

Es gibt nur wenig Informationen über die Projekt-Versionen D-1 und E-1. Es ist anzunehmen, daß sich Erstere mit dem Freistart von Flugzeugen aus und die andere für Startmöglichkeiten von dem neuen U-Boot-Typ XXI befaßten.

Fi 103 SG 5041

Typ:	geschleppter Treibstofftank
Entwicklungsstand:	Flugversuche
Tragflächen:	wie der Prototyp V2, jedoch mit Querrudern
Fahrwerk:	fest und verkleidet
Treibstofftank:	einer für 1200 Liter 72 oct Benzin B-4
Antrieb:	ohne, geschleppt durch Ar 234 B
Sonderausrüstung:	Bremsfallschirm

Legende zu den farbigen Illustrationen über die Fieseler Fi 103
(auf S. 129–130)

1. Fi 103, ausgestellt in Henlow
2. Fi 103 V, Versuchsmodell, Peenemünde-West, Sommer 1942
3. Fi 103, ausgestellt in Dover
4. Fi 103 V33, für Start-Flugversuche
5. Fi 103, Einsatz-Start durch das Flak-Rgt. 155 (W), Winter 1944
6. Fi 103, Einsatzgerät, gestartet vom Stab/KG3 im Sommer 1944
7. Fi 103 A-1/Re 1, Schulungsausführung
8. Fi 103 A-1/Re 2, Schulungsausführung
9. Fi 103 Prototyp, für Versuchsflüge von Hanna Reitsch im Septemper 1944
10. Fi 103 A-1/Re 3, Schulungsausführung
11. Fi 103 A-1/Re 4, Einsatzausführung, nicht verwendet
12. Fi 103 A-1/Re 4, Einsatzausführung, nicht verwendet
13. Fi 103 A-1/Re 4, erbeutet und ausgestellt im November 1945 in Farnborough
14. Fi 103 A-1/Re 4, von den Alliierten erbeutet
15. Anemometer-Zählpropeller
16. Magnetkompaß
17. Aufschlagzünder
18. Sprengladung
19. Starthaken
20. Treibstofftank
21. Rohrholm
22. Druckluftflaschen
23. Staurohrdüse
24. Luft-Drosselklappe
25. Batterie
26. Mischdüsen
27. Hauptkreisel
28. Brennkammer
29. Pneumatische Servomotoren
30. Aufschlagzünder
31. Kabelabscherer

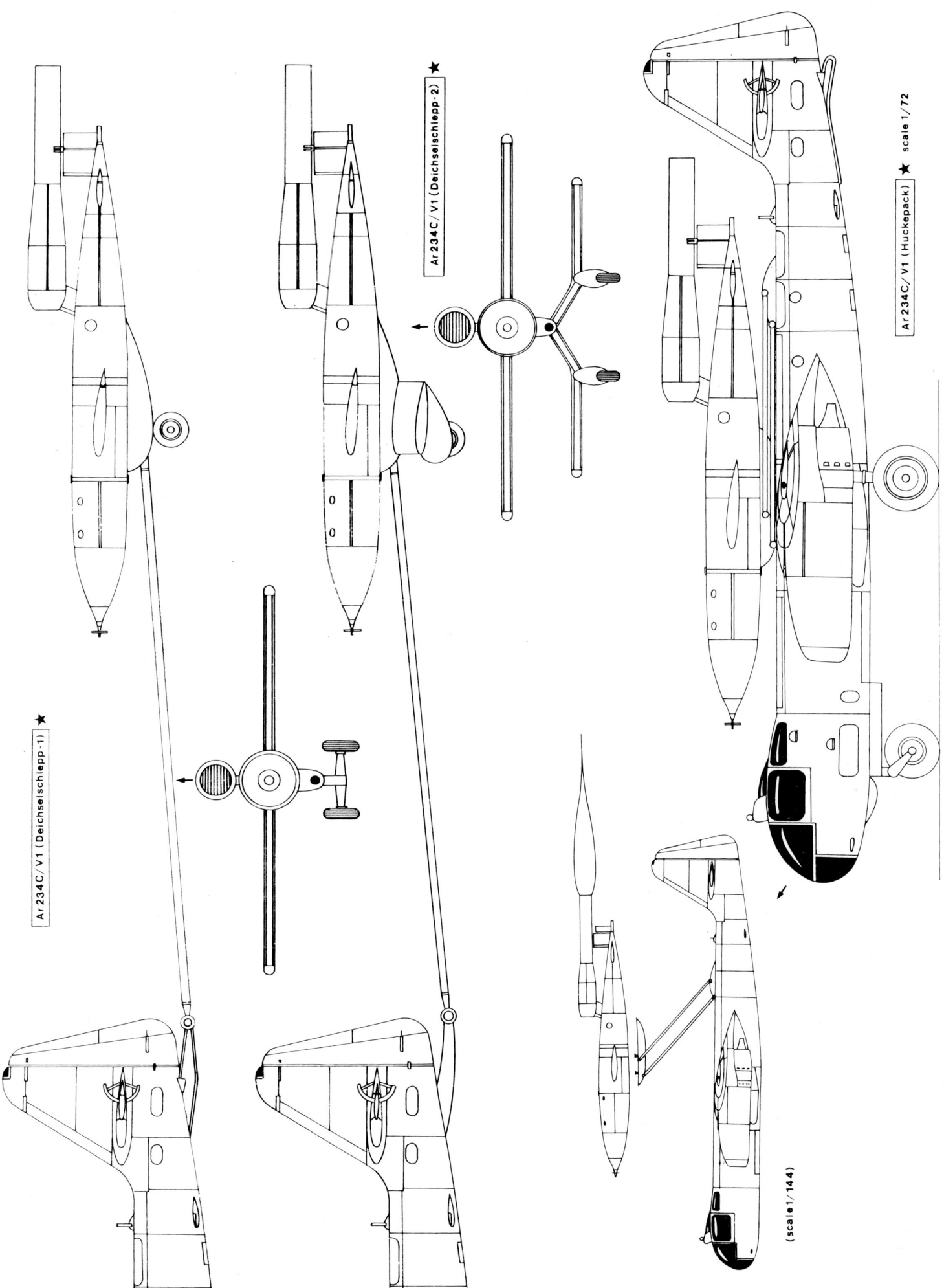

Ar 234 C/V1 (Deichselschlepp-1) ★

Ar 234 C/V1 (Deichselschlepp-2) ★

Ar 234 C/V1 (Huckepack) ★ scale 1/72

(scale 1/144)

43

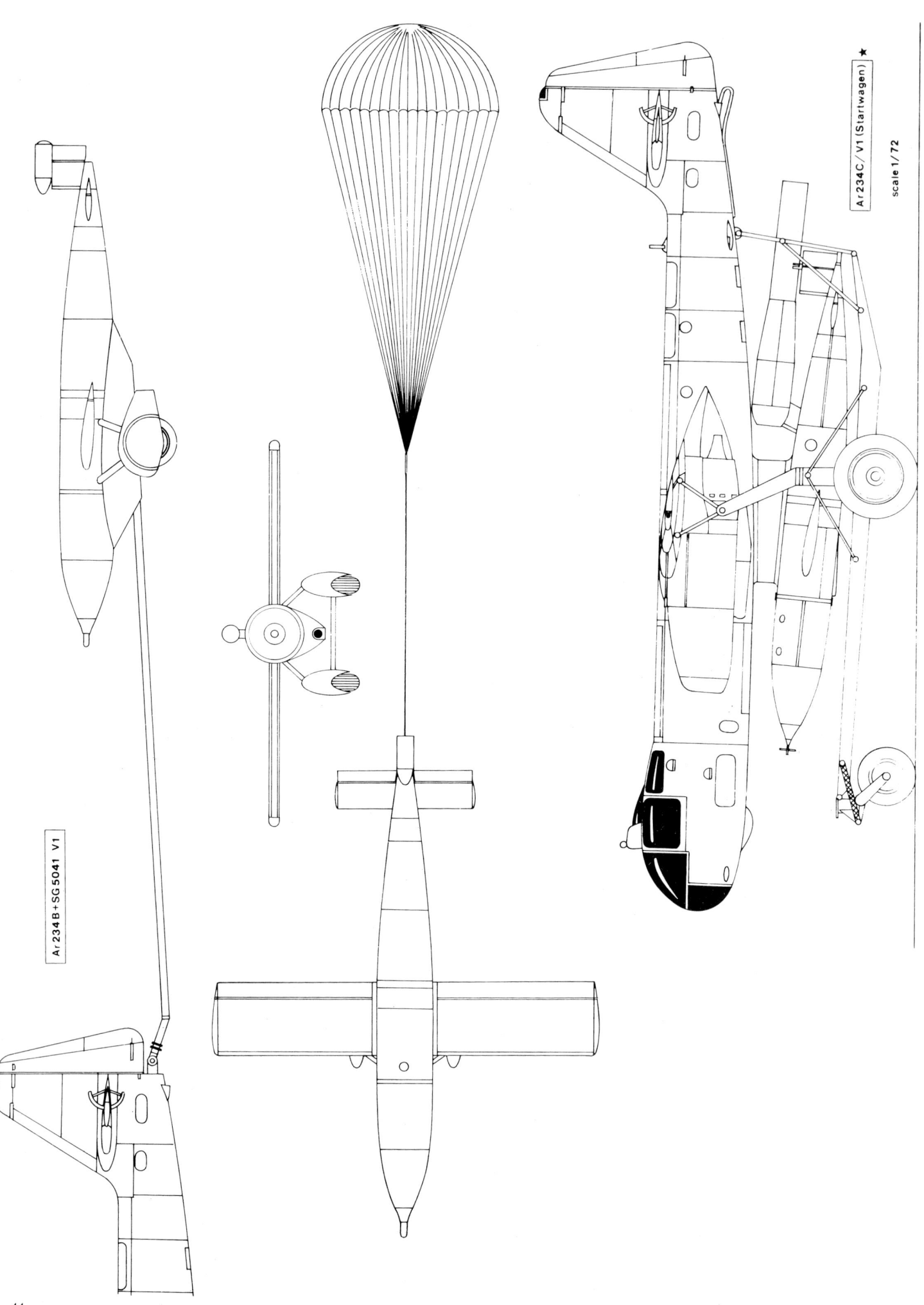

Ar 234 B + SG 5041 V1

Ar 234 C / V1 (Startwagen) ★

scale 1/72

Selbstopfer-Einsätze mit bemannten Flugkörpern

Im Winter 1943 war es unumstößliche Tatsache, daß die Luftwaffe nicht mehr in der Lage war, zu verhindern, daß die alliierten Bomber ihre Einsätze durchführten, wo und wann sie wollten.

Die schweren, amerikanischen viermotorigen Flugzeuge, spezialisiert auf gezielte Tageinsätze, flogen in Selbstverteidigungs-Formationen, genannt „box" oder Pulk. In dieser Formation konnten sich die Maschinen gegenseitig durch das konzentrierte Feuer ihrer schweren Maschinengewehre unterstützen.

Eine einzelne Jagdmaschine, die einen solchen aus 15 B-17 Bombern gebildeten Pulk angriff, geriet ins Visier von nicht weniger als 40 Maschinengewehren als tödliches Ziel. Eine Fw 190 war auf 900 m Entfernung eine Zielfläche von ca. 1,5 m^2.

Außerdem konnte der angreifende Jäger nicht durch die Formation hindurch fliegen, da zwischen den Bombern nicht genügend Platz war. Dadurch war der Angreifer gezwungen, seinen Angriff zum ungeeignetsten Zeitpunkt mit einem Abdrehen zu beenden und dadurch den größten Teil seiner Maschine auf kurze Entfernung dem Abwehrfeuer auszusetzen.

Um die Pulks aufzubrechen, ohne ihnen dabei zu nahe zu kommen, versuchten die Deutschen verschiedene Taktiken und Geräte. Me 410A-2/U4 griffen mit ihren 50 mm Kanonen aus 1800 m an, aus 1300 m Bf 110 G-2/R3 und Bf 109 G-6/R2 sowie Fw 190 A-7/R6 mit Raketen W.Gr21 (21 cm Werfergranaten).

Die Letztere war eigentlich eine Infanteriewaffe, die man hastig für Luft/Luft - Einsatz modifiziert hatte. Sie wurde von Rohren abgeschossen, die unter den Flächen montiert waren, wurden aber ebensooft auch unter dem Rumpf von Fw 190 und nach hinten gerichtet gesehen. Sie wurde nach dem Abdrehen von einem konventionellen Angriff abgefeuert. Einige Ju 88 P-2 feuerten ihre 37 mm Kanonen aus 900 m Entfernung ab, ohne großenErfolg zu erzielen.

Sie versuchten es auf eine andere Art, die geschlossenen Pulks aufzubrechen, indem sie Fallschirmbomben abwarfen und so eine Art Luft-Minenfeld schufen.

Zu Beginn des Jahres 1944 waren bereits Entwürfe und Prototypen von Waffen vorhanden, die das Entfernungsproblem lösen konnten. Bis zu deren Einsatzreife war den Piloten jedoch befohlen, ihr Leben innerhalb des 1000-m-Bereichs zu riskieren. Die erfolgreichste Taktik wandte eine Versuchseinheit an, die „Sturmstaffel 1" unter Major von Kornatzki. Deren Piloten flogen einen Frontalangriff mit möglichst vielen Maschinen in Linie nebeneinander und alle gleichzeitig feuernd.

Im Mai 1944 stellte das OKL die Einsatzgruppe IV/JG3, genannt „Sturmgruppe", auf, welche mit speziell gepanzerten Fw 190 A-8/R2 ausgerüstet waren, um dem Frontalfeuer der Bomber besser zu widerstehen.

Es muß hervorgehoben werden, daß diese Flugzeuge,die die Bomber rammten, nicht speziell dafür entworfen wurden, Bomber abzuschießen, aber ihre außergewöhnliche Festigkeit und Gewicht beeinflußten die Piloten, sie für Ramm-Manöverer zu verwenden. Obwohl diese Idee spontan in der Hitze des Gefechts angewandt wurde, war sie doch eine der Bedingungen, die von den Freiwilligen akzeptiert wurden, wenn sie sich zu dieser Einheit meldeten. Sie schworen, bei jedem Einsatz einen Feindbomber abzuschießen, „wenn nötig, ihn auch zu rammen".

Am 7. Juli 1944 flog die IV/JG33 ihren ersten Einsatz und zerstörte innerhalb von 2 Minuten 23 „Liberator" Bomber der 492. Bomber Gruppe.

Bis zum Ende des Monats waren insgesamt 60 Maschinen abgeschossen worden und eine zweite Sturmgruppe, die II/JG300, wurde aufgestellt.

Am 15. August waren beide Einheiten zusammen im Einsatz und zerstörten 40 B-17 Bomber. Am nächsten Tag rammte Oblt. Ekkehard Tichy von der IV/JG3 eine B-17 der 91. Bombergruppe, mit dem Resultat, daß beide Besatzungen verloren waren.

Im September wurde die Sturmgruppe II/JG4 aufgestellt.

Am 11. September wurden während eines Angriffs der IV/JG3 auf B-17 der 100. Bombergruppe über Eisenach zwei Maschinen nach einer Kollision abgeschossen. Die zwei Piloten retteten sich mit dem Fallschirm. Am gleichen Tag starb Lt. Alfred Lausch von der II/JG4, als er eine B-17 der 96. Bombergruppe über Chemnitz angriff.

13. September: Oblt. Walter Dahl zerstörte eine B-17 durch rammen. Er selbst rettete sich mit dem Fallschirm.

27. September: eine „Liberator" der 445. Bombergruppe wurde über Eisenach heruntergeholt, Heinz Papenberg von der II/JG4 hatte sie mit seiner Fw 190 gerammt.

7. Oktober: Lt. Klaus Bretschneider von der II/JG300 richtete seine Maschine gegen eine B-17 der 94. Bombergruppe und zerstörte sie.

2. November: eine weitere B-17 der 91. Bombergruppe wurde durch einen Rammangriff von Oblt. Werner Gerth von der IV/JG 3 heruntergeholt.

Als die Sturmgruppen Ende März 1945 ihre Angriffe einstellten, waren an die 500 alliierte Bomber zerstört worden, jedoch nur 10 davon durch die Rammtaktik.

Die Deutschen erlitten über 150 Verluste, und noch mehr Jäger gingen bei Einsätzen verloren.

Neben dem an sich hohen Risiko bei solchen Angriffen und der Tatsache, daß sie mit sehr gut bewaffneten und gepanzerten Maschinen durchgeführt wurden, die nicht für Kurvenkampf geeignet waren, zeigte sich, daß sie höchst verlustreich an Menschen und Maschinen waren.

Die Auswertung dieser Situation durch die mit diesem Problem beschäftigten Luftwaffenoffiziere äußerte sich in zwei grundsätzlichen Meinungen:

- Die Ersteren, darunter General Adolf Galland, schlugen vor, Flugzeuge mit dem höchstmöglichen technischen Stand einschließlich der neuesten wissenschaftlichen Erkenntnisse zu bauen, die dann ihre Abfangeinsätze mit konventioneller Taktik fliegen sollen. Nach Galland's Meinung wäre die ideale Kombination die Me 262 A-1a mit 55 mm R4M Raketen. Rammen sollte die letzte Konsequenz sein und nur angewendet werden, wenn für den Piloten eine echte Überlebenschance vorhanden war (Zeppelin-Rammer).

- Der Vorschlag der anderen war, daß alte Maschinen, geflogen von hochmotivierten Besatzungen (Selbstopfermänner), eine erfolgreiche Kombination für taktische Aufgaben wäre.

Oberst Hajo Herrmann meinte, daß in diesem Stadium des Krieges Flugzeugführerschulen keine Daseinsberechtigung hätten und überredete Göring, jede flugfähige Maschine gegen die alliierten Bomber einzusetzen, geflogen von sehr jungen, halb ausgebildeten Piloten, die sonst keine Gelegenheit mehr hätten, einen Luftkampf zu erleben.

Mit Freiwilligen wurde eine neue Einheit, bekannt als „Sonderkommando „Elbe", aufgestellt und etwa 200 enthusiastische Jugendliche trafen im März in der Flugzeugführerschule in Stendal ein. Sie wurden von alten, erfahrenen Mitgliedern der Sturmgruppen zehn Tage lang in Ramm-Taktiken (rammen gegen die Fläche, zwischen den Motoren, oder mit dem eigenen Probeller das Seitenruder zerfetzen) unterrichtet. Die verwendeten Flugzeuge waren eine Mischung aus Bf 109 und Fw 190 der verschiedensten Versionen, die von den anderen Flugzeugführerschulen für diesen letzten Einsatz zusammengezogen worden waren.

Dieser letzte Einsatz fand am 7. April 1945 statt gegen eine Formation von 1300 amerikanischen Bombern mit 850 Begleitschutzjägern, die über deutsches Gebiet in Richtung Dessau flogen.

Sie stießen über dem Steinhuder Meer, einem Sammelpunkt für deutsche Jäger, auf eine Formation von 183 Maschinen des Sonderkommandos „Elbe", begleitet von 40 Me 262 A des JG7 und JG54. Innerhalb weniger Sekunden waren schon die ersten kollidiert, wobei durch Rammen die 100. Bombergruppe eine, die 338. und 490. je zwei und die 452. Bombergruppe drei Maschinen verlor.

Das Sonderkommando „Elbe" seinerseits verlor bei diesem Einsatz 77 Maschinen aus verschiedensten Gründen: durch alliierte Jäger, Navigationsfehler, Notlandungen und hauptsächlich durch Fehler der schlecht ausgebildeten Piloten. Viele der davongekommenen Maschinen wurden am nächsten Tag von einer Gruppe Mustangs, in freier Jagd unterwegs, bei der Landung abgeschossen.

Das Sonderkommando „Elbe" flog daraufhin keine Einsätze mehr gegen Pulks, die überlebenden Piloten machten nur noch kleine Sabotageeinsätze bis zum Ende des Krieges.

Blohm & Voss BV 40

Ein kleiner, gepanzerter Kampf-Segler mit einem Minimum an Frontal-Querschnitt, welcher das 900 m Gebiet durchstoßen sollte, welches von den Maschinengewehren der amerikanischen Bomberformationen abgedeckt wurde.

Entworfen von Dr. Richard Vogt, sollte die Maschine von unqualifiziertem Personal aus nicht-strategischem Material gebaut werden. So wurde es Mitte 1943 dem RLM vorgeschlagen.

Die Produktionspläne sahen 19 Prototypen und 200 Maschinen der Serie BV 40A vor, aber als das Projekt im Herbst 1944 gestrichen wurde, waren nur sechs Maschinen gebaut worden. Der Einsatz einer BV 40 bedurfte der Hilfe eines Schleppflugzeugs (Bf 109 G), um mittels eines abwerfbaren Fahrwerks in 6.000 m Höhe zum Einsatzgebiet geschleppt zu werden.

Nach dem Ausklinken machte der kleine Jäger seinen ersten Angriff gegen die Pulks in einem Bahnneigungsflug von ca. 20°, ohne das Abwehrfeuer zu beachten, und seine beiden 30 mm Kanonen aus kurzer Entfernung abzufeuern. Unter günstigen Umständen war es möglich, die Sturzgeschwindigkeit für einen zweiten Angriff zu nutzen oder die „Geräte-Schlinge" anzuwenden. Letztere bestand aus einer nachgeschleppten Sprengladung, durch welche die BV 40 zur bemannten Gleitbombe wurde. Nach dem Einsatz steuerte der Gleiter einen geeigneten Landeplatz an und landete mit Hilfe von Bremsklappen und einer Kufe.

Verschiedene Versionen waren vorgesehen. So wurde vorgeschlagen, die Maschine mit Luft/Luft Raketen R4M auszurüsten, die unter den Flächen in Siebenergruppen angebracht werden sollten. Auch das Luft/Luft bombardieren der Pulks war vorgesehen. Dazu sollten vier AB 250 Behälter mit kleineren Sprengladungen mit Annäherungszündern mitgeführt werden. Es wurde auch eine Version gegen Seeziele vorgeschlagen mit vier BT 700 Torpedos. Das Startgewicht für die beiden letzten Vorschläge war jedoch für Flugzeugschlepp zu hoch.

Da das RLM immer wieder die Verwundbarkeit der BV 40 gegen feindliche Begleitjäger betonte, versuchten es die Hersteller, um das Projekt zu retten,mit dem Vorschlag für eine motorisierte Variante. Man wolle sie mit zwei Pulso-Schubrohren vom Typ Argus As 014 unter den Flächen montiert ausrüsten, oder mit einer Walter Feststoffrakete vom Typ HWK 109-509B. Aber damit wären sie in den Bereich der Me 328 und Me 163 geraten und gegen diese konnte sie nicht konkurrieren. Der letzte vorgeschlagene Verwendungszweck, sie als Treibstoff-Schlepptank einzusetzen, hatte gegen das Projekt Fieseler Fi 103 SG 5041 ebenfalls keine Chance.

Die wenigen Flugversuche wurden mit den Prototypen V1, V2, V4, V5 und V6 in Wenzersdorf gemacht, wobei als Schleppmaschine eine Bf 110 diente.

Technische Daten der BV 40

Typ:	Kampfsegler, Jäger ohne Eigenantrieb
Entwicklungsstadium:	Flugversuche
Flügel:	Holzbauweise und -beplankung, Querruder
Rumpf:	Holzbauweise und -beplankung. Frontpanzerung mit 20 mm Stahlblech, Seite 8 mm, Rücken 5 mm. Windschutzscheibe aus 120mm Panzerglas.
Leitwerk:	Holzkonstruktion und -beplankung, abgestrebt
Fahrwerk:	einziehbare Kufe
Antrieb:	beim Originalprojekt keiner
Bewaffnung:	2 x 30 mm MK 108 oder 1 x MK 108 + Schleppmine
Spannweite:	7,90 m
Länge:	5,70 m
Höhe:	1,63 m
Startgewicht:	950 kg
Sturz-Höchstgeschw.:	1.037 km/h

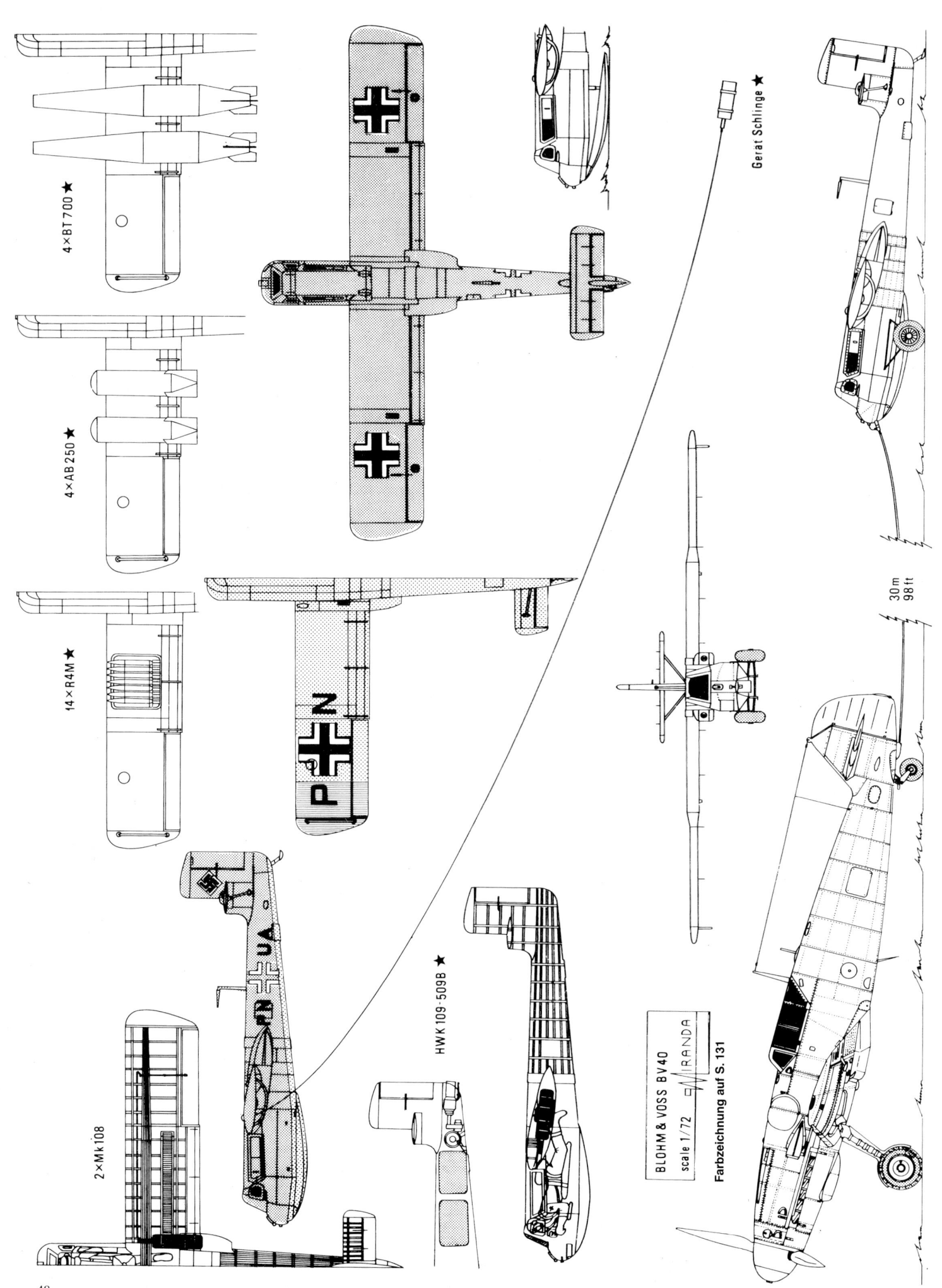

4×BT 700 ★

4×AB 250 ★

14×R4M ★

2×Mk 108

HWK 109-509B ★

Gerät Schlinge ★

30 m
98 ft

BLOHM & VOSS BV 40
scale 1/72   MIRANDA
Farbzeichnung auf S. 131

48

Marschgeschw. (Bf 109G):   637 km/h
Besatzung: Ein Pilot in liegender Anordnung in Spezialgurten
Anzahl gebaut: 6

Daimler Benz Projekte „E" und „F"

Diese zwei Projekte waren Teil eines kolossalen Waffensystems, welches im Daimler-Benz Entwicklungsbüro durch die Ingenieure Nallinger und Übelacker entworfen wurde: dem „Schnellbomberträger".

Der Entwurf basierte auf einem riesigen Transportflugzeug mit festem Fahrwerk. Zwischen den großen Fahrgestellverkleidungen war ein mittlerer Turbojet-Bomber untergehängt. Kurz vor dem Ziel wurde dieser ausgeklinkt, mit voller Ladung und vollen Tanks.

Projekt „A": Dieses Waffensystem bestand aus einem Trägerflugzeug mit vier Turbopropmotoren Typ Heinkel HeS 021 und einem Gewicht von 45.800 kg, oder sechs Triebwerken des gleichen Typs und einem Gewicht von 51.700 kg.
Die Spannweite war 54 m.
Unter dieses Trägerflugzeug war ein zweimotoriger Bomber mit V-Leitwerk gehängt, angetrieben von zwei Turbojets mit 7.500 kg Schub. Dessen Spannweite betrug 23,16 m, sein Gewicht 71.800 kg.

Projekt „B": Gleiches Trägerflugzeug, jedoch mit einem einmotorigen Bomber mit Doppelleitwerk, angetrieben von einem Daimler-Benz Turbojet mit 12.930 kp Schub. Gewicht 70.000 kg.

Projekt „C": Verbesserte Version des Trägerflugzeugs, angetrieben von sechs Daimler-Benz DB 603 mit je 1.900 PS. Vier Motoren mit Zugschraube, zwei Motoren mit Druckschrauben.

Projekt „D": Dies war eine Kombination aus „B" und „C".

Projekt „E": Bestand aus einem Universal-Trägerflugzeug wie bei Typ „C", an dessen Unterseite 5 Lenkbomben untergehängt waren, jede mit jeweils einem HeS 011A Turbinentriebwerk und Schleudersitz ausgerüstet.

Technische Daten des Trägerflugzeuges:

Entwicklungsstand:	Entwurf
Spannweite:	54 m
Länge:	35,80 m
Höhe:	12,26 m
Gewicht (beladen):	122.000,00 kg
Antrieb:	Sechs Kolbenmotoren DB 603 mit je 1.900 PS, vier mit Zugpropellern und zwei mit Druck-Luftschrauben.
Nutzlast:	73.500,00 kg
Reichweite:	9.000,00 km
Besatzung:	4 Mann

Technische Daten des bemannten Flugkörpers:

Entwicklungsstand:	Entwurf
Spannweite:	8,5 m
Länge:	9,2 m

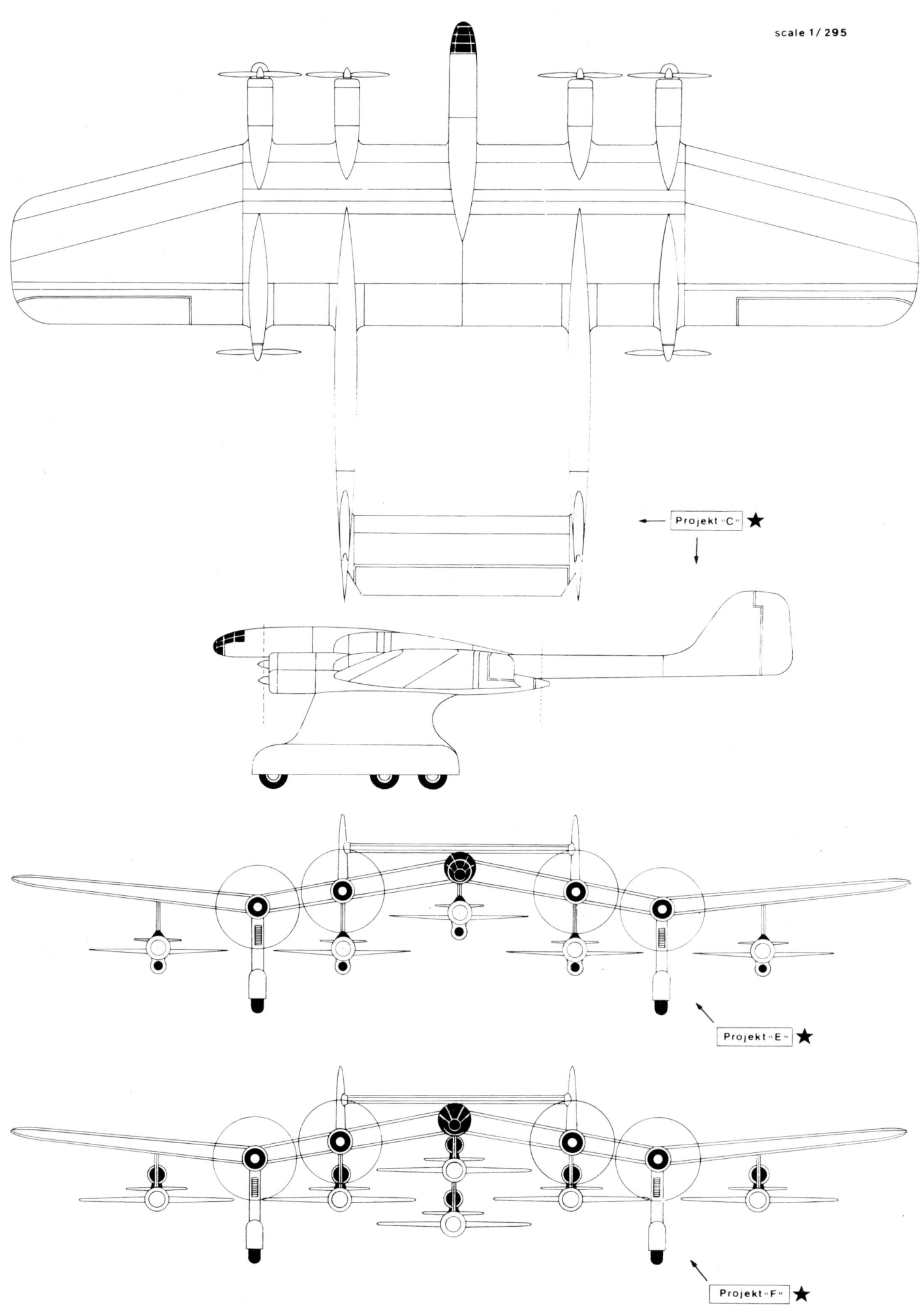

scale 1 / 295

← Projekt "C" ★

Projekt "E" ★

Projekt "F" ★

50

Höhe:	3,20 m
Gewicht (beladen):	5.800 kg
Antrieb:	Ein HeS 011A Turbojet mit 1.300,00 kg Schub
Sprengladung:	2.500,00 kg
Treibstoffmenge:	1.800,00 kg
Besatzung:	1 Pilot. Es war vorgesehen, eine ferngesteuerte Version zu entwickeln

Projekt „F" bestand aus demselben Trägerflugzeug wie Projekt „E", jedoch mit einer Zuladung von sechs bemannten Flugkörpern einer schwereren und stärkeren Ausführung. Das große BMW-Turbinentriebwerk auf dem Rücken des Flugkörpers erschwerte den Einbau eines Schleudersitzes für den Piloten erheblich.

<u>Technische Daten des bemannten Flugkörpers:</u>

Entwicklungsstand:	Entwurf
Spannweite:	9,0 m
Länge:	12,0 m
Höhe:	3,02 m
Gewicht (beladen):	10.270 kg
Antrieb:	Ein BMW 018 Turbojet mit 3.400,00 kg Schub
Sprengladung:	3.000,00 kg
Höchstgeschwindigkeit:	1.230 km/h
Besatzung:	1 Pilot

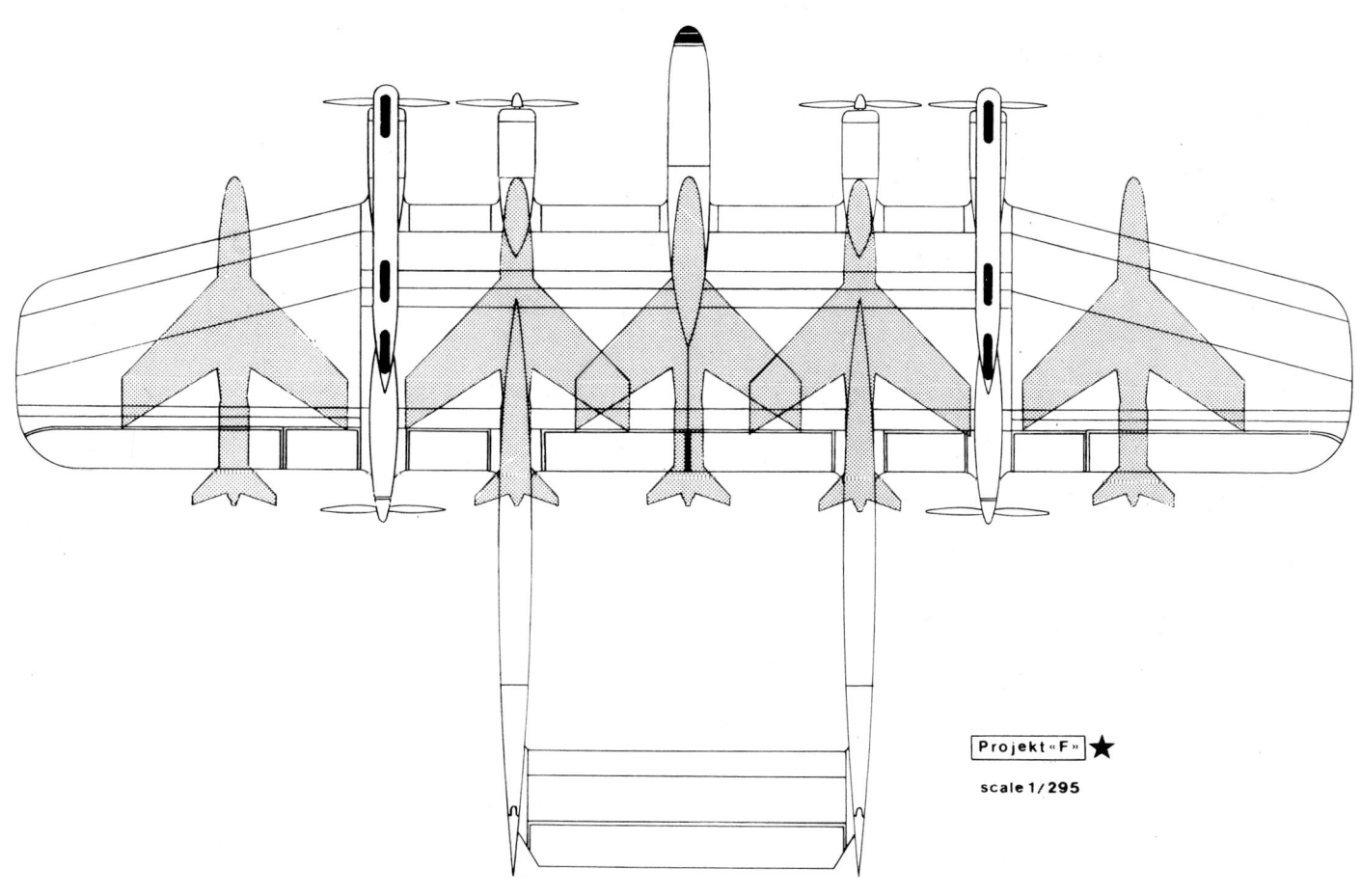

Projekt «F» ★

scale 1/295

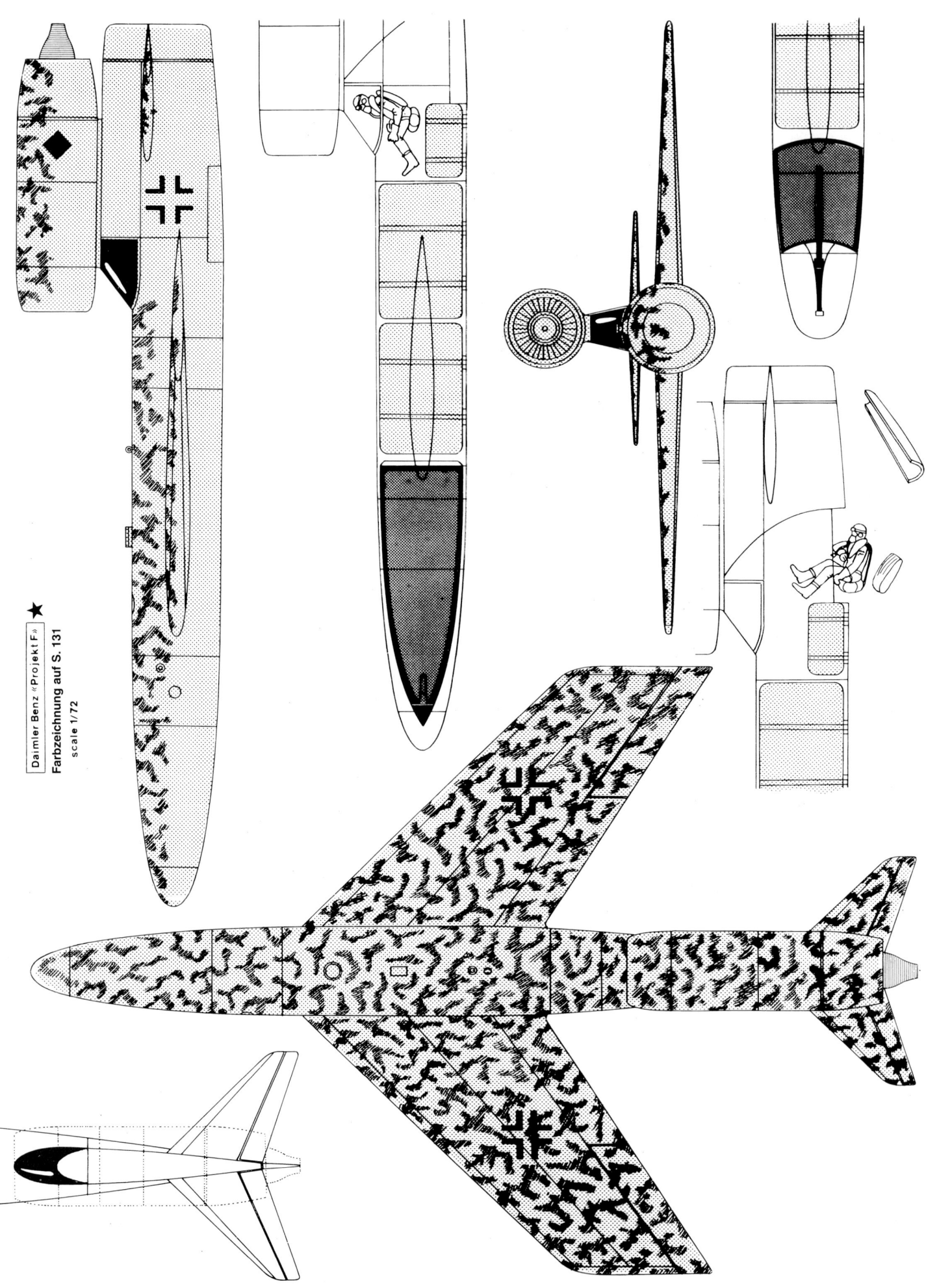

Daimler Benz «Projekt F»
Farbzeichnung auf S. 131
scale 1/72

52

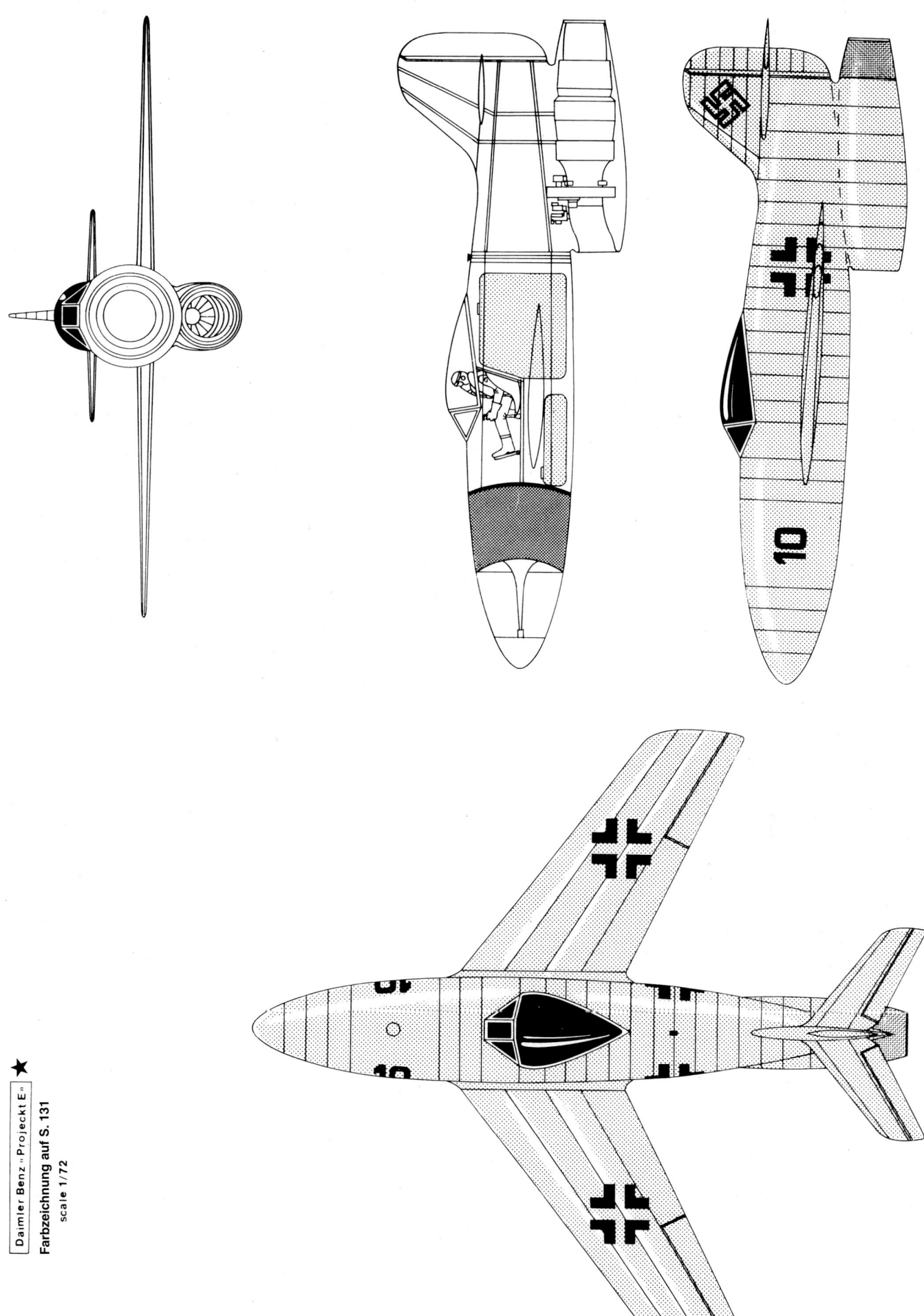

Daimler Benz «Projeckt E»

Farbzeichnung auf S. 131

scale 1/72

Die Messerschmitt Me 328 Serie

Der Entwurf sah einen Begleitjäger vor, welcher von einer H 177 im sog. „Deichselschlepp", einer halbstarren Schleppstange, mitgeführt wurde. Dieses System war bereits im Juli 1941 als „Projekt P.1079" vom Messerschmitt Konstruktionsbüro entworfen worden.

Im März 1942 schlug das RLM den Bau von sechs Versionen vor, drei Jäger und drei Bomber, angetrieben von einem Argus Pulsoschubrohr. Diese Versuche sollten unter der Bezeichnung Me 328 laufen.

Unter der Leitung der DFS (Deutsches Forschungsinstitut für Segelflug) wurden etliche Modelle und Prototypen gebaut, um deren aerodynamischen Eigenschaften sowohl im Windtunnel, als auch in Flugversuchen mit und ohne Antrieb zu ermitteln.

Eine Schubregulierung der Argus Pulsomotoren während des Fluges erwies sich als nicht durchführbar, so daß die vorgesehene Produktion als Jäger bereits so gut wie gestrichen war. Da die Entwicklungsfirma jedoch großen Einfluß auf das RLM hatte, konnte sie im April 1944 die Weiterführung des Projekts unter der Bezeichnung „Schnellbomber" durchsetzen.

Über 1000 Einheiten wurden geplant, für die nur nicht-strategisches Material und Teile bereits existierender Flugzeuge verwendet werden sollten. Da die umfangreichen Testprogramme bestätigten, daß der Einbau der Argus Pulsomotoren ein unlösbares Problem war, schlug man die Form einer Segler-Version vor, welche von freiwilligen Piloten der 5./KG200 (Staffel „Leonidas") ins Ziel gesteuert werden sollten.

Zur gleichen Zeit entwickelte man das Modell „C", angetrieben von einem Jumo 004B Turbojet mit 900 kg Schub.

Die Produktion der letzten beiden Versionen begann während des Sommers 1944 in einem geheimen, unterirdischen Fertigungsbetrieb in Thüringen. Es ist anzunehmen, daß diese Anlage durch einen Bombenangriff völlig zerstört wurde, noch bevor die ersten Exemplare dieser Waffe fertiggestellt waren.

Bekannte Versionen der Me 328

Me 328 V1: Hatte keinen Antrieb und wurde für Flugversuche im Mistelsystem mit einer Do 217 E verwendet, wobei Druckmanometer in die Befestigungspunkte eingebaut waren. Nach einer Reihe von Flügen im Herbst und Winter 1943 auf dem österreichischen Flugplatz Hörsching bei Linz begann eine zweite Versuchsreihe, diesmal im Freiflug unter Verwendung einer Gleitkufe, wie sie in der Me 163 „Komet" eingebaut war.

Me 328 V2 und V3: Beide ohne Antrieb und vorgesehen, ihre Manövrierbarkeit im Gleitflug zu studieren. Sie hatten beide eine sehr verkürzte Spannweite, welche sich jedoch nur für die Bomberversion im Tiefflug eignete. Im Frühjahr 1944 absolvierte die berühmte Testpilotin Hanna Reitsch ein komplettes Versuchsprogramm mit beiden Prototypen, mit Starts in Höhen zwischen 3000 und 6000 m und Landungen unter allen möglichen Bedingungen, sowie Stabilitätsprüfungen mit Wasserballast.

Technische Daten der Version V1 (V2 + V3 in Klammern)

Entwicklungsstadium:	Flugversuche
Produktionsfirma:	DFS
Bauweise:	Holz mit Sperrholzbeplankung außer dem Höhenleitwerk, welches von der Me 109 F übernommen wurde.
Spannweite:	8,53 m (4,57 m)
Länge:	6,974 m (4,57 m)
Länge:	6,974 m (7,05 m)
Höhe:	1,60 m (1,60 m)
Höchstgeschwindigkeit:	824 km/h

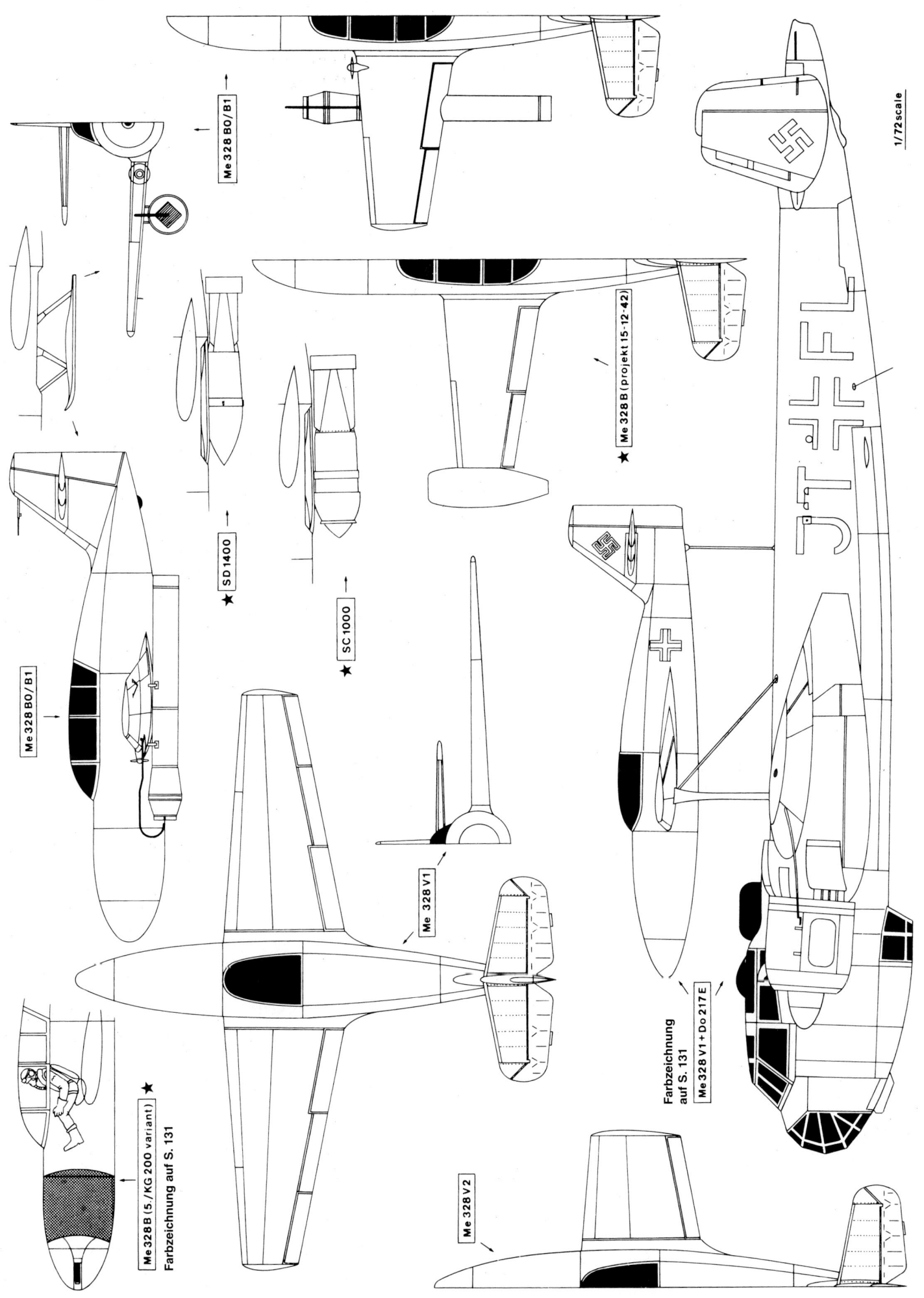

Me 328 BO/B1

Me 328 B (projekt 15-12-42)

SD 1400

SC 1000

Me 328 BO/B1

Me 328 V1

Me 328 V1 + Do 217 E

Farbzeichnung
auf S. 131

Me 328 B (5./KG 200 variant)
Farbzeichnung auf S. 131

Me 328 V2

Me 328 V4 bis V10: Die Firma Jakob Schweyer, Segelflugzeugbau, baute diese sieben weiteren Prototypen (V4 bis V10) für statische und Flugversuchs-Zwecke.

Bei einigen führten die Schwingungen der Stoßwellen des Argusantriebs auf die Leitwerks- und hintere Zellenstruktur zur völligen Zerstörung. Sie mußten daher unterhalb der Tragflächen in stoßdämpferartigen Halterungen angebaut werden, welche zusätzlich mit Sprengbolzen versehen waren, um sie im Notfall absprengen zu können. Trotzdem ergaben die folgenden Versuche, daß es sehr schwierig war, beides richtig aufeinander abzustimmen, und daß die einzelnen Schubphasen unterschiedliche, nicht kontrollierbare Vibrationen in der Zellenstruktur verursachten. Einige Argustriebwerke mußten daher in Notfällen abgeworfen werden. Mitte 1944 wurde das Testprogramm „Flüge mit Antrieb" gestrichen.

Vorgesehene Versionen der Me 328

Die Jäger-Version Me 328 A-1:

Entwicklungsstadium:	Projekt
Spannweite:	6,4 m
Länge:	6,8 m
Höhe:	1,6 m
Antrieb:	2 Argus As 014 intermittierende Pulso-Schubrohre mit je 300 kg Schub
Startgewicht:	2.185,00 kg
Bewaffnung:	Zwei 20 mm MG 151
Höchstgeschwindigkeit:	750 km/h
Reichweite nach Luftstart:	700 km

Die Jäger-Version Me 328 A-2

Entwicklungsstadium:	Projekt
Spannweite:	8,5 m
Länge:	6,8 m
Höhe:	1,6 m
Flügelfläche:	8,5 m²
Antrieb:	4 Argus As 014 intermittierende Pulso-Schubrohre mit je 300 kg Schub
Startgewicht:	3.790,00 kg
Bewaffnung:	Zwei 20 mm MG 151 und zwei 30 mm MK 103
Höchstgeschwindigkeit:	920 km/h

Die Jäger-Version Me 328 A-3

Nahezu baugleich mit der A-2, jedoch mit einem Betankungsstutzen für Luftbetankung versehen. Alle A-Versionen hatten zwei Treibstofftanks hinter dem Cockpit mit einem Fassungsvermögen von insgesamt 1.000,00 Litern.

Die Bomber-Versionen Me 328 B-0/B-1

Nahezu baugleich mit der A-1, jedoch mit zwei zusätzlichen Treibstofftanks im Bug mit einem Fassungsvermögen von je 500 Litern und einer 500 kg Bombe, welche unter der Landekufe angebracht war.

Entwicklungsstand:	Flugversuche
Höchstgeschwindigkeit:	680 km/h
Reichweite nach Luftstart:	600 km

Startgewicht: 2.695,00 kg

Die Bomber-Version Me 328 B-2

Baugleich mit der A-2, dazu zwei zusätzliche Treibstofftanks mit je 500 ltr. Fassungsvermögen im Bug und einer 1.000 kg Bombe, welche unter der Landekufe angebracht war.

Entwicklungsstand: Projekt

Bomber-Version Me 328 B-3

Baugleich mit der A-2, jedoch mit weniger Treibstoff, dafür aber in der Lage, eine 1.400 kg Bombe mitzuführen, welche unter dem Rumpf befestigt war.

Entwicklungsstadium: Projekt

Me 328 C

Ziemlich baugleich mit der B-2 Version, jedoch mit einem Jumo 004B Turbojet. Die für die 5./KG200 vorgesehene Angriffsversion war ein auf der B-1 basierender Entwurf einer antriebslosen Variante, welche im Mistelsystem mit einer Me 264 oder einer He 177 eingesetzt werden sollte.
Der hintere Teil der Zelle war abwerfbar durch Sprengbolzen ausgeführt, so daß der Pilot sich bequem mittels Schleudersitz retten konnte.

Entwicklungsstand: Projekt

Es existierte auch noch das Projekt einer klappbaren Variante, welche von U-Booten mitgeführt und mittels eines U-Boot-Katapults gestartet werden konnte. Sie hatte eine 500 kg Sprengladung im Bug und zwei Argus As 014 Pulso-Schubrohre unter den Tragflächen.
Außer den Schleppversionen wurden auch Versuche zum Start vom Boden gemacht. Dabei wurde die Verwendbarkeit des dreirädrigen Startwagens von Lippisch mit Beschleunigungsraketen, sowie die von Rheinmetall-Borsig entwickelte Startschiene, ebenfalls mit Beschleunigungsraketen ausgestattet, geprüft.

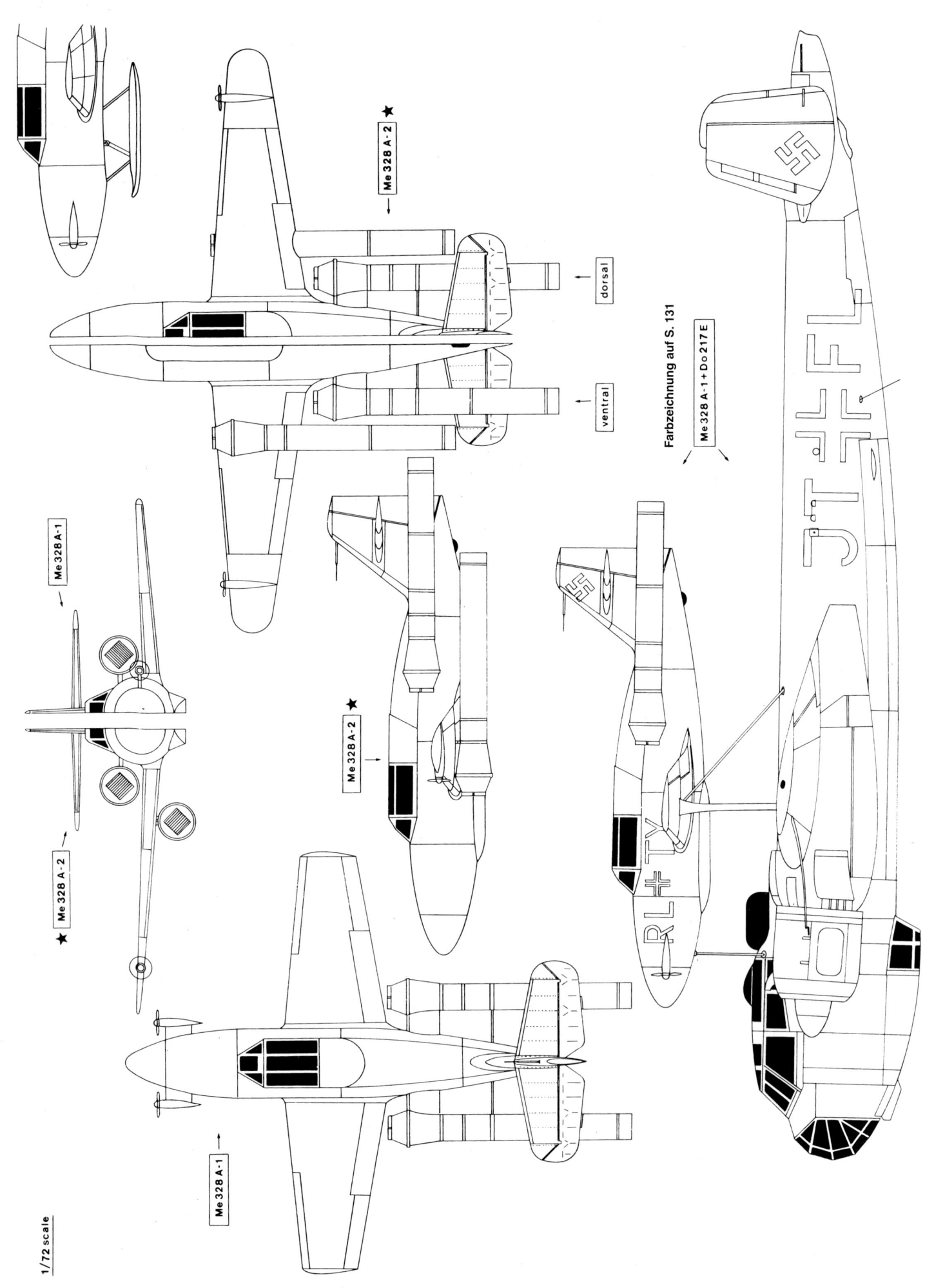

Me 328 A-2 ★

dorsal

ventral

Farbzeichnung auf S. 131

Me 328 A-1 + Do 217 E

★ Me 328 A-2

Me 328 A-1

★ Me 328 A-2

Me 328 A-1

Me 328

Me 328 B0/B1 als Mistel auf einer Dornier Do 217 E /JT+FL)
während der ersten Flugerprobungsphase.

Me 328 V1 in der Gleiterprobung.

Me 328 V1 im Endanflug.

Windkanal Modell einer Me 328 B

Segler-Bomber

Dieser Entwurf unbekannter Herkunft eines Segler-Bombers oder Gleitbombers wurde 1988 in dem Magazin „World War II Investigator" veröffentlicht. Es wurde ein Segler beschrieben, welcher mit einer 1.000,00 kg Bombe im Sturzflug mit Höchstgeschwindigkeit Seeziele angreifen konnte. Eine Ju 88 schleppte diesen Segler in 8.000 m Höhe bis auf 10 km Entfernung zum Ziel. Nach dem Ausklinken ging die Maschine in einen Sturzflug über, bis sie mit der theoretischen Angriffsgeschwindigkeit von 1.296 km/h in den Abwehrbereich einflog. In ca. 700 m Entfernung vom Ziel löste die die Bombe aus und entfernte sich dann in leicht ansteigender Kurve. Die Maschine besaß einen zusammengefalteten Ballon in einem Behälter oben hinter dem Piloten im Rumpfrücken. Dieser Ballon konnte ausgeworfen und mittels einer Preßluftflasche stufenweise aufgeblasen werden. Es scheint, daß diese Vorrichtung als Sturzflugbremse dienen sollte, dagegen ist nicht bekannt, welches System zur Rettung des Piloten gedacht war.

Technische Daten:

Typ:	Segler-Bomber
Entwicklungsstadium:	Projekt
Tragflächen:	In Lippisch-Konfiguration für Hochgeschwindigkeitsflüge. Holzbauweise und -beplankung, mit Metall-Innenverstrebung.
Zelle:	Metallbauweise und -beplankung, im hinteren Teil als Rohrholm.
Leitwerk:	Bauweise und Beplankung wie bei den Tragflächen. Kreuzförmig.
Ausrüstung:	Sprechanlage zur Verbindung mit dem Schleppflugzeug, Sauerstoffanlage, Visiereinrichtung, künstlicher Horizont, Fahrtmesser und Kreiselkompass.

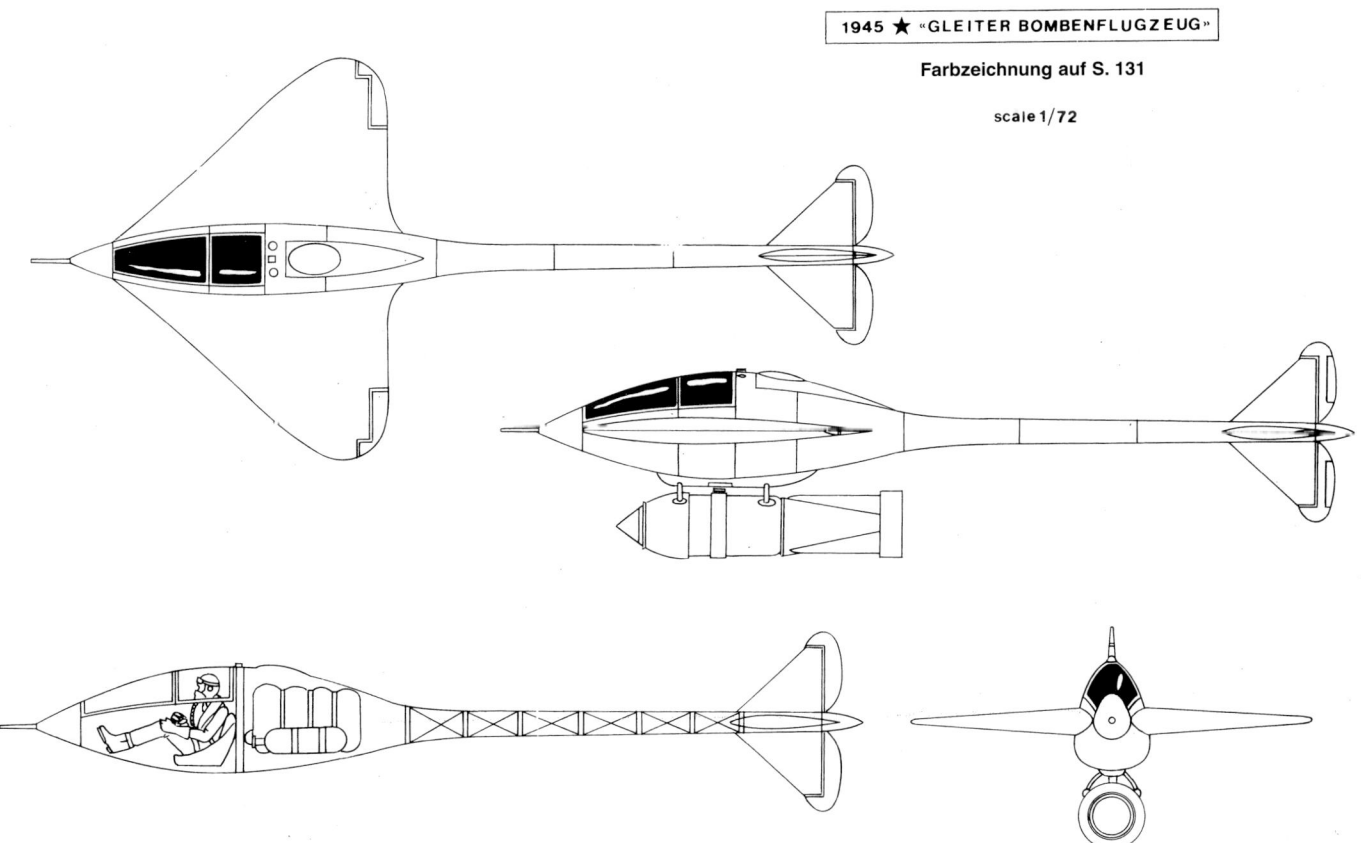

1945 ★ «GLEITER BOMBENFLUGZEUG»

Farbzeichnung auf S. 131

scale 1/72

Die Serie Fieseler Fi 103 A-1/B-1 „Reichenberg"

Die schlechte Treffergenauigkeit der ersten Lenkbombentypen, die alarmierenden Vorstöße der Alliierten an allen Fronten und das Versagen der U-Boot-Waffe infolge der überlegenen Abwehrmethoden, brachten einige deutsche Führungskräfte dazu, verzweifelte Einsatzformen in Betracht zu ziehen.

In der Mitte des Jahres 1944 wurden mehrere phantastische Ideen vorgeschlagen: Abfangraketen, schnelle Turbojet-Bomber und U-Boote mit Langstrecken-Flugkörpern. Was am Ende des Jahres tatsächlich herauskam, waren Rammjäger statt Abfangraketen, zur Küstenverteidigung eingesetzte kleine Ein- und Zweimann-U-Boote statt der Langstrecken-Flugkörper-U-Boote. Sie konnten ein oder zwei Torpedos aus kürzestmöglicher Entfernung aufs Ziel feuern. Und die schnellen Bomber verwandelten sich in bemannte Bomben.

Drei verschiedene Modelle wurden erwogen: der gepanzerte Kampfsegler BV40, der erfolglose Messerschmitt-Jäger Me 328 und die bemannte Version der „V-1".

Von der Letzteren wurden mehrere Prototypen gebaut, um den Grund für die mangelhafte Seitenstabilität während des Fluges zu finden, die bei den ersten Modellen auftrat. Diese von Hanna Reitsch erprobte Version war für die Durchführung von „Spezialeinsätzen" vorgesehen. Gleichzeitig wurde aus 70 Freiwilligen eine Einheit aufgestellt, die diese neuen Maschinen fliegen sollte: die 5. Staffel der II/KG200, genannt „Leonidas-Staffel". Das Ausbildungsprogramm unter Leitung von General Korten begann mit einer Anzahl von Flügen mit dem Grunau „Baby". Dann wechselte man über zum „Stummelhabicht", einer Sonderausführung des „Habicht" mit extrem kurzen Tragflächen, mit welchem man Sturzfluggeschwindigkeiten um 300 km/h erreichen konnte. Das nächste Fluggerät war der motorlose Doppelsitzer „Reichenberg I", mit welchem die Piloten an die kurzen Tragflächen gewöhnt wurden, die Landung allerdings war Sache des Fluglehrers. Die Besten konnten dann die motorisierte Version, die „Reichenberg II" fliegen, mit der sie dann, mit Fluglehrer, den Startablauf beim Luftstart von der He 111, Kursfliegen und Angriffsarten übten.

Die Einsitzer-Version „Reichenberg III" war für das Training der Piloten bis zum Kampfeinsatz gedacht. Der letzte Flug sollte dann mit der „Reichenberg IV" erfolgen mit einer von der Fi 103 B-1 übernommenen Standardsprengladung, die während des Fluges durch einen Sicherheitsschalter scharf gemacht werden konnte und den Wasserballast der „Reichenberg III" ersetzte. Es ist anzunehmen, daß die für „Reichenberg-Angriffe" ausgewählten Ziele die alliierte Landungsflotte, Rheinbrücken oder höhere feindliche Kommandostäbe waren.

Ihre Wirkung als Waffe erscheint zweifelhaft. Zweifellos hätten die alliierten Jäger viele von ihnen abgeschossen, so wie es bei der unbemannten Version geschah. Der Widerstand der Luftwaffe, diese neue Waffe einzusetzen, lag daran, daß die Position des Pulso-Schubrohrs dem Piloten nur wenige Chancen ließ, unversehrt auszusteigen. Diese Tatsache verhinderte bis zum Ende des Krieges die „Reichenberg-Einsätze".

Unter dem Gesichtspunkt der Ausstiegsmöglichkeiten für den Piloten während des Fluges war die Maschine falsch konstruiert, denn sie konnte nicht mit dem vorhandenen Schleudersitz der He 162 „Volksjäger" ausgerüstet werden.

Zur gleichen Zeit entwickelten die Piloten der „Leonidas-Staffel" eine ähnliche Angriffsmethode unter Benutzung einer mit einer SB/SC1000 Bombe beladenen Fw 190. Bei diesem Flugzeug hatte man die Möglichkeit, während des Fluges kurz vor dem Aufprall auszusteigen.

Theoretisch gesehen wäre das Ergebnis das gleiche, nur daß das Verlassen der Maschine einfacher und sicherer war.

Halb-Selbstopfer-Angriffe wurden gegen die Brücke von Remagen am 7. März 1945 von der Nacht-Schlachtgruppe 20, Kommandeur Maj. Kurt Dahlmann, mit der Fw 190 G-1 geflogen. Man versuchte, mit speziell präparierten SC1800 Bomben die Brückenpfeiler zu zerstören.

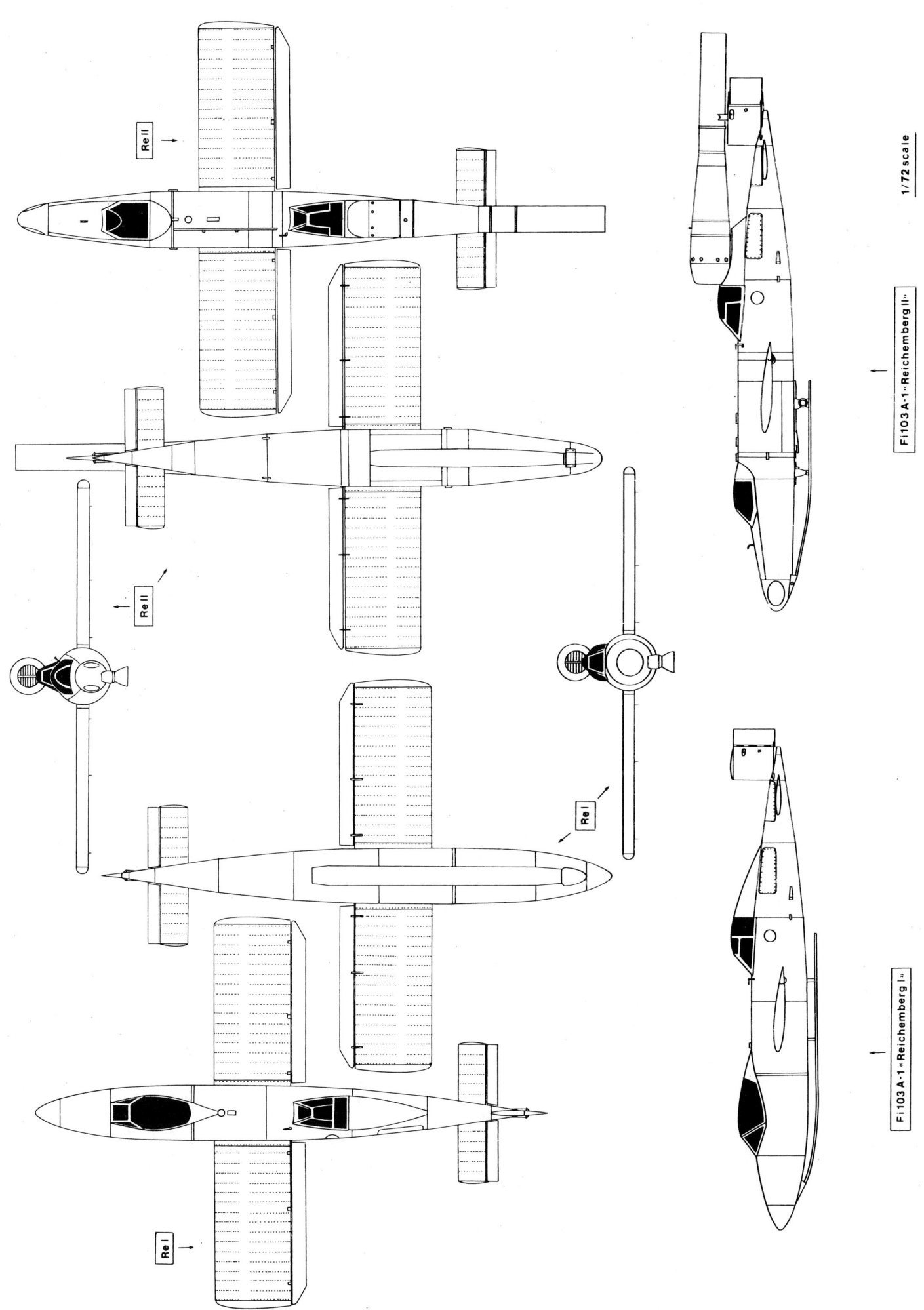

Re II

Re II

Re I

Re I

1/72 scale

Fi103 A-1 «Reichemberg II»

Fi103 A-1 «Reichemberg I»

Technische Daten der Fi 103 A-1/Re I „Reichenberg I"

Typ:	Übungssegler
Entwicklungsstand:	einsatzfähig
Tragflächen:	Metallbauweise und -beplankung. Ein Rohrholm und Querruder.
Zelle und Leitwerk:	Baugleich mit der Fi 103 A-1, mit Sandballast
Fahrwerk:	Kufe mit Stoßdämpfer
Ausrüstung:	Doppelsteuer, Fahrtmesser, Höhenmesser, „Pinsel + Kugel", Uhr
Spannweite:	5,37 m
Länge:	7,32 m
Höhe:	1,2 m
Startart:	Flugzeug-Seilschlepp mit Henschel Hs 126
Besatzung:	2

Technische Daten der Fi 103 A-1/Re II „Reichenberg II"

Typ:	Übungsmaschine
Entwicklungsstand:	einsatzfähig
Zelle und Leitwerk:	Baugleich mit „Reichenberg I", mit Sandballast
Fahrwerk:	Kufe mit Stoßdämpfer
Ausrüstung:	Doppelsteuer, Fahrtmesser, Höhenmesser, „Pinsel + Kugel", Uhr
Antrieb:	EinPulso-Schubrohr Argus As 109-014 mit 366 kp Startschub und 254 kp in 3.000 m Höhe
Spannweite:	5,37 m
Länge:	8,35 m
Höhe:	1,8 m
Startart:	Luftstart von einer Heinkel He 111 H-22
Besatzung:	2

Technische Daten der Fi 103 A-1/Re III „Reichenberg III"

Entwicklungsstand:	Projekt
Zelle und Leitwerk:	Baugleich mit „Reichenberg II", statt Fluglehrerplatz 849 kg Wasserballast
Fahrwerk:	Kufe mit Stoßdämpfer
Ausrüstung:	Wie bei „Reichenberg II" plus Sprechverbindung zur Trägermaschine He 111
Antrieb:	Ein Pulso-Schubrohr Argus As 109-014
Höchstgeschwindigkeit:	644 km/h
Spannweite:	5,37 m
Länge:	8,25 m
Höhe:	1,8 m
Startart:	Luftstart von einer Heinkel He 111 H-22
Besatzung:	1 Pilot

Technische Daten der Fi 103 B-1/Re IV „Reichenberg IV"

Typ:	Bemannter Marschflugkörper
Bauweise:	Baugleich mit „Reichenberg III". Kein Ballast sowie die Holztragflächen der Fi 103 B-1
Entwicklungsstand:	Flugversuche
Fahrwerk:	keines

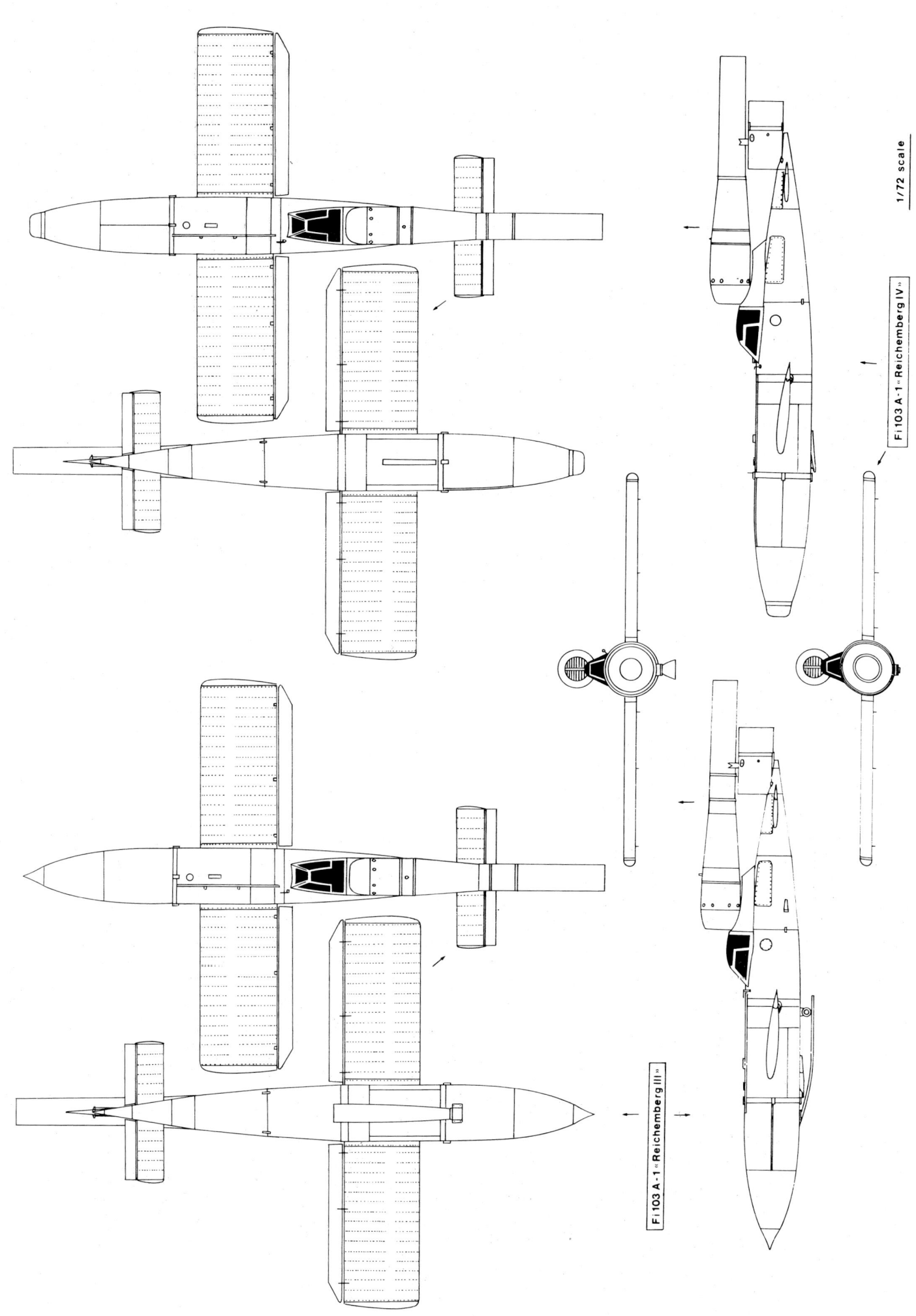

1/72 scale

Fi103 A-1 «Reichemberg IV»

Fi103 A-1 «Reichemberg III»

Sprengladung:	850 kg Amatol mit zwei Aufschlagzündern
Ausrüstung:	Wie bei „Reichenberg III" plus Kreiselkompaß und Schalter zum Scharfmachen der Sprengladung
Antrieb:	Ein Pulso-Schubrohr Argus As 109-014
Höchstgeschwindigkeit:	800 km/h
Spannweite:	5,73 m
Länge:	8,2 m
Höhe:	1,8 m
Startart:	Luftstart von einer Heinkel He 111 H-22 in 2.500 m Höhe
Reichweite:	330 km
Besatzung:	1 Pilot
Anzahl gebaute Einheiten:	175

Rammschuß-Jäger Sombold So-344

Dieses Flugzeug wurde im Januar 1944 von Ing. Heinz G. Sombold von der Firma Bley aus Naumburg/Saale konstruiert.

Ursprünglich als Parasit-Begleitflugzeug konzipiert, wurde der Entwurf zu einer Waffe geändert, mit der die alliierten Bomberströme über Deutschland bekämpft werden können.

Ein speziell dafür umgebauter Bomber trägt die Maschine bis zu den gegnerischen Linien und klinkt sie dann in einer Höhe von 400 m aus.

Dann beginnt ein Anflug in parabolischer Linie mit Hilfe der Walther-Raketen, um den Feindjägern zu entgehen.

Nun geht der Pilot mit einem 45° Sturzflug auf Rammkurs auf die Mitte des Pulks, feuert seinen Bug mit Sprengladung ab und dreht ab, um eine Kollision zu vermeiden.

Im Gegensatz zu ihren Konkurrenzmodellen „Komet" und „Natter" hatte die So-344 nach ihrem Angriff noch genügend Raketentreibstoff, um sich abzusetzen und war außerdem zur Selbstverteidigung mit MGs ausgerüstet.

Die Maschine besaß Landekufen ähnlich denen, die Heinkel bei seinem Projekt „Julia" benutzte. Die Arbeiten an der So-344 wurden Anfang 1945 aufgegeben, obwohl bereits ein Modell im Maßstab 1:5 für aerodynamische Tests existierte.

Technische Daten der Sombold So-344

Entwicklungsstand:	Projekt
Bauweise:	Holz und Sperrholz
Antrieb:	Ein Walther 509 mit 600 kg Schub
Treibstoff:	T-Stoff und Z-Stoff
Druckanlage:	Preßluft
Ausrüstung:	Kurssteuerung, gepanzertes Cockpit und Motorraum
Bewaffnung:	Jägerversion: 2 MGs und eine Mk. Bomberversion: mit Stabilisatorflossen versehene 500 kg Bombe im Bugraum (enthielt 400 kg Amatol und einen Annäherungszünder unbekannten Typs) und nur 2 MGs.
Spannweite:	5,7 m
Länge:	7,0 m
Höhe:	2,18 m
Flügelfläche:	6 m²
Startgewicht:	1.350 kg
Flugzeit:	25 bis 30 Minuten
Besatzung:	1 Pilot

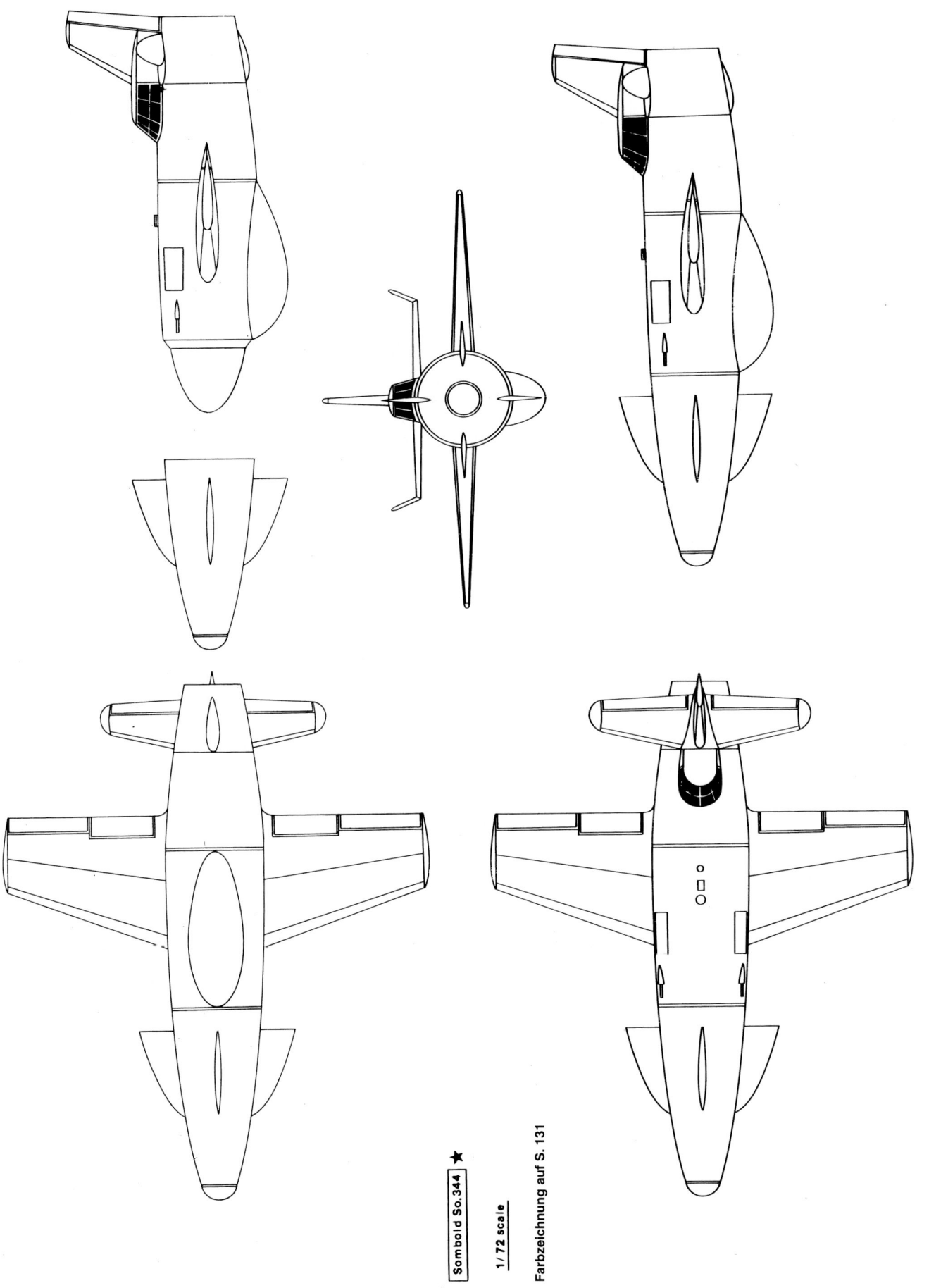

Sombold So.344 ★

1/72 scale

Farbzeichnung auf S. 131

Zeppelin „Rammer"

Das Projekt eines Jagd-Seglers wurde im November 1944 vom RLM vorgeschlagen. Für den Start war eine abwerfbare Vorrichtung, ähnlich der bei der BV 40 verwendeten, vorgesehen, während der Schlepp ins Einsatzgebiet durch einen konventionellen Jäger, z.B. Bf 109 G, erfolgen sollte.

Nach dem Ausklinken zündete der Pilot seine Hilfsrakete und beschleunigte auf 970 km/h und schoß dann, wie die „Natter", sein Raketenbündel in den feindlichen Bomberpulk.

Wie bei der BV 40 war ein Zweitangriff vorgesehen, jedoch nicht mittels einer Schleppmine, sondern im Rammverfahren mit des Seglers eigenen Tragflächen. Sie waren für diesen Zweck aus einem hoch-widerstandsfähigen Material gefertigt wie die der Fw 190 A-8/R2 der IV/JG3.

Der Konstrukteur schätzte, daß der Flügel eines „Rammers" das Leitwerk einer „Fliegenden Festung" glatt abscheren könnte, ohne eigene große Einbuße an Geschwindigkeit und/oder Stabilität.

Die Rückkehr sollte im Gleitflug erfolgen, die Landung mittels einer einziehbaren Kufe, ähnlich jener der Me 163.

Technische Daten des Zeppelin „Rammer"

Typ:	Jagd-Segler
Entwicklungsstand:	Projekt
Tragflächen:	Metall-Bauweise und -beplankung. Innenverstärkung durch drei Stahlrohrholme, sowie scharfe, verstärkte Vorderkante.
Zelle:	Metall-Bauweise und -Beplankung, Frontpanzerung 28 mm, Rückenpanzerung 20 mm, 80 mm starke Panzerglas-Windschutzscheibe, Seitenscheiben aus 40 mm Panzerglas
Leitwerk:	Metall-Bauweise und -Beplankung
Fahrgestell:	Einziehbare Kufe mit Stoßdämpfer
Hilfstriebwerk:	Feststoffrakete Schmidding 109-533 mit 1.000 kp Schub. Maße: 2,74 m lang und 0,137 m Durchmesser. Sie war mit ihrem Vorderteil am hinteren Flächenholm befestigt und befand sich zwischen dem durchgehenden hinteren Flächenholm und dem Rumpfende.
Bewaffnung:	Vierzehn 55 mm R4M Raketen in einem zylindrischen Abschußbehälter am Bug der Maschine
Spannweite:	4,9 m
Länge:	5,1 m
Höhe:	1,2 m
Startgewicht:	860 kg
Angriffsgeschwindigkeit:	970 km/h

Farbzeichnung auf S. 131

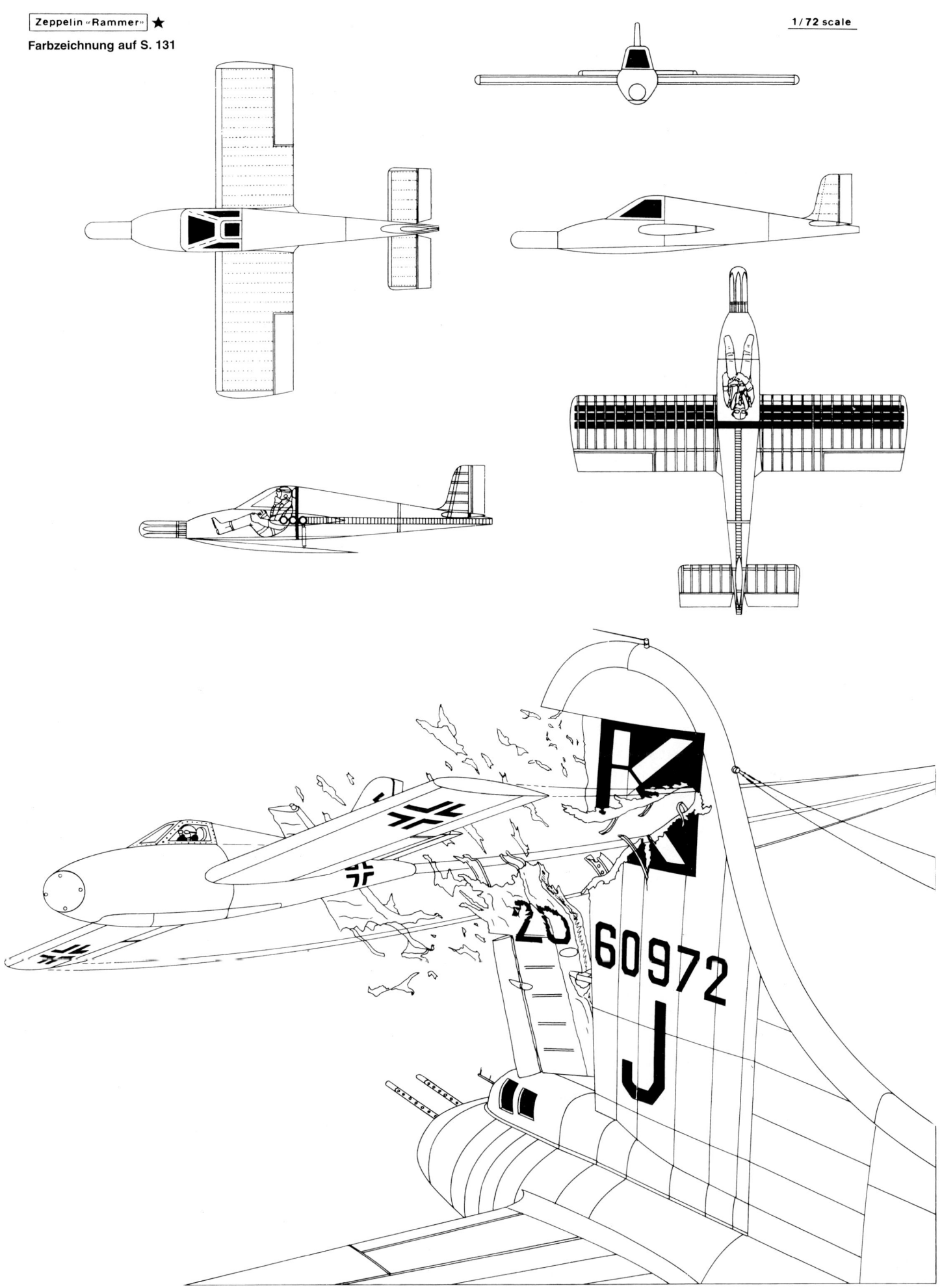

Me P 1112

Wenige Monate vor dem Kriegsende, Anfang 1945, machte sich Messerschmitt an die Arbeit, mit dem neuen Projekt P.1112 diverse Konstruktionsmängel des vorangegangenen Projekts P.1111 auszumerzen. Das Projekt durchlief mehrere Phasen und wurde immer wieder geändert, bis der Konstrukteur endlich zufrieden war.

Schließlich entschied sich Messerschmitt für schmale Flügel, die um 40° nach hinten gepfeilt waren. Jede Tragfläche verfügte über einen beschußsicheren, selbst abdichtenden Kraftstoffbehälter mit jeweils 250 kg Fassungsvermögen. Ein weiterer 550-kg-Tank befand sich im Rumpf vor dem Triebwerk. Damit lag das gesamte Fassungsvermögen bei ca. 1900 l, aber eine Erweiterung auf 2400 l war ebenfalls in der Planung. Als Triebwerk war das Heinkel He S011 A vorgesehen, ein ab 1944 entwickeltes Strahltriebwerk, das auch in der experimentellen Horten 18B „Fledermaus" zum Einsatz kommen sollte. Geplant war sogar die Verwendung des überhaupt noch nicht verfügbaren He S011 B. Das Design war ausgesprochen strömungsgünstig. Auf jeder Seite des Rumpfes befand sich ein Lufteinlaß oberhalb der Flügelwurzel. Zunächst war ein kleines V-Leitwerk vorgesehen, aber im Endeffekt entschied man sich für eine konventionelle Seitenflosse mit Seitenrudern. So konnten die Oberfläche und der Luftwiderstand weiter reduziert werden. Das Fahrwerk hatte drei Räder. Das Hauptfahrwerk hatte einen Radstand von 2,10 m und wurde in den Rumpf eingezogen. Die weit vorgeschobene Kanzel für den Piloten verfügte über Druckausgleich und schloß bündig mit dem Rumpf ab.

Auch für den Piloten war gut gesorgt. Er verfügte über einen Schleudersitz, und die mit 23° flach geneigte Windschutzscheibe war 100 mm stark. Die Seitenfenster hatten immerhin noch eine Stärke von 60 mm. Als Bewaffnung waren vier 30-mm-Kanonen vom Typ MK 108 vorgesehen, die sich rechts und links von der Kanzel befanden. Statt zwei dieser Kanonen konnten wahlweise auch zwei 30-mm-Kanonen vom Typ MK 103 eingesetzt werden. Dazu konnte eine 55-mm-Kanone vom Typ MK 112 unten im Rumpf oder aber eine 50-mm-Kanone MK 214 montiert werden, deren Rohr durch das Cockpit verlief und vorn aus der Windschutzscheibe ragte.

Projektleiter Waldemar Voigt ging davon aus, daß das Flugzeug im Frühjahr 1946 zum Jungfernflug aufbrechen konnte. Es gelang aber nur noch, ein Modell des Vorderrumpfes zu erstellen, bevor die Alliierten am 29. April 1945 Oberammergau einnahmen und alle Dokumente über die P.1112 an sich nahmen. Daß die Tragflächen der Chance Vought F7U-1 „Cutlass" der US Navy stark an die P.1112 erinnern, ist kein Wunder, denn dort fand Waldemar Voigt nach dem Krieg einen neuen Arbeitgeber.

Technische Daten Me P 1112

Typ:	Luftüberlegenheitsjäger
Besatzung:	1 Mann
Triebwerk	1 Turbostrahltriebwerk Heinkel HeS 011 mit 1300 kp Schub oder
	1 HeS 011B0 mit 1500 kp Schub
Länge:	9,24 m
Höhe:	2,84 m
Spannweite:	8,16 m
Flügelfläche:	19 m²
Gewicht:	leer 2290 kg, beladen 4673 kg (einschl. 1900 kg Brennstoff)
Höchstgeschwindigkeit:	über 1000 km/h in 7000 m Höhe
Steigleistung	23,7 m/sek
Dienstgipfelhöhe	14 000 m
Flugzeit	2 Stunden in 10 000 m Höhe bei 100 % Leistung
Landegeschwindigkeit	155 km/h
Anlaufstrecke	600 m
Bewaffnung	Zwei 30-mm-Kanonen MK 108 unten im Bug,
	zwei weitere Kanonen unter den Tragflächen

Me P 1112

Cockpitatrappe des Me 1112 Projekts.

Flugversuche mit einem Me 1112 Modell.

Raumflug-Visionen

Der im Jahre 1938 gedrehte Film „Die Frau im Mond" erregte die Phantasie vieler deutscher Wissenschaftler, welche sich mit der Erforschung flüssigkeitsgetriebener Raketen beschäftigten. Jene, welche anfangs nur nach einer neuen Art einer kraftvollen Maschine suchten, erkannten plötzlich, daß sie damit das einzige Instrument in Händen hielten, um die Ketten der Erdanziehung zu zerreißen, die Schallmauer zu durchstoßen und sich außerhalb der Erdatmosphäre zu bewegen ...
Diese Idee nahm ihren Weg, von den visionären Sehern zu den Wissenschaftlern und bis zu den einfachen Konstrukteuren. Die von den Raketen geschaffene Faszination für Geschwindigkeit und Kraft hat sie nie verlassen und manch einer träumte schon damals von einer Landung auf der Mondoberfläche.

Im Juli 1969 konnte eine Gruppe früherer Mitglieder der Forschungsanstalt Peenemünde mit Genugtuung erleben, wie ihr Traum von der Landung auf dem Mond Wirklichkeit wurde durch die bemannte Apollo XI, welche der Grundlagenforschung der Deutschen während des Krieges so viel zu verdanken hatte.

Raketen-Enthusiasten arbeiteten immer auf das Ziel der bemannten Raumfahrt zu, auch wenn sie zwischenzeitlich gezwungen waren, mit dem Militär bei der Schaffung und Verbesserung tödlicher Waffen zusammenzuarbeiten, um Zugang zu den nötigen Materialien und der erforderlichen Finanzierung zu erhalten.

Dr. Sänger entwickelte zwischen 1938 und 1942 einen raketengetriebenen hypersonen Gleiter, der fähig war, um die ganze Welt zu fliegen. Er verlängerte dessen Reichweite durch Abprallen von der obersten Schicht der Atmosphäre , so wie ein flach geworfener Kiesel über die Wasseroberfläche springt.
Er schlug der deutschen Regierung vor, dieses Fluggerät zu bauen, da es in er Lage war, Länder auf der anderen Seite dieses Planeten zu bombardieren und das er deshalb als „Antipoden-Bomber" bezeichnete. Während der sechziger Jahre entwickelten die Amerikaner den hypersonischen Gleiter „Dyna Soar" X-20, welcher auf demselben Prinzip beruhte und der Vorläufer des heutigen Space Shuttle ist.

Während der schlimmsten Zeit des Krieges und unter ungeheurem Druck entwarfen und starteten die Peenemünder eine mit pfeilförmigen Flächen versehene V-2, welche in der Lage war, ihre Reichweite nicht auf ballistischem Wege, sondern durch Gleitflug beträchtlich zu vergrößern. Auch gab es ein Projekt von einer bemannten Version mit Druck-Cockpit und einziehbarem Fahrwerk - der Armee wahrscheinlich als Aufklärungs-Fluggerät empfohlen.

Eine viel weiter entwickelte Version hatte Deltaflügel und einen Raketenmotor für nicht-kryogenen Treibstoff und war als oberste Entwicklungsstufe für die komplexe A9/A10 bestimmt. Dem OKH wurde diese riesige Zweistufenrakete als „ballistischer Langstrecken-Flugkörper" vorgestellt, welcher von seinen Startplätzen in Europa die Städte an der Ostküste der Vereinigten Staaten erreichen konnte.

Diese oberste Stufe, vergleichbar in Größe und Charakteristik mit der North American X-15, wurde Ende der fünfziger Jahre gebaut und konnte außerhalb unserer Atmosphäre fliegen.
Die Konstrukteure all dieser Projekte fanden immer eine Entschuldigung dafür, wegen der mangelhaften Genauigkeit der automatischen Steuersysteme bemannte Versionen vorzustellen.

Theoretisch wären das halbe Selbstmord-Einsätze für die Besatzungen, die die Maschine erst im letzten Moment verlassen durften, nachdem sie genau auf das Ziel ausgerichtet war. Tatsächlich aber war das der umständlichste Weg, sich die Genehmigung und Zustimmung der Politiker zu verschaffen, um mit dem bemannten Flug außerhalb der Erdatmosphäre zu beginnen.

Ballistische Flugkörper

Im Jahre 1927 wurde in Breslau der Verein für Raumschiffahrt - VfR - gegründet. Auf einem militärischen Erprobungsgelände in der Nähe von Berlin, genannt „Raketenflugplatz", begann man verschiedene Arten von flüssigkeitsgetriebenen Raketen zu erproben - mit unterschiedlichem Erfolg und minimalen Geldmitteln.

- Die „Kegeldüse" machte im Juli 1930 einen erfolgreichen Flug, angetrieben von Benzin und flüssigem Sauerstoff.

- 1930 und 1931 wurden verschiedene Ausführungen der „Mirak" (Minimumrakete) erprobt, basierend auf demselben Prinzip und mit Carbon-Dioxid als Verdichter.

- 1931 und 1932 wurden die Hückel-Winkler HW-1 und HW-2 erprobt. Hierbei wurde Sauerstoff und flüssiges Methan verwendet, und - zum ersten Mal - ein elektrisches Zündsystem.

- 1931 wurden verschiedene Raketen der Rückstoß-Serie gestartet, welche aus ein oder zwei Teilen bestanden und mit Benzin und flüssigem Sauerstoff betrieben wurden. Zur Kühlung wurde Wasser verwendet und zur Rückführung ein Fallschirm.
Bei einer Anzahl dieser Experimente wurden Höhen bis zu 1.600 Meter erreicht. 1932 nahm die VfR Verbindung zu einigen Heeres-Offizieren auf und machte auf dem Erprobungsgelände Kummersdorf einige Starts. Auf Grund der Beschränkungen, die der Versailler Vertrag für die deutsche Artillerie enthielt, verfolgte das Heer die Entwicklung dieser Geräte mit großem Interesse, bestand doch die Möglichkeit, sie als weitreichende Artillerie zu nutzen.

- 1932 wurde im Heereswaffenamt - HWA - eine bsondere Abteilung für Raketenstudien in Kummersdorf geschaffen.

- 1934 wurden die Tätigkeiten der VfR eingestellt und einige Mitglieder, darunter Wernher von Braun und Klaus Riedel, fanden Anstellung als Zivilingenieure beim HWA unter dem Kommando von Hauptmann Walter Dornberger.
- Die erste Rakete des neuen Teams, genannt A 1 - Aggregat 1 - versagte beim Start auf Grund eines falsch konzipierten Antriebs, welcher flüssigen Sauerstoff und Alkohol verbrannte. Als Stabilisator fungierte ein in der Raketenspitze eingebauter Kurskreisel.

- Die A-2 hatte einen Schwungradkreisel in der Mitte ihres Schwerpunkts und flog im Dezember 1934 erfolgreich bis in 2.400 m Höhe, angetrieben von Alkohol und Sauerstoff.
- Beim Modell A-3 wurden entscheidende Innovationen eingesetzt, darunter das Konzept der Düsen-Leitschaufeln, um die Rakete bei niedrigen Geschwindigkeiten zu stabilisieren. 1937 wurden auf der Insel Oie bei Greifswald einige Startversuche vemacht, bei welchen Schäden am Kurskreisel festgestellt wurden.

- April 1937 verlegte das Kummersdorfer Team nach Peenemünde an der Ostseeküste, dem neuen Heeresversuchsgelände.

- Die A 5 wurde als Erprobungswaffe konstruiert, um den Weg für das anspruchsvolle A 4 Projekt zu ebnen. Sie war eine in einem kleineren Maßstab gehaltene Ausführung mit einem vereinfachten Leitsystem. Mit ihr wurden jede Art von Tests gemacht, einschließlich jener im Hochgeschwindigkeits-Windkanal der HVP, simulierter Fallstarts von einer He 111 E und weiterer dreißig echter Starts mit Fallschirm-Rückholung auf der Anlage an der Greifswalder Oie. Das ganze Testprogramm wurde ein großer Erfolg, man erreichte Höhen von 10.000 m.

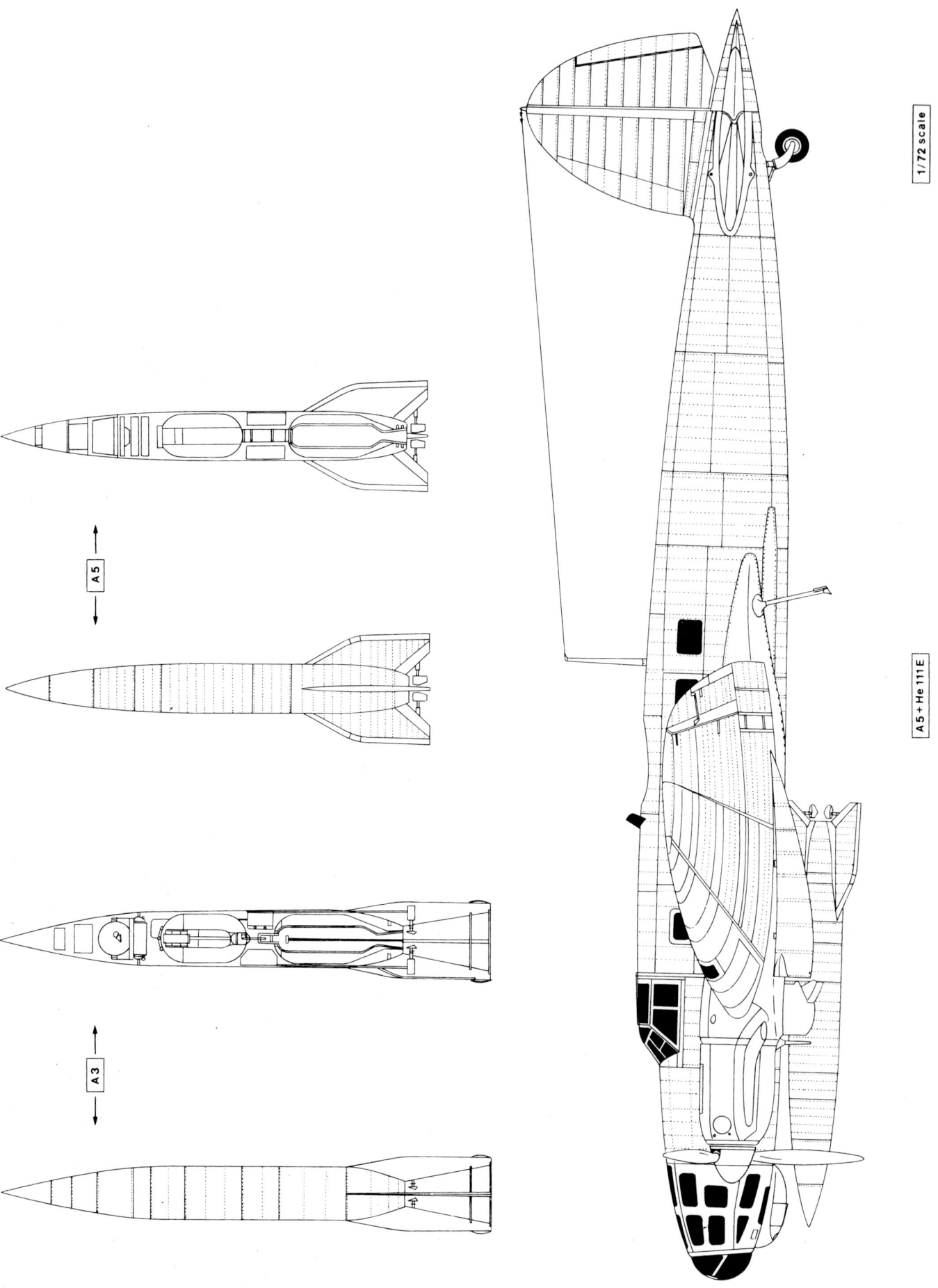

A5

A3

1/72 scale

A5 + He 111E

Technische Daten der A 3

Entwicklungsstand:	Flugversuche
Bauweise:	Stahl
Beplankung:	geschweißte Stahlplatten
Leitwerksgruppe:	starr, Steuerung mittels Düsenleitblech
Antrieb:	Ein EMW mit 1.500 kg Schub
Treibstoff:	A-Stoff (flüss. Sauerstoff) und M-Stoff (75 % Ethanol)
Druckanlage:	Stickstoff
Ausrüstung:	Barograph, Thermometer, Schußkamera, dynamische Druckeinlässe, Kurskreiselanlage, Rückholfallschirm
Spannweite:	0,93 m
Länge:	6,74 m
Größter Druchmesser:	0,76 m
Startgewicht:	740 kg
Flugzeit (angetrieben):	45 sek.
Reichweite:	20 km
Erfolgte Teststarts:	Vier, alle im Dezember 1944

Technische Daten der A 5

Entwicklungsstand:	Flugversuche
Bauweise:	Stahl
Beplankung:	geschweißte Stahlplatten
Leitwerksgruppe:	starr, Steuerung mittels Düsenleitblech
Antrieb:	Ein EMW mit 1.500 kg Schub
Treibstoff:	A-Stoff (flüss. Sauerstoff) und M-Stoff (75 % Ethanol)
Druckanlage:	Stickstoff
Ausrüstung:	Kurskreiselanlage, Entfernungsmesser-Anlage, Rückholfallschirm
Länge:	5,82 m
Spannweite:	2,58 m
Größter Durchmesser:	0,86 m
Startgewicht:	900 kg
Höchstgeschwindigkeit:	2.000 km/h
Flugzeit (angetrieben):	45 sek
Gipfelhöhe:	9.260 m
Reichweite:	18 km
Erfolgte Teststarts:	Über Hundert, zwischen 1939 und 1942

Die A 4 war die größte vom Heer verlangte Rakete, welche daraufhin entwickelt wurde, ein dreihundert Kilometer vom Startpunkt entferntes Ziel mit einer Nutzlast von 1.000 kg Sprengstoff zu erreichen. Um ihre taktischen Einsatzmöglichkeiten optimal zu nutzen, sollten ihre Abmessungen für Eisenbahntransport geeignet sein.

Das Triebwerk mit seinen 25 Tonnen Schub arbeitete mit flüssigem Sauerstoff und Methanol, welche mit hohem Druck in die Brennkammern eingespritzt wurden. Den erforderlichen Druck erzeugten große Pumpen, angetrieben durch eine Oxydationsanlage mit Wasserstoffsuperoxyd (T-Stoff) und Kaliumpermanganat (Z-Stoff).

Das Steuersystem bestand aus einer dreiachsigen Kurskreiselanlage für die Einstellung der Düsenleitschaufeln bei niedriger Geschwindigkeit, und Steuerflossen am hinteren Ende für die Flugsteuerung im Hochgeschwindigkeitsbereich (auch beim Grenzwert von 5.760 km/h).

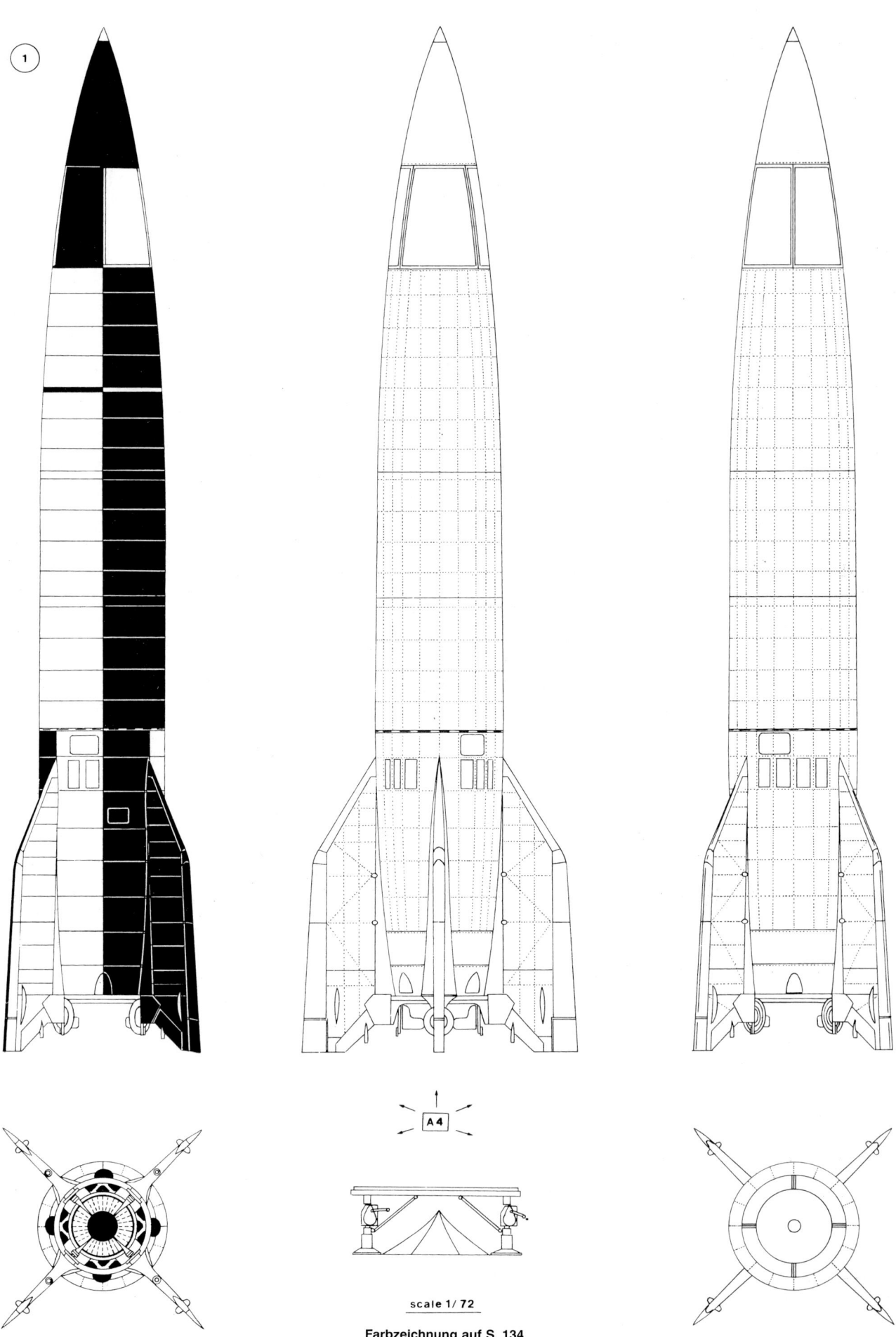

① A 4

scale 1/72

Farbzeichnung auf S. 134

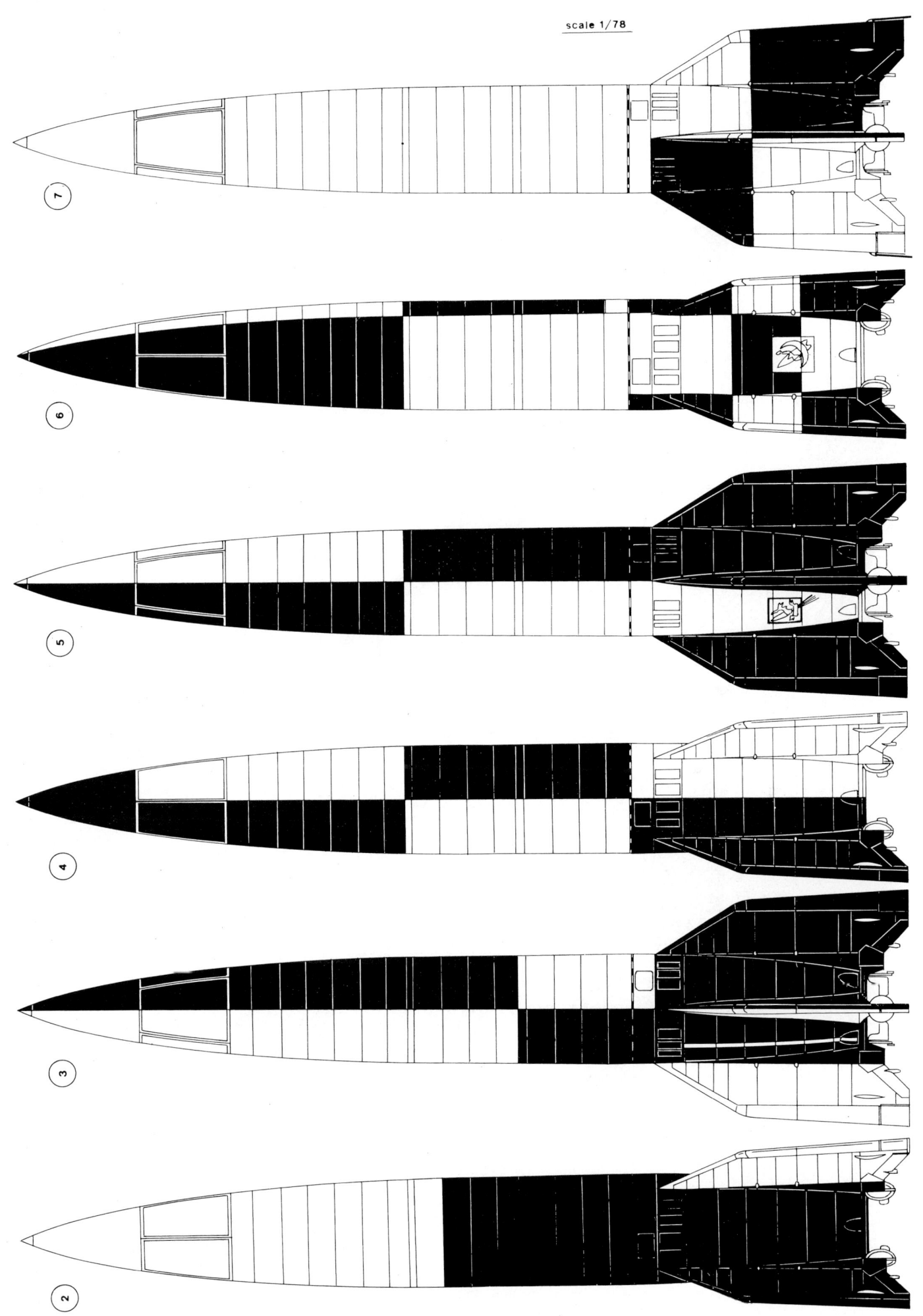

scale 1/78

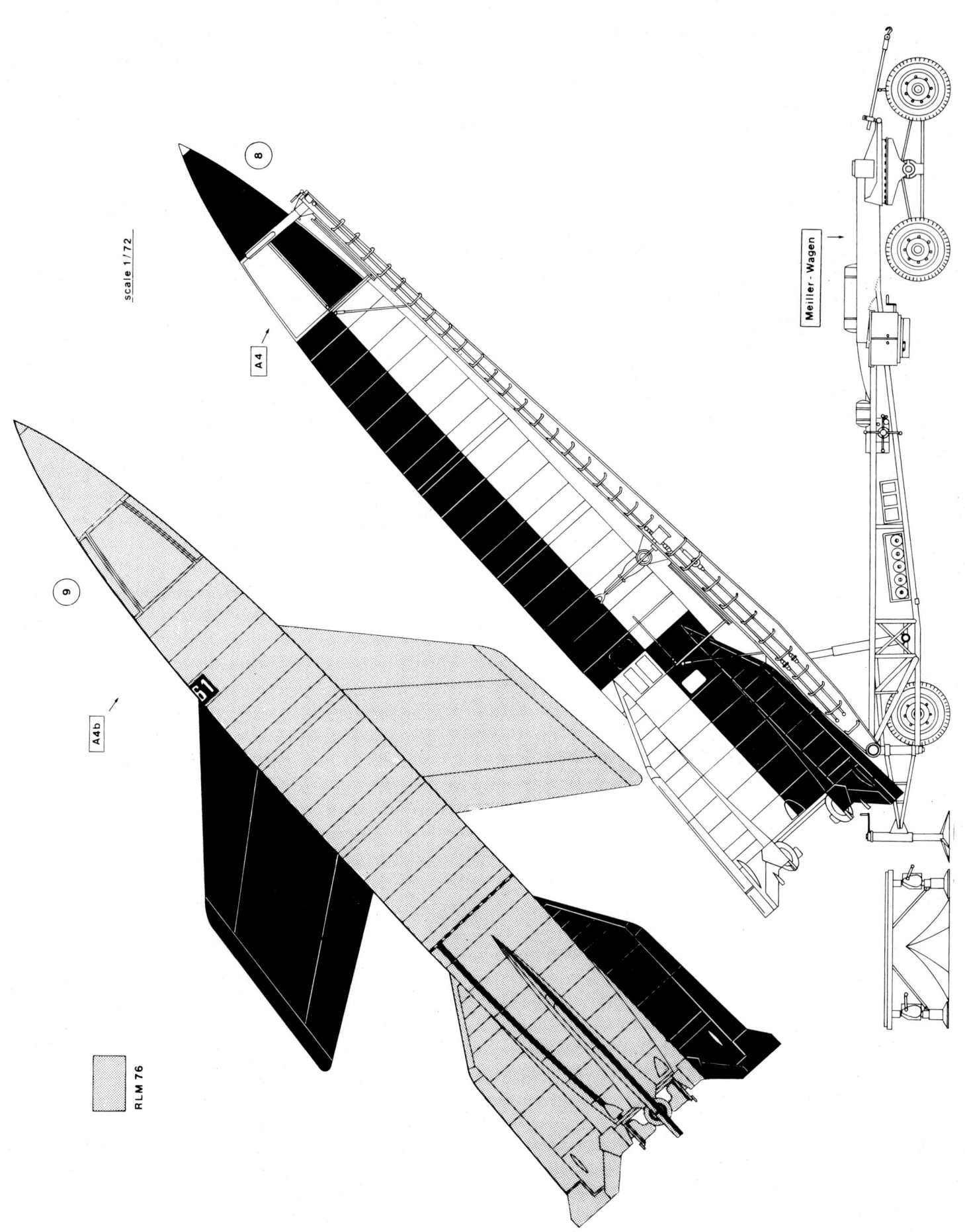

scale 1/72

8

A4

9

A4b

Meiller - Wagen

RLM 76

78

Nach zwei Fehlversuchen im Juni und August fand am 3. Oktober 1942 der erste erfolgreiche Flug einer A 4 statt, die dabei die Höhe von 85 km erreichte. Dieser Erfolg beeindruckte die deutsche Regierung und Hitler ordnete persönlich die Massenproduktion unter dem Namen „V-2" an, woraus die deutsche Propaganda „Vergeltungswaffe 2" machte. Man darf dies jedoch nicht mit dem in der Technik allgemeinen Gebrauch der „V" für Versuchsmodelle verwechseln (jeder 2. Prototyp war ein Versuchsmuster 2, geschrieben V2).

Die Massenproduktion begann in einer behelfsmäßigen Anlage südlich von Peenemünde unter der Leitung von Arthur Rudolph, von wo aus sie Ende 1943 in die unterirdische Anlage Nordhausen-Mittelwerke im Harz verlegt wurde. Die Gesamtproduktion war etwa 10.000 Einheiten, wovon 4.300 Stück bis März 1945 auf alliierte Ziele abgefeuert wurden.

Für den operativen Einsatz der A 4 wurde die Artillerie-Abteilung 836 aufgestellt und in Peenemünde ausgebildet. Teile dieser Einheit wurden anschließend zur Heeresartillerieschule Köslin in Pommern versetzt, als Ausbildungskader für künftige A 4 - Startmannschaften.

Der A 4 Übungsplatz war in Blizna (Polen) angelegt worden, wo in der Zeit zwischen Januar 1944 und Februar 1945 ca. 600 Starts ausgeführt wurden.

Die Entwicklung des Einsatzes der A 4

Vom OKH (Oberkommando des Heeres) war ein Masseneinsatz gegen England geplant, wobei ca. 5.000 A 4 in kürzestmöglicher Schußfolge gestartet werden sollten. Für diesen Zweck wurden im Nordosten Frankreichs zwei Startplätze gebaut.
Der erste, in Watten gelegen, wurde am 27. August 1943 durch einen Angriff der 8. US Air Force zerstört, bevor er voll einsatzbereit war.
Der zweite, in Wizernes in einem Steinbruch angelegt, war unter einer Betonkuppel von 1 Million Tonnen. Diese Anlage widerstand vielen konventionellen Bombenangriffen zwischen März und Juli 1944, bis sie am 17. Juli 1944 bei einem Spezialangriff der 617. Bomberstaffel der R.A.F. mit ihren Lancasters und deren „Tallboy"-Bomben zum Opfer fiel.
Eine dritte Anlage in der Nähe von Sottevast in der Normandie wurde im Februar 1944 während des Baus von R.A.F. Einheiten angegriffen. Diese Schläge zwangen das OKH zur Änderung seiner Strategie, sich auf den Bau großer unterirdischer Anlagen zu konzentrieren.

Nun wurde General Dornbergers Idee aufgegriffen: die Schaffung von 45 mobilen Starteinheiten in zwei verschiedenen Gebieten: einer Nordgruppe für Angriffe gegen England und einer Südgruppe gegen Frankreich und Belgien.

Diese mobilen Starteinheiten waren völlig unabhängig und bestanden aus einem Zug von 35 Spezialfahrzeugen der verschiedensten Art: „Meillerwagen" - Spezialanhänger zum Transport und Start der A 4, einer mobilen Anlage zur Herstellung von flüssigem Sauerstoff, Kettenfahrzeugen zum Transport der Treibstofftanks und verschiedenster Typen von gepanzerten Kommandofahrzeugen (SdKfz 7/3 und SdKfz 251), welche während der Starts möglichst nahe bei der Rakete bleiben konnten.

Sie bewegten sich nachts und machten die Starts am Tage aus bewaldeten Gebieten, geschützt gegen Wind und alliierte Luftaufklärung. Am Anfang wurden einige Starts sogar aus Stadtgebieten von Den Haag gemacht.
Zwischen 6. September 1944 und 27. März 1945 wurden 1.341 Raketen auf Amberes, 65 auf Brüssel, 98 auf Lüttich, 15 auf Paris, 11 auf die Brücke von Remagen und 1.120 auf England geschossen.

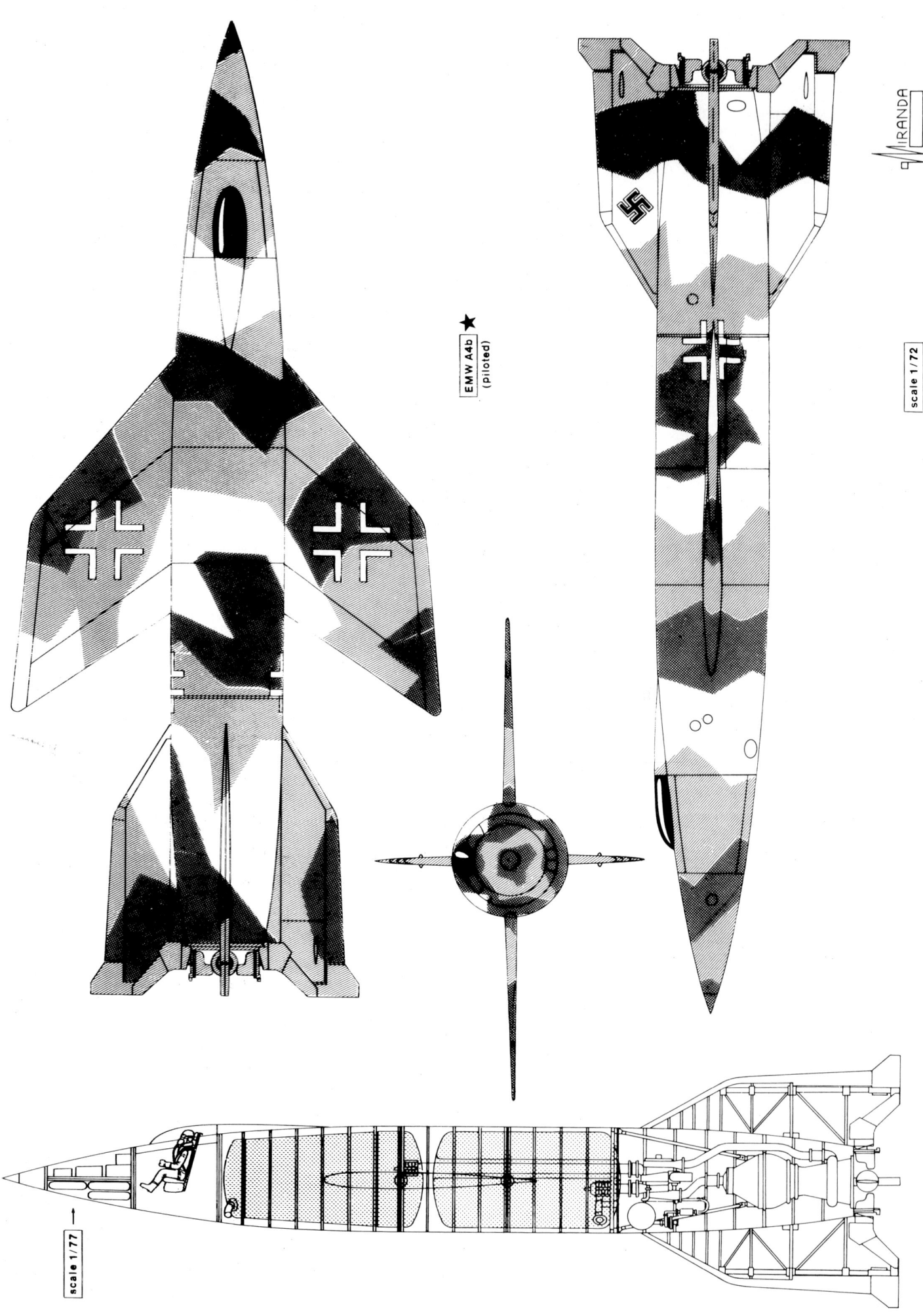

EMW A4b
(piloted)

scale 1/72

scale 1/77

MIRANDA

80

Technische Daten der Einsatz - A 4

Entwicklungsstand:	einsatzfähig
Bauweise:	Stahl, innen Fiberglasisolation
Beplankung:	genietete Stahlplatten
Leitwerksgruppe:	bewegliche Flossen, elektrisch gesteuert, Düsenleitschaufeln elektro-hydraulisch gesteuert
Antrieb:	Ein EMW mit 27.500 kg Schub und einer maximalen Beschleunigung von 6 g
Treibstoff:	A-Stoff (5.533 kg) und M-Stoff (4.173 kg)
Druckanlage:	T-Stoff (172 kg)/Z-Stoff für die Turbopumpe von 730 PS, sowie Stickstoff und Preßluft in Flaschen
Ausrüstung:	LEV-3 Kurskreiselanlage, integrierter Geschwindigkeitsmesser (I-Gerät) und Funkkontrollanlage
Sprengladung:	975 kg (907 kg Amatol 60/40) mit elektrischen und mechanischen Zündern
Länge:	14,03 m
Spannweite:	3,5 m
Größter Druchmesser:	1,68 m
Startgewicht:	12.870 kg
Höchstgeschwindigkeit:	5.760 km/h
Flugzeit (angetrieben):	70 sek
Gipfelhöhe:	96.000 m
Reichweite:	330 km
Erfolgte Teststarts:	insgesamt 31 zwischen 13.6.42 und 9.7.43. Geplant war eine Serie von 50.

Technische Daten der A 4b

Entwicklungsstand:	Flugversuche
Bauweise:	Stahl, innen Fiberglasisolation
Beplankung:	genietete Stahlplatten
Tragflächen:	Baugleich mit A 4 (eine bemannte Version mit Querruder war geplant)
Leitwerksgruppe:	bewegliche Flossen, elektrisch gesteuert, Düsenleitschaufeln elektro-hydraulisch gesteuert
Antrieb:	Ein EMW mit 27.500 kg Schub und eine maximale Beschleunigung von 6 g
Treibstoff:	A-Stoff (5.533 kg) und M-Stoff (4.173 kg)
Druckanlage:	T-Stoff (172 kg)/Z-Stoff für die Turbopumpe von 730 PS, sowie Stickstoff und Preßluft in Flaschen
Ausrüstung:	LEV-3 Kurskreiselanlage, integrierter Geschwindigkeitsmesser (I-Gerät) und Funkkontrollanlage (für eine geplante bemannte Version waren Steuergeräte vorgesehen)
Länge:	14,03 m
Spannweite:	6,2 m
Spannweite des Leitwerks:	3,99 m
Größter Durchmesser:	1,68 m
Startgewicht:	13.000 kg
Höchstgeschwindigkeit:	2.900 km/h
Flugzeit (angetrieben):	68 sek

A4 / V2

A4/V2 Versuchsausführung in Peenemünde.

Weitere Projekte der wissenschaftlichen Gruppe Peenemünde

Obgleich ihre offizielle Bezeichnung HVP(Heeresversuchsanstalt Peenemünde) war, wurde sie in der Öffentlichkeit unter dem Tarnnamen EMW (Elektromechanische Werke) geführt. Nach Abschluß der A 4 Entwicklung teilte sich die Forschungsarbeit in zwei Richtungen. Die eine befaßte sich mit der Vergrößerung ihrer Reichweite (A 4b, A 9/A 10), die andere mit der Entwicklung von Antrieben, welche mit solchen Treibstoffen betrieben werden konnten, welche die schwere angeschlagene deutsche Industrie leichter produzieren konnte.

So entstand die A 6, basierend auf der A 4 aber mit einem Triebwerk, welches mit „Visol" lief (einem Brennstoff aus Vinyl-Ester) und mit SV-Stoff oder „Salbei" (98 %ige Salpetersäure). Auch die A 8, beinahe baugleich mit der A 6, lief mit diesen Treibstoffen und mit Dieselöl.

Die wichtigsten Forschungen waren jedoch jene zur Verlängerung der Reichweite der A 4. Die bekannteste Weiterentwicklung, die A 4b, bestand aus einer A 4 mit gepfeilten Tragflächen und vergrößerter Leitwerksfläche.

Von Braun schreibt in seiner Biographie von einer bemannten A 4b mit Fahrwerk für Steuerungsversuche, um die Reichweite der A 4 zu verdoppeln. Es erfolgten nur zwei Starts, die bewiesen, daß die Oberfläche der Tragflächen für den Wiedereintritt in die Atmosphäre wirklich ungeeignet war.

Für die A 7 verwendete man den Rumpf einer A 5, um die Flugeigenschaften einer neuen Tragfläche zu ermitteln (Deltaform mit hohler Nase), vorgesehen für die Interkontinental-Rakete A 9.

Die Reaktion des Heeres auf die amerikanischen Angriffe war der Entwurf der „Amerika-Rakete", ein gigantisches Waffensystem von großer Reichweite, basierend auf der Zweistufenrakete A 9/A 10 und in der Lage, New York zu treffen.

Die A 10 war eine sehr große Beschleunigungsrakete mit der Aufgabe, die A 4 mit deren gesamten Treibstoffvorrat auf 24.000 m Höhe zu bringen und damit ihre Reichweite zu vervielfachen.

Das Originalprojekt schloß die Verwendung eines Versuchsmodells ein, angetrieben von sechs Brennkammern des A 4 - Typs mit einfacher Venturidüse. Die verwendete Technologie war bereits bekannt (flüssiger Sauerstoff und Alkohol plus Wasserstoffsuperoxyd für die Turbopumpen) und ausreichend, um die Machbarkeit des Projekts zu beweisen.

An einer etwas fortgeschreneren, auch für den Einsatz vorgesehenen Version wurde gearbeitet: die A 9 mit größerer Gleitstrecke und mit einer Sprengladung von 910 kg Amatol 60/40 sollte die A 4 ersetzen. Mit einer besonderen Funksteuerung versehen, sollte ihr Flug von Radarpositionen auf U-Booten gelenkt werden. Um die Genauigkeit zu verbessern, war auch eine bemannte Ausführung vorgesehen.

Für die Einsatzversion der A 10 war vorgesehen, sie mit einem außergewöhnlich großen Triebwerk zu versehen, welches für den Treibstoff „Salbei" (Salpetersäure) und Dieselöl geeignet war. Sie waren einfacher herzustellen und zu lagern als kryogene Treibstoffe.

Technische Daten der A 9 (erste Ausführung)

Entwicklungsstand:	Flugversuche
Bauweise:	Stahl, innen Fiberglasisolation
Beplankung:	genietete Stahlplatten
Leitwerksgruppe:	bewegliche Flossen, elektrisch gesteuert
Antrieb:	Ein EMW mit 25.000 kg Schub
Treibstoff:	„Visol" (Vinyl Äther) und „Salbei" (98 % Salpetersäure)
Druckanlage:	T-Stoff (186 kg) und Z-Stoff für den Antrieb einer Turbopumpe von 730 PS
Ausrüstung:	Kurskreiselanlage, integrierter Geschwindigkeitsmesser, Funkkontrollanlage
Sprengladung:	1.000 kg Amatol 60/40

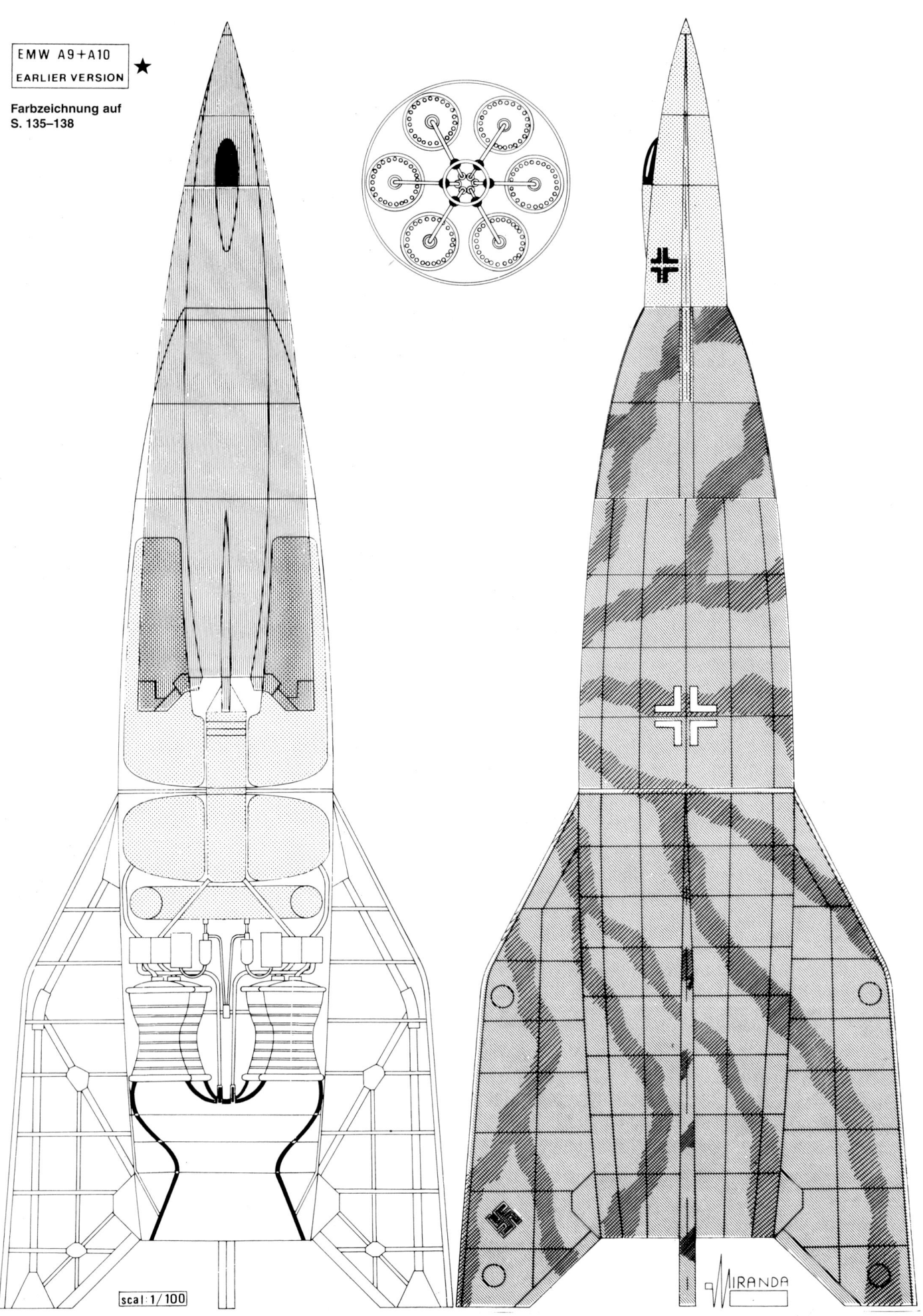

EMW A9+A10
EARLIER VERSION ★

Farbzeichnung auf
S. 135–138

scal:1/100

MIRANDA

Länge:	14 m
Spannweite:	3,5 m
Größter Durchmesser:	1,7 m
Startgewicht:	13.000 kg
Höchstgeschwindigkeit:	2.800 km/h
Gipfelhöhe:	160.000 m
Reichweite:	5.000 km

Technische Daten der bemannten A 9

Entwicklungsstand:	Projekt
Bauweise:	Stahl
Beplankung:	genietete Stahlplatten
Leitwerksgruppe:	bewegliche Flossen, elektro-hydraulisch gesteuert
Antrieb:	Ein EMW mit 25.400 kg Schub
Treibstoff:	„Visol" und „Salbei"
Druckanlage:	T-Stoff (186 kg) und Z-Stoff für den Antrieb einer Turbopumpe von 730 PS
Ausrüstung:	Kartographisches Radar, Kurskreiselanlage, Schleudersitz, Sauerstoffanlage, Druckkabine
Sprengladung:	1.000 kg Amatol 60/40
Länge:	14,2 m
Spannweite:	3,5 m
Größter Durchmesser:	1,7 m
Startgewicht:	16.260 kg
Höchstgeschwindigkeit:	2.800 m/sek
Gipfelhöhe:	160.000 m
Reichweite:	5.000 km

Technische Daten der A 10 (erste Version)

Entwicklungsstand:	Projekt
Bauweise:	Stahl
Beplankung:	genietete Stahlplatten
Leitwerksgruppe:	mit eingebautem Stoßdämpfer und starren Oberflächen
Antrieb:	Sechs EMW mit 27.400 kg Schub in eine einfache Venturi-Düse geleitet, um mit Hilfe eines automatischen, an eine Kurskreiselanlage angeschlossenen Schubreglersystems bei niedriger Geschwindigkeit differenziert zu steuern.
Verbrauch:	1.237 kg/sek
Treibstoff:	A-Stoff und M-Stoff im Gesamtgewicht von 61.490 kg
Druckanlage:	T-Stoff und Z-Stoff im Gesamtgewicht von 1.032 kg, gefördert von sechs Turbopumpen mit 730 PS
Ausrüstung:	Kartographisches Radar, Kurskreiselanlage, Schleudersitz, Sauerstoffanlage, Druckkabine
Länge mit einer A 9:	25,8 m
Spannweite:	9 m
Größter Durchmesser:	4,3 m
Startgewicht mit A 9:	99.960 kg
Höchstgeschwindigkeit:	1.200 m/sek
Gipfelhöhe:	24 km

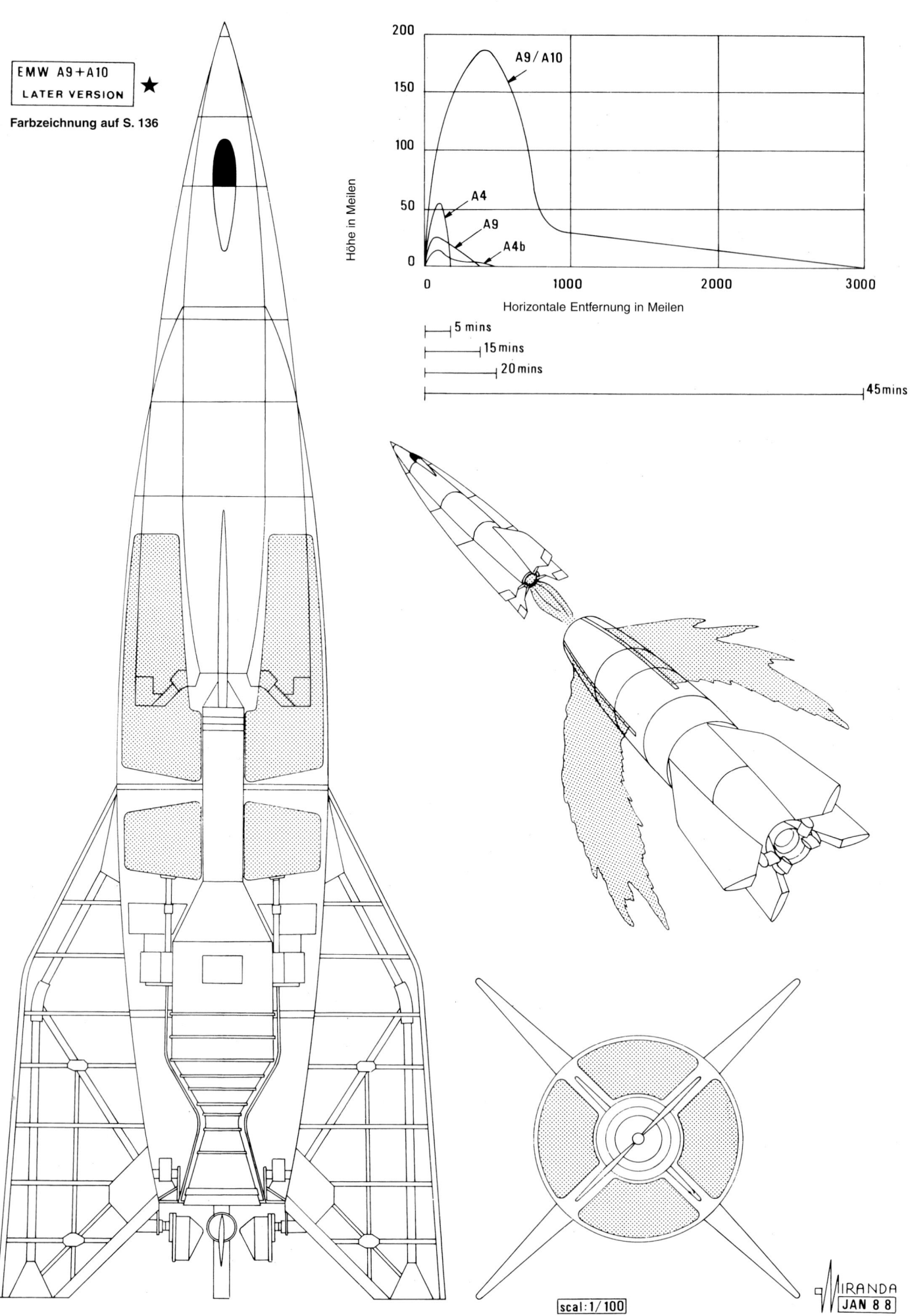

EMW A9+A10
LATER VERSION ★

Farbzeichnung auf S. 136

Höhe in Meilen

200

150

100

50

0

A9/A10

A4

A9

A4b

0   1000   2000   3000

Horizontale Entfernung in Meilen

5 mins
15 mins
20 mins
45 mins

scal:1/100

MIRANDA
JAN 88

Technische Daten der A 10 (zweite Version)

Entwicklungsstand:	Projekt
Bauweise:	Stahl
Beplankung:	genietete Stahlplatten
Leitwerksgruppe:	mit eingebautem Stoßdämpfer und starren Oberflächen
Antrieb:	EMW mit 200.000 kg Schub und elektrohydraulisch gesteuerten Düsenleitschaufeln
Verbrauch:	1.012 kg/sek
Treibstoff:	„Visol" und „Salbei" im Gesamtgewicht von 50.560 kg
Druckanlage:	T-Stoff und Z-Stoff im Gesamtgewicht von 1.500 kg, betrieben von einigen Bomben unbekannter Machart und Stärke.
Länge mit einer A 9:	25,8 m
Spannweite:	9 m
Größter Durchmesser:	4,3 m
Startgewicht mit A 9:	85.320kg
Höchstgeschwindigkeit:	1.200 m/sek
Gipfelhöhe:	24 km

Um den amerikanischen Kontinent zu erreichen, wurde noch eine weitere Einsatzmöglichkeit für die A 4 ins Auge gefaßt: Start in geringer Entfernung von der amerikanichen Küste von See aus, nadchem die Rakete in einem tauchfähigen Behälter durch eines der neuen Klasse XXI U-Boote dorthin geschleppt wurde (Farbzeichnung auf S. 142).

Dieses Projekt, datiert Ende 1944, wurde vom Volkswagenwerk Wolfsburg (Prüfstand XII) entwickelt, kam jedoch nicht mehr zur Ausführung, nachdem die Leistungsmöglichkeiten der A 9/A 10 bekannt wurden.

Im Januar 1945 wurde der „Prüfstand XII" geschlossen, nachdem bereits sechs Container gebaut und in den Docks der Vulkan-Werft Stettin getestet worden waren.

Beschreibung der Zeichnungen (1.–9. auf S. 76–78, 10.–17. auf S. 132–134)

1. Von den Briten übernommene A 4, Ende 1945 von Cuxhaven gestartet
2. A 4, gestartet im Herbst 1943 von der Anlage beim Fluß San in Polen
3. A 4, Versuchsgerät Nr. 28, gestartet am 22. Juni 1943 in Peenemünde. Im Flug zerstört.
4. A 4, Versuchsgerät Nr. 10, am 7. Januar 1943 während des Starts in Peenemünde zerstört
5. A 4, Versuchsgerät Nr. 3, am 16. August 1943 in Peenemünde gestartet. Im Flug zerstört.
6. A 4, Versuchsgerät Nr. 4, am 3. Oktober 1943 in Peenemünde gestartet. Perfekter Flug
7. A 4, von den Amerikanern übernommen, gestartet am 13. Juni 1946 in White Sands
8. A 4, übernommen von den Briten, gestartet Ende 1945 in Cuxhaven
9. A 4b, Versuchsgerät Nr. 1, am 24. Januar 1945 in Peenemünde gestartet
10. A 4, Versuchsgerät, gestartet am Fluß San im Sommer 1943
11. A 4, Einsatzversion, Peenemünde 1944
12. A 4, Versuchsgerät, gestartet in Blizna von der „836. Artillerie-Abteilung" im November 1943
13. A 4, Einsatzgerät Nr. 11/W4171, Peenemünde, 1944
14. A 4, Einsatzgerät Nr. 11/W4156, Peenemünde, 1944
15. A 4, Versuchsgerät. Unbekannte Einheit
16. A 4, Einsatzgerät, gestartet am 27. September 1944 durch die „485. Artillerie-Abteilung"
17. A 4, Versuchsgerät, gestartet im Sommer 1943 in der Anlage am San

(A) Zünder (B) Sprengsatz (C) Steuergruppe (D) Alkoholtank (E) Aufbau (F) Tank für flüssigen Sauerstoff (G) Tank für Wasserstoffsuperoxyd (H) Brennkammer (I) aerodynamisches Ruder (K) Düsenleitschaufeln

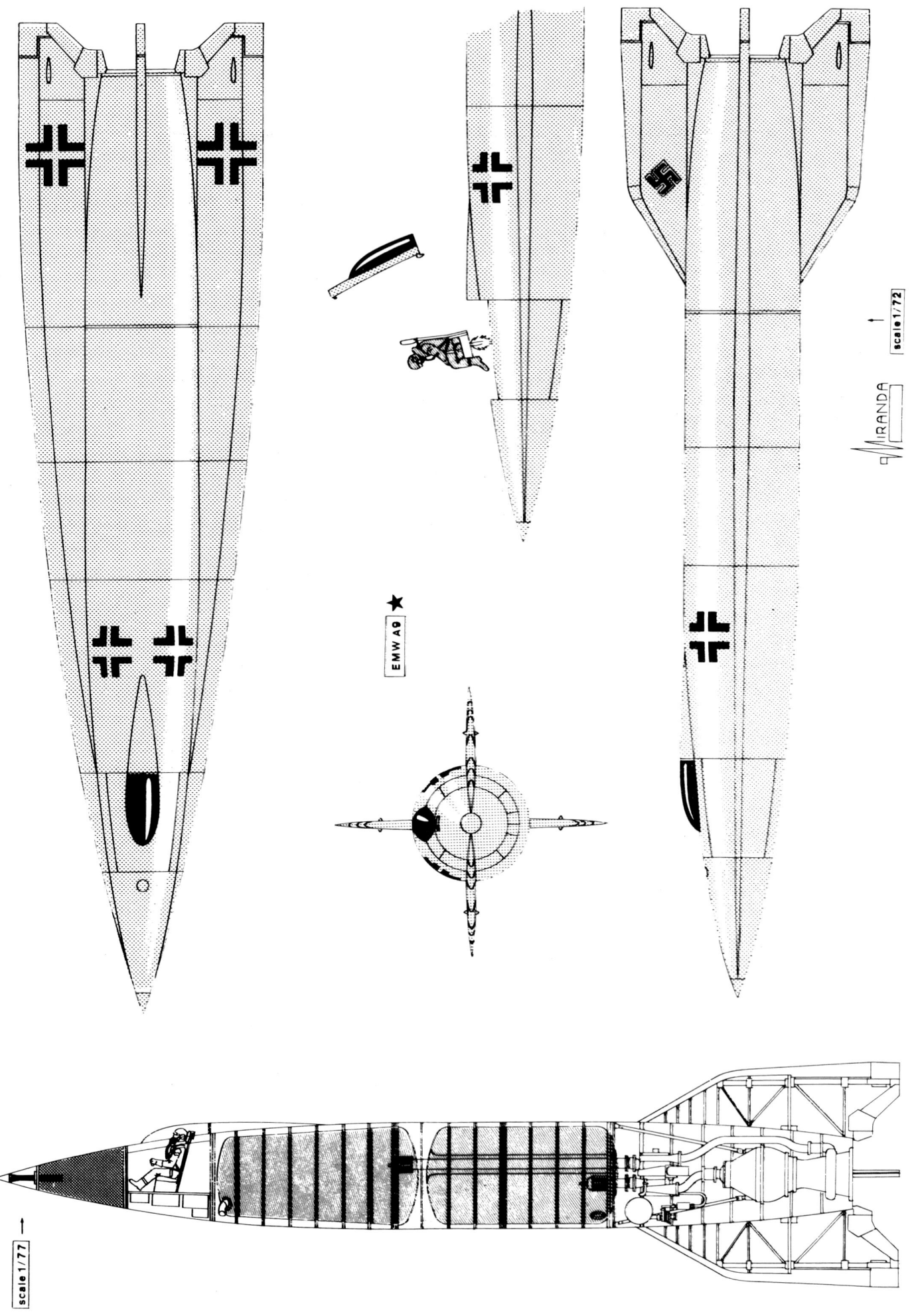

EMW A9 ★

MIRANDA   scale 1/72

scale 1/77

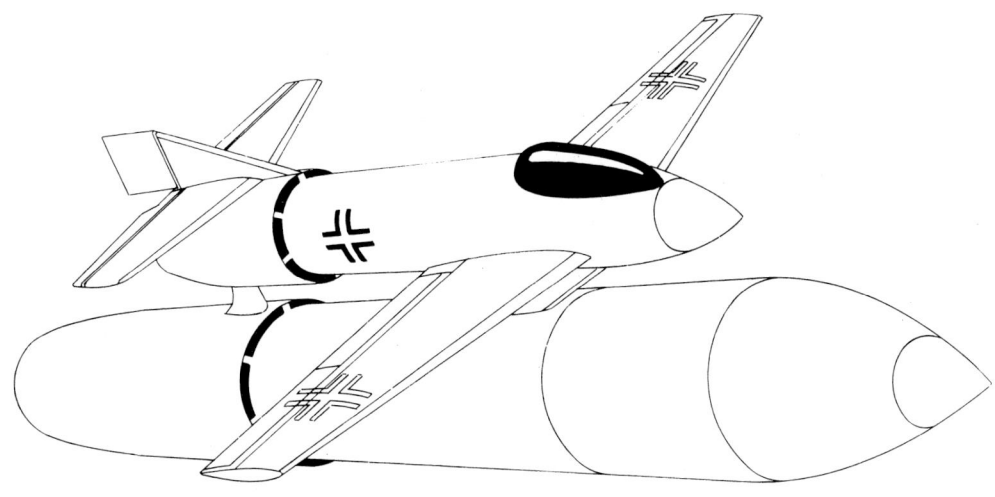

Blohm & Voss MGRP (Manuell gesteuertes Raketen Projektil)

Dieses Projekt war eine Raketenbombe oder Bombenrakete, welche von einem Parasit-Flugzeug bis nahe ans Ziel geleitet wurde.

Die Rakete und das Parasit-Flugzeug wurden bis in eine Entfernung von 180 km zum Ziel (eine Stadt) auf dem Rücken einer Do 217 befördert. Vor dem Ausklinken ging die Do 217 in einen flachen Bahnneigungsflug, damit das Staustrahl-Triebwerk der Rakete gezündet werden konnte. Das Parasitflugzeug stieg mit ihr sofort in einen stratosphärischen Höhenbereich, von wo aus der Pilot sein Ziel mittels Radar ausmachen und, in eine ballistische Kurve übergehend, die Rakete abschießen könnte. Er erreichte bei diesem Manöver eine geschätzte Belastung von 20 G.

Um wenigstens einen Teil dieser Belastung abzufangen, flog der Pilot in liegender Position in einem Gurtsystem mit Stoßdämpfer.

Nach dem Ausklinken zündete der Pilot das Staustrahltriebwerk seiner Maschine und konnte jetzt mit vollen Tanks zurückfliegen.

Technische Daten MGRP (Parasitmaschine in Klammern)

Entwicklungsstand:	Projekt
Bauweise:	Metall
Fahrwerk:	(Kufen)
Antrieb:	Lorin Staustrahlrohr (Lorin Staustrahlrohr)
Steuersystem:	Trägheitssystem (manuell)
Treibstoffgewicht:	1.200 kg (500 kg)
Länge:	8 m (5 m)
Spannweite:	(6 m)
Höhe:	1 m (1,62 m)
Startgewicht:	1.200 kg (500 kg)
Treibstoffgewicht:	2.300 kg
Höchstgeschw.zusammen:	1.000 km/h
Höchstgewschw. Parasitmaschine:	720 km/h
Reichweite mit Trägerflugzeug:	1.000 km

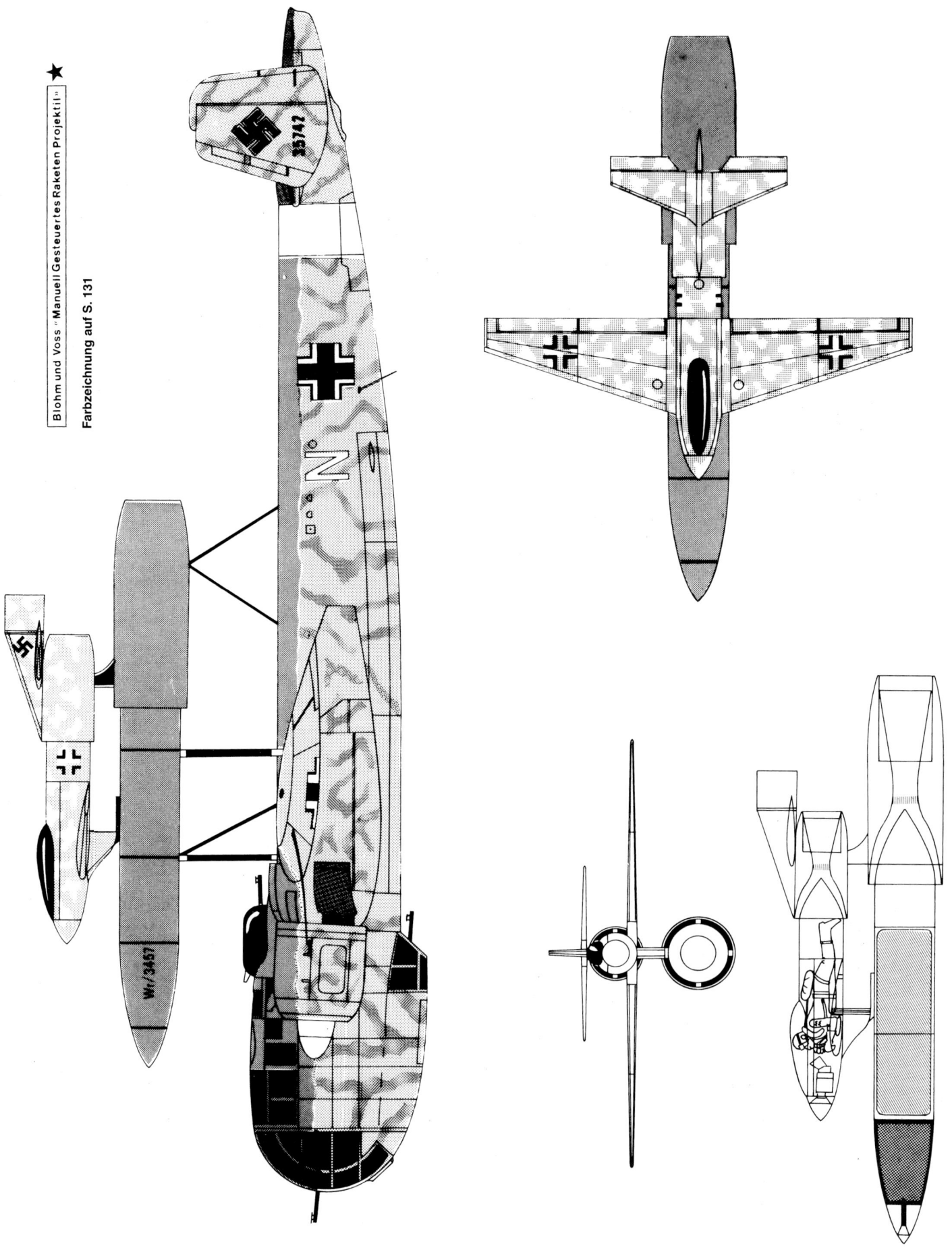

Blohm und Voss "Manuell Gesteuertes Raketen Projektil"

Farbzeichnung auf S. 131

scale 1/72

Die Reichsverteidigung

Die primitiven Luftschutzeinrichtungen der deutschen Großstädte, wie sie 1939 eingeführt worden waren, erwiesen sich bald als äußerst unzulänglich gegen die Wellen von Feindbombern, die Tag und Nacht die Städte und Industrieanlagen bombardierten.

Die Flak war nicht wirkungsvoll genug gegen Feindmaschinen, besonders wenn sie in großen Höhen flogen, bei Nacht oder über den Wolken. Auch ein zentrales Radarsystem half da nicht viel.
Tagjäger mit der für die Bekämpfung der Bomber nötigen schweren Bewaffnung waren zu langsam und zu wenig wendig, um sich gegen die Begleitjäger zu wehren, wofür sie selbst Jagdschutz durch leichtbewaffnete Jäger benötigten.

Nachtjäger, Weiterentwicklungen aus den Bombertypen Do 17 und Ju 88 besaßen einfach nicht die erforderliche Geschwindigkeit, Abfanggebiete rechtzeitig zu erreichen, um wirkungsvoll zu sein, und sie waren auch nicht in der Lage, Bomber zu jagen. Dagegen fehlte den zu Nachtjägern umgerüsteten Tagjägern, wie Bf 110 und Fw 190, die erforderliche Reichweite für die Dauer des gesamten Angriffs.

Was die Bewaffnung betrifft, so hatten die schweren Kanonen, soweit sie überhaupt von ihrer Art her zur Ausrüstung von Jägern geeignet waren, den Nachteil zu geringer Reichweite und Treffsicherheit, um die Bomberpulks so wirkungsvoll wie erforderlich zu bekämpfen.

Das einfache Verbessern der Jäger, der Kanonen und des Radars war viel zu wenig, um das Problem zufriedenstellend zu lösen. Dazu mußte eine völlig neue Waffe geschaffen werden: die ferngesteuerte Flugabwehr-Rakete.

Die erste Luft/Luft Rakete entwickelte sich aus der Lenkbombe Hs 293, das Resultat war eine stromlinienförmige, wendige Version, die Hs 298. Zur gleichen Zeit wurde die Ruhrstahl-Krämer X-4 entwickelt und wurde, dank ihrer hervorragenden Leistungen, der Vorläufer des modernen Flugabwehrsystems.
Was die Waffen betrifft, welche von Boden-Batterien verschossen wurden, so waren 1944 genau fünf Projekte von Boden/Luft Raketen in unterschiedlichen Entwicklungsstadien.

- Der „Schmetterling", für Ziele in niedrigen und mittleren Höhen
- Die „Rheintochter" von Rheinmetall-Borsig, die Höhen bis 7.000 m erreichte
- Der „Enzian" von Messerschmitt, der auf der Aerodynamik des „Komet" basierte und dem man noch bessere Eigenschaften als der „Rheintochter" nachsagte
- Die „Feuerlilie" von der LFA, ein reines Forschungsprojekt, nicht für Serienproduktion bestimmt
- Der „Wasserfall" von der HVP, von der mächtigen A 4 Rakete abgeleitet

Ende 1944 entschied eine RLM-Kommission auf Vorschlag von General Dornberger, die Entwicklungsarbeiten an all diesen Waffen mit Ausnahme von „Schmetterling" und „Wasserfall" einzustellen. Damit sollte die Produktion rationalisiert und ein neues Abwehrschema aufgestellt werden, dessen voller Einsatz dann 1946 erfolgen sollte ...
Dieses Programm beträchtlichen Umfangs betraf die künftige Verteidigung von 70 deutschen Städten mit einer Bevölkerung von über 100.000. Dafür war die Einrichtung von 1.800 „Schmetterling" und 1.200 „Wasserfall" Batterien, von denen die Letzteren in sogenannten betongeschützten „Vesuv"-Anlagen untergebracht werden sollten.
Darüber hinaus sollte um alle lebenswichtigen Gebiete des Reichs eine Abwehrzone von 15.000 km geschaffen werden, für die 1300 „Schmetterling" und 870 „Wasserfall" Batterien erforderlich gewesen wären, unterstützt durch Startrampen der ungelenkten „Taifun"-Rakete und konventionellen Flakbatterien.

Zur Erkennung und Verfolgung feindlicher Angreifer sollte ein großes Netz elektronischer Geräte und Systeme mit den Tarnnamen „Brabant", „Burgund", „Hansa", „Lohengrin" und „Parsifal" eingerichtet werden.

Der Mangel an Nachschub, der Zusammenbruch der Produktion und der Vormarsch der alliierten Truppen stoppten den Einsatz neuer Luftabwehrsysteme, obgleich durch viele Versuchsstarts innerhalb der letzten Kriegsmonate die technische Machbarkeit dieser Systeme bewiesen wurde.

Ruhrstahl-Kramer X4

Die X4 war die erste Luftkampfrakete, die im Zweiten Weltkrieg erfolgreich eingesetzt wurde.

Sie wurde vom Konstruktionsteam Dr. Kramer entworfen, um von Hochleistungs-Tagjägern aus sicherer Entfernung gegen amerikanische Bomberpulks eingesetzt zu werden. Der Grundentwurf aus dem Jahre 1943 hatte gerade Tragflächen, doch die Serienausführung wurde mit gepfeilten Flächen gebaut, um den Luftwiderstand beim Einsatz mit Düsenjägern zu verringern.

Die X4 wurde vom Trägerflugzeug mittels Drahtfernlenkung bis in unmittelbare Nähe des Ziels gesteuert, wo sie dann automatisch von einem akustischen Zünder zur Explosion gebracht wurde. Bei Kriegsende waren 1.300 Raketen hergestellt worden. Die meisten jedoch konnten nicht mit dem für sie bestimmten Triebwerk ausgerüstet werden, weil das Herstellerwerk BMW in Stargard durch alliierte Bomber schwer beschädigt worden war.

Der größte Teil der Flugversuche fand in der zweiten Hälfte des Jahres 1944 statt. Dabei wurde als provisorischer Antrieb ein Feststoffmotor von Schmidding verwendet. Als Trägerflugzeuge wurden außer Ju 88 G und Ju 188L drei Focke-Wulf Fw 190 F-8 und eine Fw 190 V69 verwendet. Ihr Einsatz mit der fortgeschrittensten Version der Me 262 war geplant.

Es ist anzunehmen, daß während der letzten Kriegswochen in Europa im Rahmen der Versuchsprogramme Einsätze gegen Feindbomber gemacht wurden. Offiziell an die Luftwaffe ausgeliefert wurde keine.

Technische Daten der Kramer X4

Entwicklungsstadium:	Einsatzversuche
Typ:	Kurzstrecken-Luftkampfrakete
Tragflächen:	Sperrholz
Zelle:	Alubeplankt
Leitwerk:	Alubeplankt
Antrieb:	BMW mit Flüssigtreibstoff, Schub zwischen 140 und 30 kg
Treibstoffe:	Tonka 250 und S-Stoff
Druckanlage:	Preßluft
Treibstofftank:	Röhre, spiralförmig um das Triebwerk herum angeordnet, mit einem Kolben im Innern, der durch Preßluft angetrieben wurde.
Kampfkopf:	20 kg, hochexplosiv, mit Annäherungszündern „Dogge" und „Meise", durch das Geräusch der angegriffenen Bomber gezündet.
Steuerungssystem:	Drahtfernsteuerung System FuG 510 mit Sender „Düsseldorf" und Empfänger „Detmold". Der Lenkdraht befand sich in zwei Spulen an den Flächenspitzen, von wo er sich während des Fluges automatisch abspulte.
Spannweite:	0,725 m
Länge:	2 m
Größter Durchmesser:	0,222 m
Startgewicht:	60 kg
Höchstgeschwindigkeit:	893 km/h
Reichweite:	3.200 m

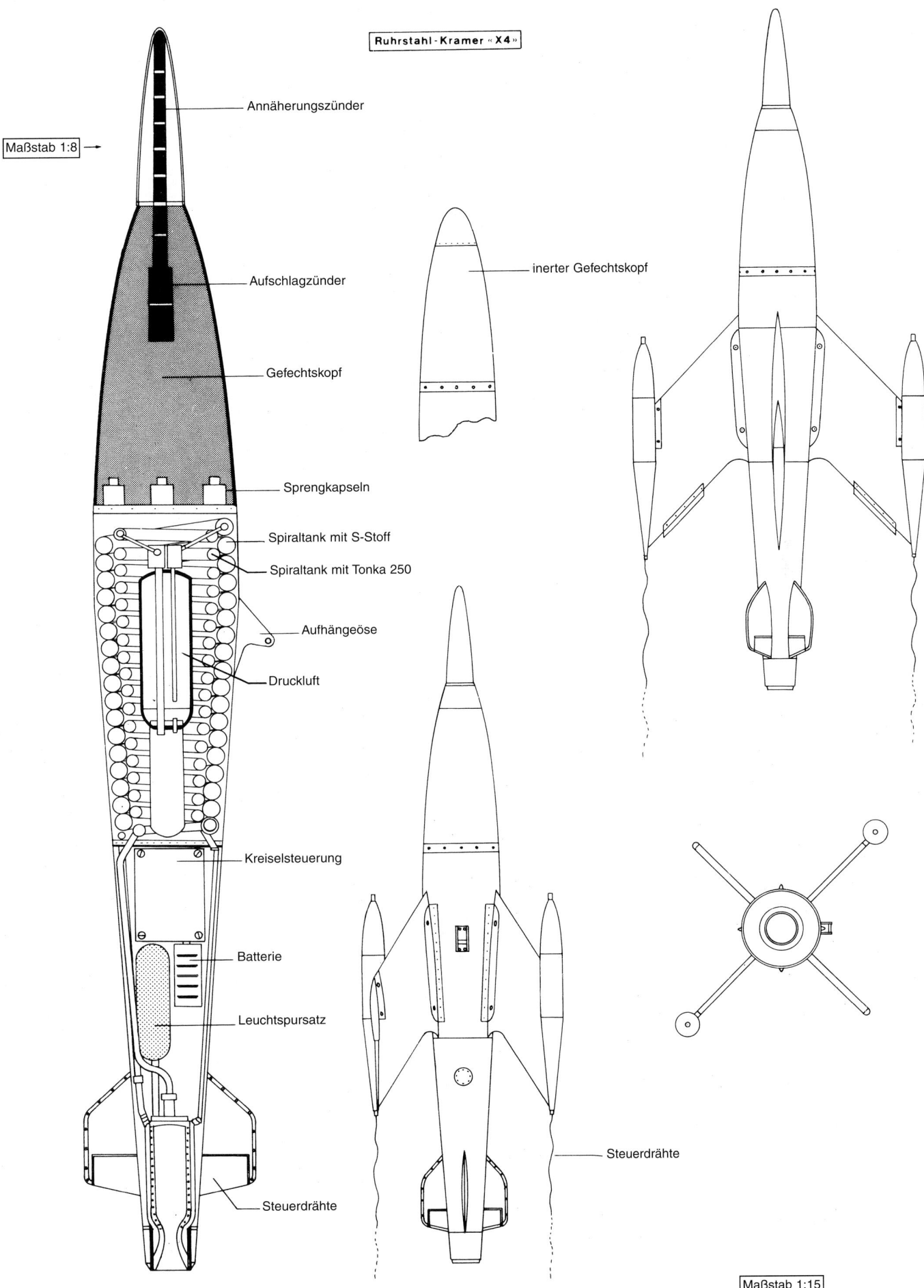

Ruhrstahl-Kramer «X4»

Maßstab 1:8 →

Annäherungszünder

Aufschlagzünder

Gefechtskopf

inerter Gefechtskopf

Sprengkapseln

Spiraltank mit S-Stoff

Spiraltank mit Tonka 250

Aufhängeöse

Druckluft

Kreiselsteuerung

Batterie

Leuchtspursatz

Steuerdrähte

Steuerdrähte

Maßstab 1:15

93

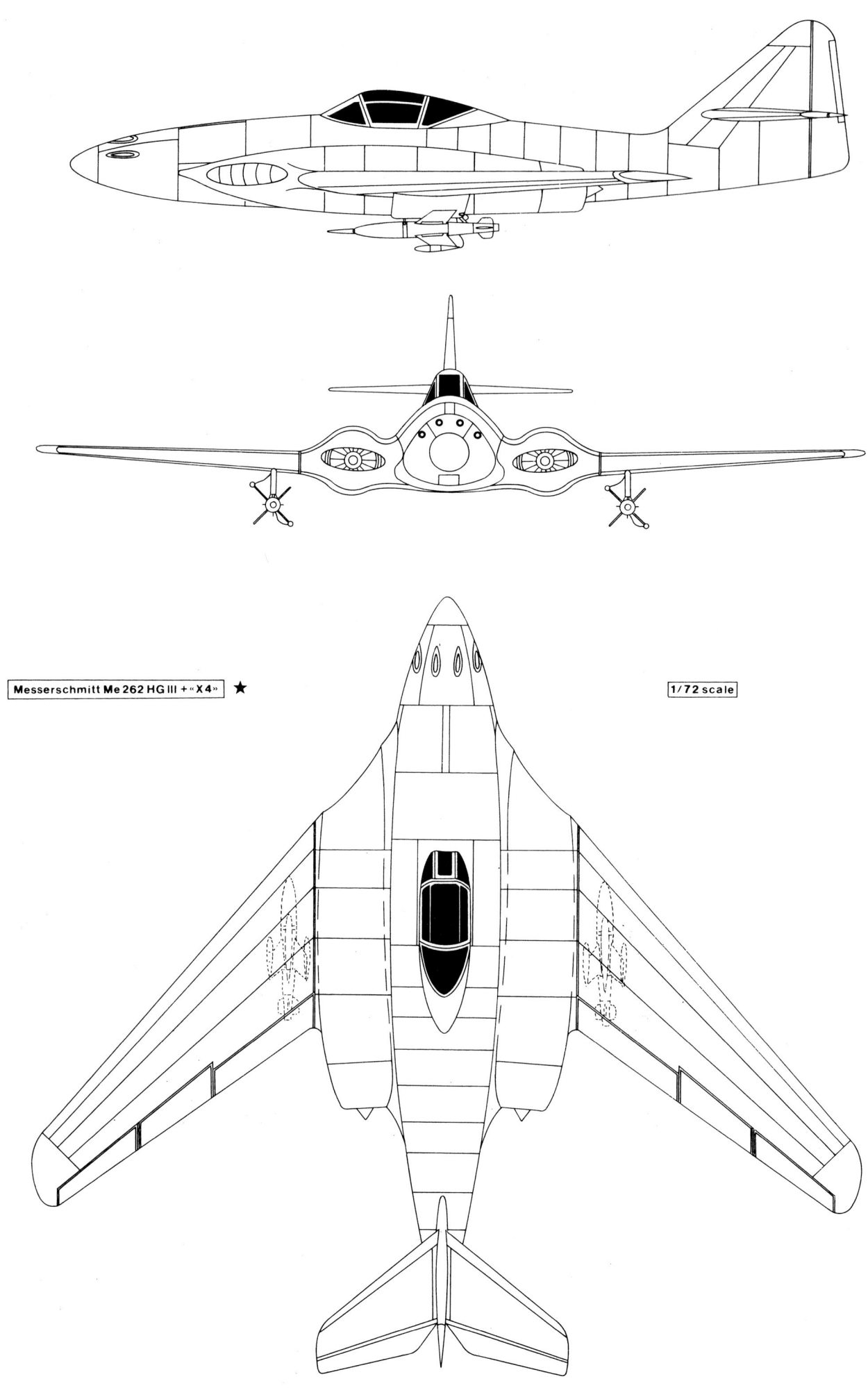

Messerschmitt Me 262 HG III + «X 4» ★

1/72 scale

Ruhrstahl-Kramer X7 „Rotkäppchen"

Die erste Panzerabwehr-Lenkrakete der Geschichte entstand auf Grund eines Befehls des Heereswaffenamtes an Dr. Kramer zu Beginn des Jahres 1934. In der Fabrik in Brackwede wurde eine entsprechende Anzahl gebaut und vor dem Krieg zur Einsatzerprobung dem Heer übergeben.

Die Hauptausführung war drahtgelenkt. Andere Erprobungsversionen waren mit dem automatischen Infrarot-Lenksystem „Steinbock" und mit den elektro-optischen Leitsystemen „Pfeifenkopf" und „Pinsel" ausgestattet. Letztere verwendeten Vidicon-Kameras zur Erkennung des Unterschieds zwischen Ziel und Hintergrund. Es wurden verschiedene Fluglenksysteme erprobt, sowohl für Flugabwehr als auch für Panzerabwehr.

Technische Daten der X7 „Rotkäppchen"

Entwicklungsstand:	Auswertung der Einsatzmöglichkeiten
Struktureller Aufbau:	Metallbauweise
Raketenmotor:	Zweistufige Pulverrakete Wasag 109-506 mit Diglycol als Treibstoff und einem Startschub von 68 kg
Lenksysteme:	drahtgelenkt, Infrarotstrahlen oder elektro-optisch
Kampfkopf:	2,5 kg, hochexplosiv mit Hohlladungskopf
Spannweite:	600 mm
Länge:	950 mm
Größter Durchmesser:	150 mm
Abschußgewicht:	9 kg
Reichweite:	1.200 m

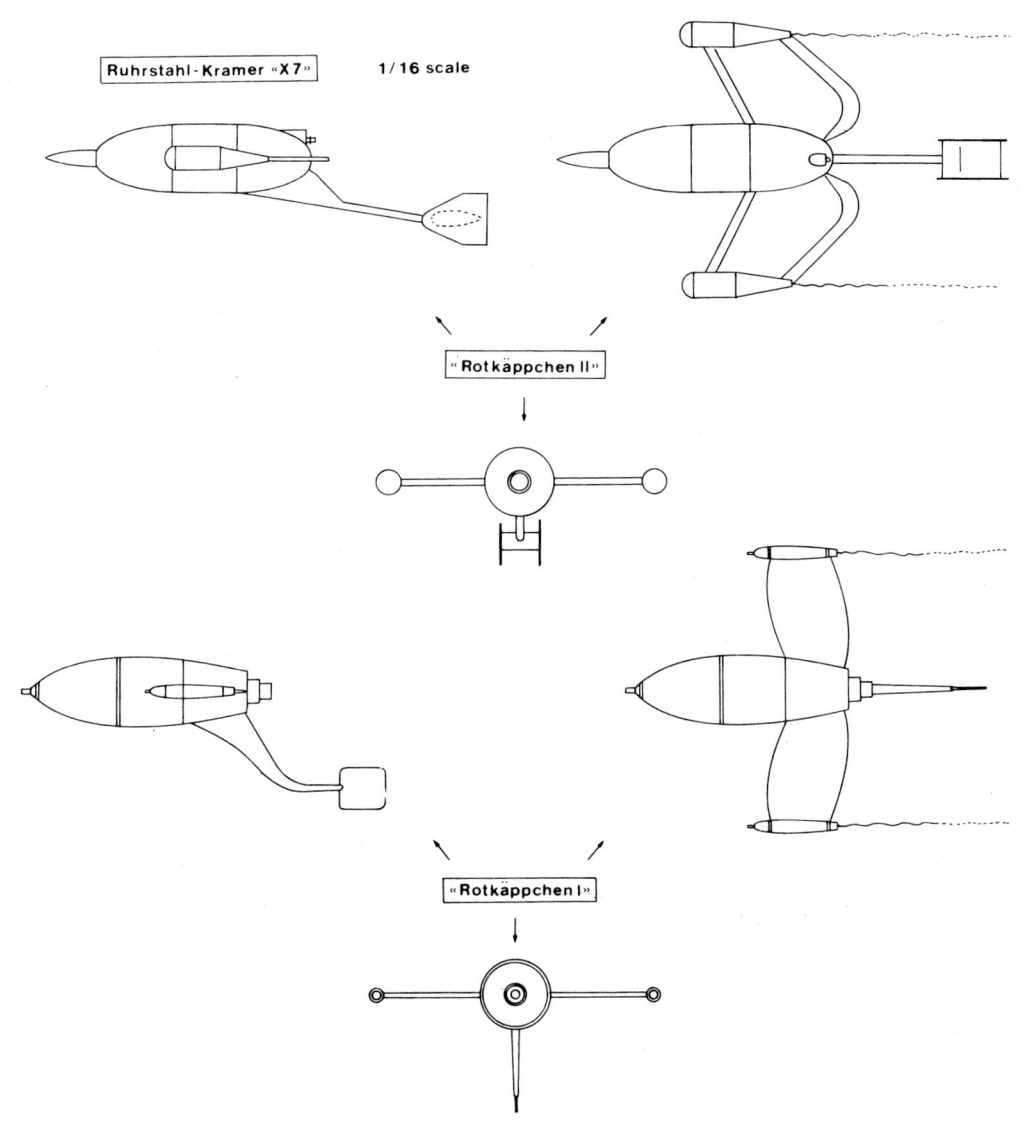

Henschel Hs 298

Dieses ferngelenkte Luft/Luft Projektil basierte auf einem Projekt von Dr. Wagner aus dem Jahre 1941. Es wurde damals abgelehnt, jedoch 1943 wieder vorgeschlagen. Die Serienfertigung begann im selben Jahr in den Henschelwerken in Schönefeld bei Berlin unter der Leitung von Ingenieur Hesky. Durch die späte Lieferung des Annäherungszünders „Rüssel" wurde die Fertigstellung verzögert. Der erste Schuß wurde am 22. Dezember 1944 von einer Ju 88 A-4 abgefeuert.

Für die praktische Auswertung mußten dreihundert Projektile auf dem Erprobungsgelände Karlshagen verschossen werden, dabei verwandte man die schweren Nachtjäger Ju 88 G-1, Ju 388 J-1 und Dornier Do 217 J. Wahrscheinlich wurden auch einige auf echte Ziele abgefeuert.

Die Tests ergaben, daß die optimale Schußposition hinter dem Ziel ist, mit einer maximalen Abweichung von 30°. Das Projektil wurde vom feuernden Flugzeug funkgesteuert und diese Steuerung war empfindlich gegen elektronische Störmaßnahmen.

Für eine schwerere und stärkere Ausführung wurde Draht-Fernlenkung vorgeschlagen. Einige Probeexemplare dieser Version, genannt Hs 298 V2, wurde noch vor Kriegsende hergestellt. Ein Vorrat von 135 gerade fertiggestellten Projektilen der ersten Version wurde bei einem Angriff der sowjetischen Luftwaffe auf das Werk Wansdorf zerstört. Sie waren dort zwischengelagert worden.

Technische Daten der Hs 298 (der V2 in Klammern)

Entwicklungsstadium:	Einsatzerprobung
Typ:	Luft/Luft Rakete für kurze Entfernungen
Tragflächen:	Holzbauweise und -beplankung mit Querrudern
Zelle:	Leichtmetallbeplankung und Doppelbug für Annäherungszünder und Stromerzeuger
Rumpfheck:	Metallbauweise und -beplankung. Einziges bewegliches Teil war das Höhenruder.
Antrieb:	Ein Schmidding SG 32/109-543 mit Feststoffverbrennung (Diglycol)
Kampfkopf:	25 kg (48 kg)
Zünder:	Annäherungszünder „Rüssel". Konnte auch mittels codiertem Funkimpuls gezündet werden
Lenksystem:	Drahtgelenktes FuG 203 „Kehl"/FuG 230 „Straßburg" (FuG 512/530 „Kogge")
Spannweite:	1,29 m (1,29 m)
Länge:	2,003 m (2,477 m)
Abschußgewicht:	95 kg
Höchstgeschwindigkeit:	842 km/h
Reichweite:	1.600 km

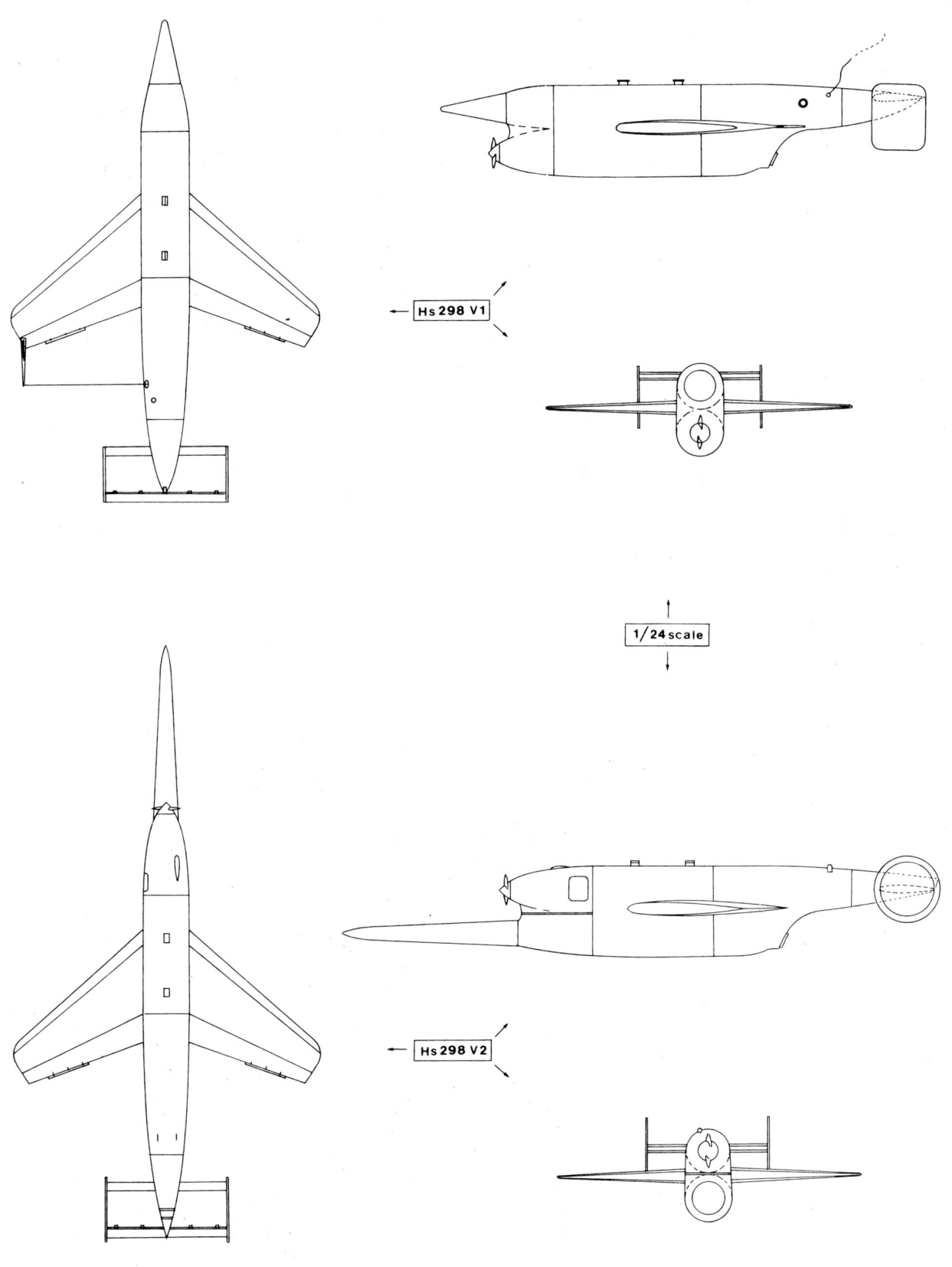

Hs 298 V1

1/24 scale

Hs 298 V2

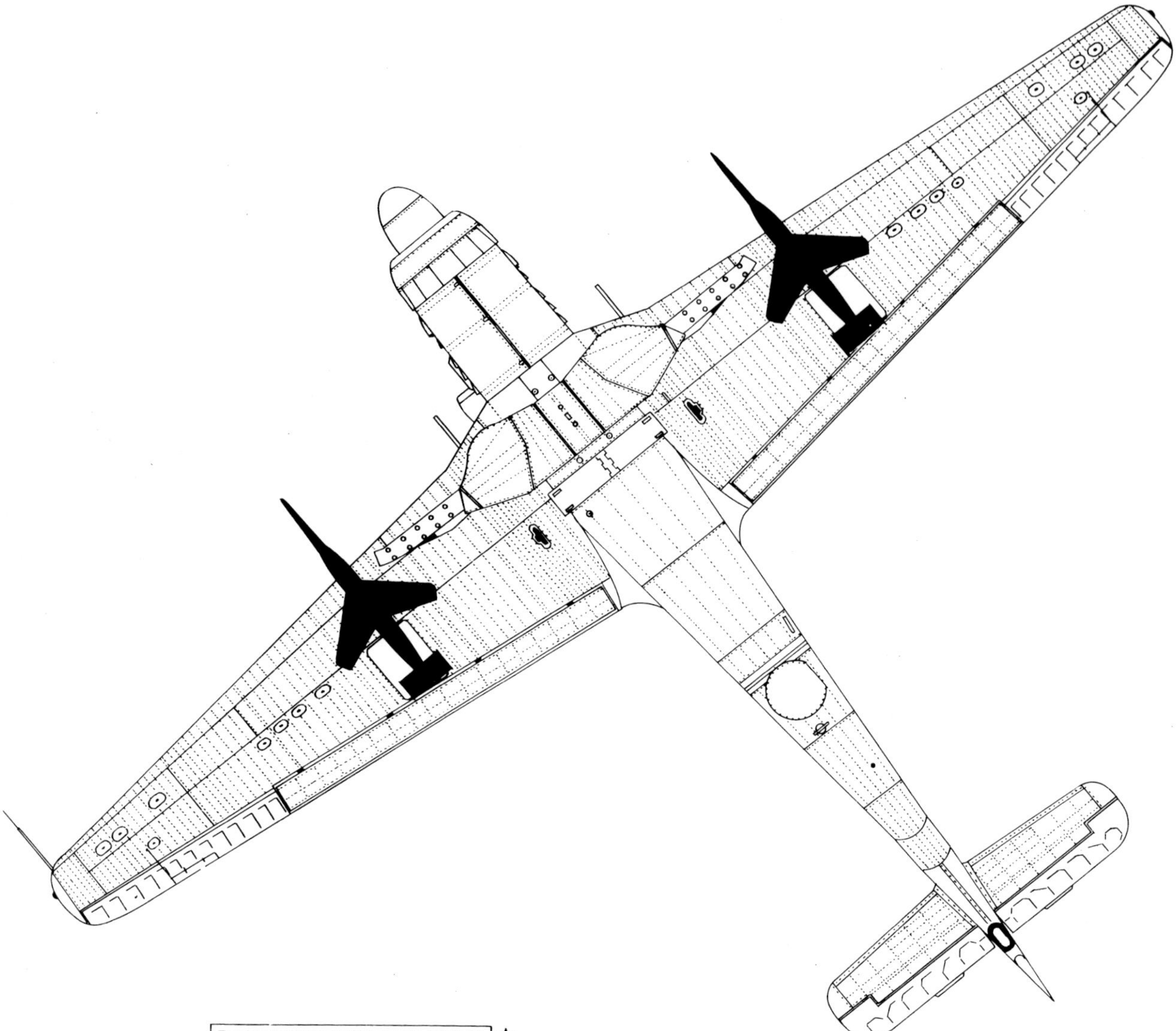

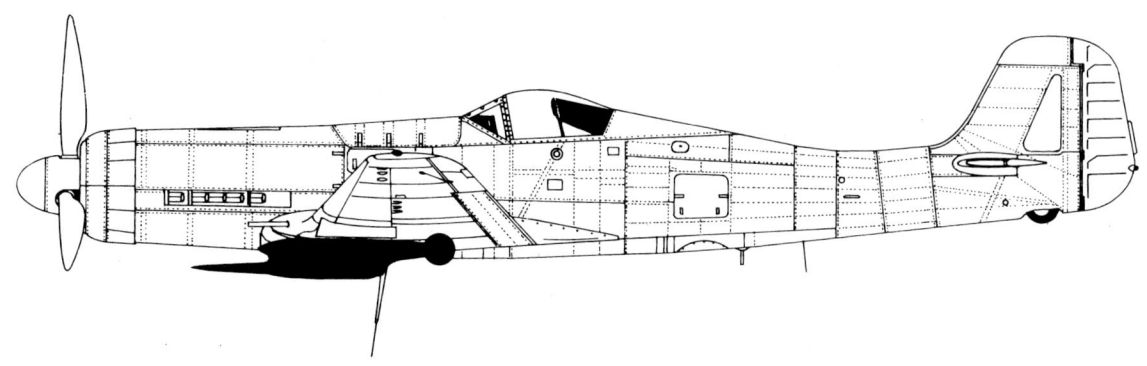

Focke Wulf Ta 152 H-1 + Hs 298 V2 ★

1/72 scale

Henschel Hs 117 „Schmetterling"

Das Ausgangsprojekt, von der Entwicklungsgruppe unter Leitung von Prof. Herbert Wagner entworfen, wurde 1941 dem RLM als Hs 297 vorgestellt. Obwohl anfangs abgelehnt, wurde es später, 1943, wieder aktiviert und ihm höchste Priorität zuerkannt. Die Entwicklung wurde Ing. Henrici übertragen und erhielt die neue Bezeichnung Hs 117. Es handelte sich um eine funkferngelenkte Fla-Rakete mit einem Kampfkopf, der mittels codiertem Funksignal zur Explosion gebracht wurde. Um die Produktion zu beschleunigen, wurde die erste Serie nicht mit Annäherungszünder ausgestattet. Ihr Einsatz war daher auf Tageseinsatz mit guten Sichtverhältnissen beschränkt. Sie war speziell vorgesehen für direkten Beschuß von Flugzeugen, die in niedriger und mittlerer Höhe angriffen.

Um die Reaktionszeit zu verringern, wurde die Rakete von einer umgebauten 37 mm Flaklafette abgeschossen, unterstützt von zwei Feststoff-Beschleunigerraketen. Der Gesamt-Abschußschub erreichte 3.300 kg. Zur Zielverfolgung diente das Funkmeßsystem Kehl/Straßburg. Zwischen 1. Mai und Ende November 1944 erfolgten 21 Probeschüsse, die in gesteuertem Flug Höhen von 11.000 m erreichten. Im Mai 1944 wurden verschiedene Probeflüge mit der Hs 117H durchgeführt. Mit dem Prototyp Nr. 28 gelang der erste erfolgreiche Start mit Eigenantrieb mit dem neuen BMW-Triebwerk 109-558. Sie sollte als Vergeltungswaffe unter der Bezeichnung „V-3" eingesetzt werden, wurde aber von der Kommission unter Leitung von SS-Obergruppenführer Kammler abgelehnt.

Der Name V-3 war für ein auf Mimoyecques stationiertes Ferngeschütz reserviert, so daß die Weiterentwicklung der Hs 117 infolge fehlender Mittel eingestellt wurde. Im Januar 1945 hatte Dr. Wagner ein verbessertes Modell entworfen, das SII Projekt, viel schneller und in zwei Größen herstellbar, Variante SIIa und SIIb. Man plante eine Massenproduktion, schwankend zwischen 150 Einheiten im März 1945 und 3.000 im November desselben Jahres. Tatsächlich wurde nicht ein einziger „Schmetterling" an reguläre Flakeinheiten geliefert.

Technische Daten Henschel Hs 117 „Schmetterling"

Entwicklungsstadium:	Einsatzerprobung
Typ:	Boden/Luft Rakete für mittlere Entfernungen
Tragflächen:	Holzbauweise und -beplankung. Rollsteuerung durch „Wagner-Stäbe"
Zelle:	Leichtmetallbauweise
Rumpfheck:	Leichtmetallbauweise
Antrieb:	Erste Modelle mit einem Walter HWK 109-729 mit 375 kg Schub, unterstützt durch zwei abwerfbare Schmidding 109-553 mit einem Schub von je 1.750 kg. Modell Hs 117 wurde durch einen BMW 109-558 mit einem Schub von 375 kg angetrieben.
Treibstoffe:	- Walter HWK verbrannte B-Stoff und SV-Stoff
	- BMW 109-558 arbeitete mit R-Stoff und SV-Stoff
	- Schmidding verwandte Feststoff Diglycol
Kampfkopf:	25 kg
Annäherungszünder:	Keiner in den ersten Modellen. Bei einigen der letzten Probeschüsse wurde der Zünder „Fuchs" verwendet
Lenksystem:	Funkferngelenkt mittels FuG 203/FuG 230 Kehl/Straßburg
Spannweite:	200 cm
Länge:	430 cm
Durchmesser:	33,5 cm
Abschußgew. mit Startrak.:	440 kg
Flugzeit:	33 bis 57 sek.
Höchstgeschwindigkeit:	756 km/h
Reichweite:	32 km
Höhe:	10.000 m

Henschel Hs 117 «Schmetterling»

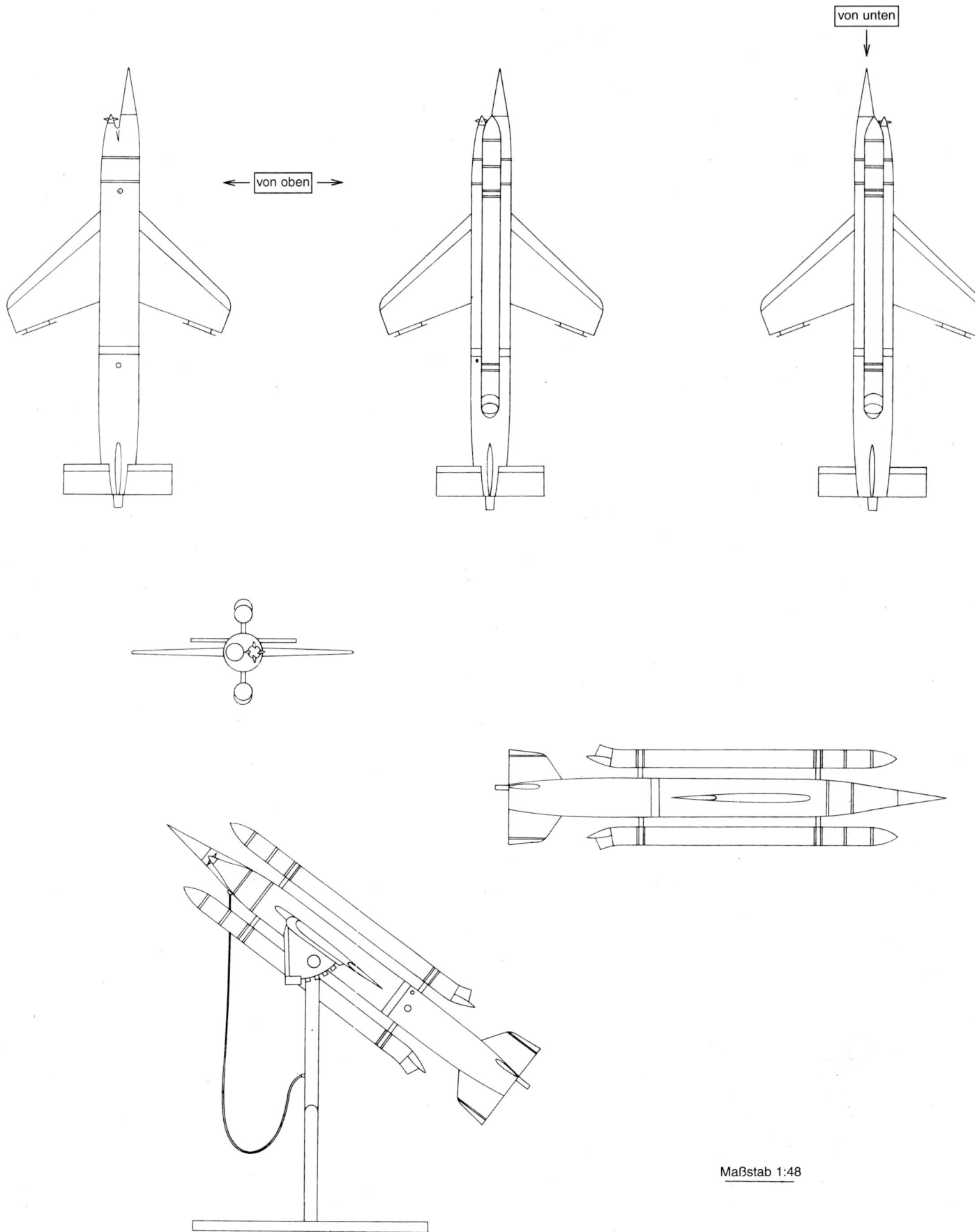

von oben

von unten

Maßstab 1:48

100

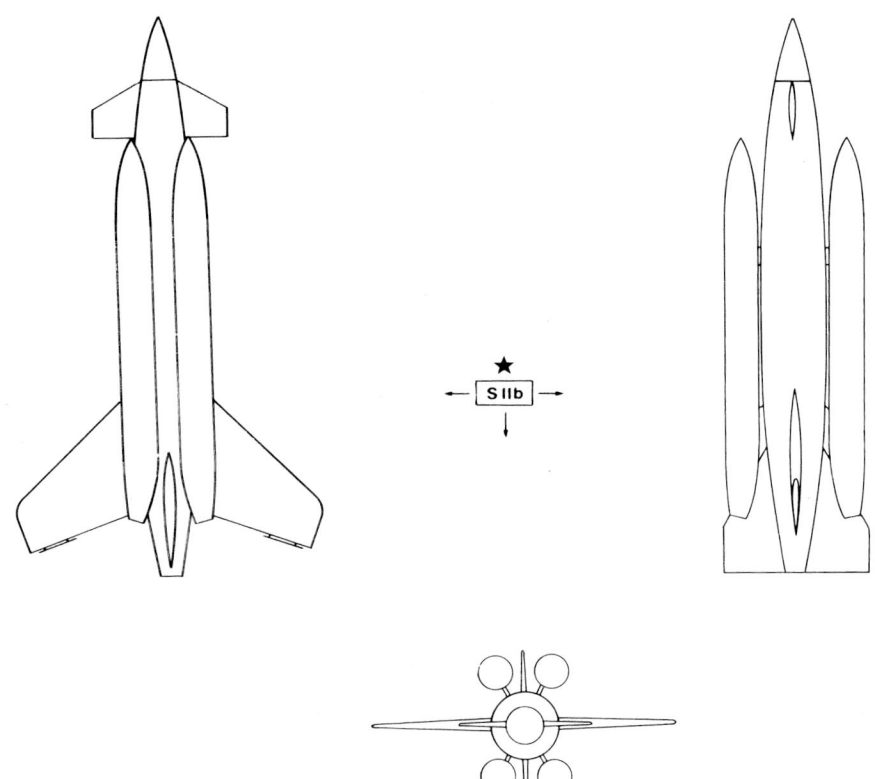

★
← S IIb →
↓

Henschel Hs 117 «Schmetterling»

1/48 scale

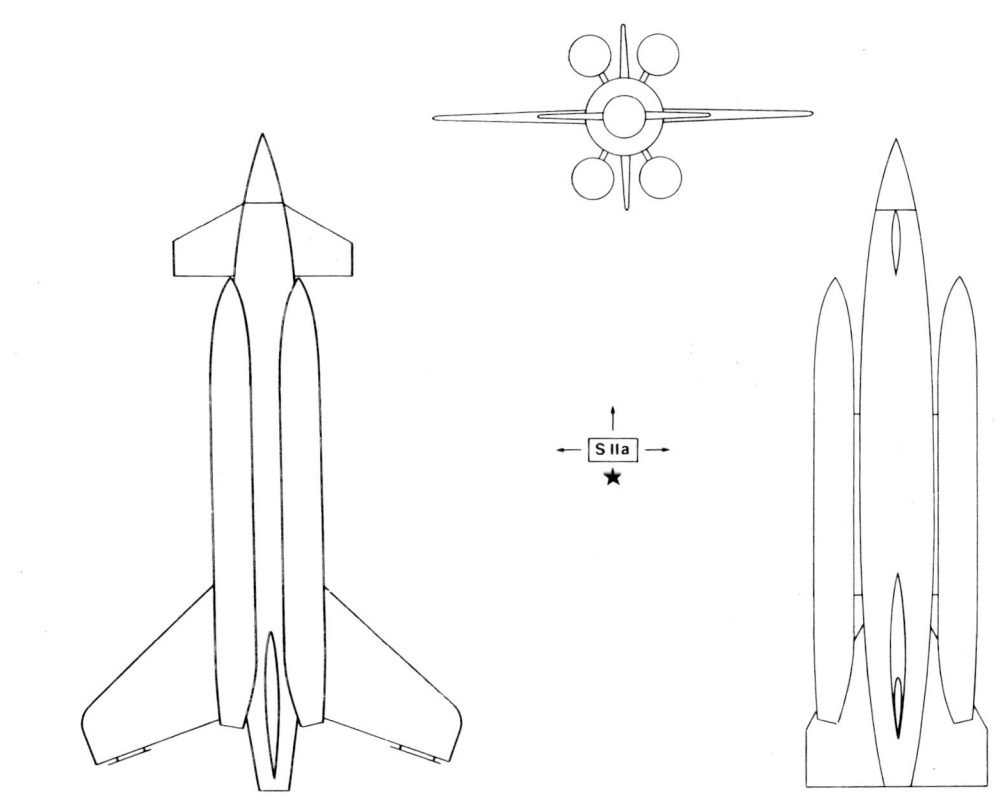

↑
← S IIa →
★

Flakrakete Hs 117

Hs 117 Flakrakete auf einem provisorischen Abschußgestell.

Serienausführung der Abschußeinheit Hs 117 Flakrakete.

Messerschmitt „Enzian"

Gegen Ende 1943 erhielten die Messerschmitt-Ingenieure Dr. Hermann Wurster und George Madelung den Auftrag, eine unbemannte Version der von Dr. Lippisch entwickelten Me 163 zu bauen, welche funkferngesteuert gegen die alliierten Bomberpulks eingesetzt werden sollte. Das von der Oberbayrischen Forschungsanstalt gebaute Ergebnis war eine verkleinerte Version des berühmten Abfangjägers Me 163 und startete mit seinen vier Schmidding Feststoffraketen 109-553 von einer umgebauten 88 mm-Flak-Lafette. Viele Zielverfolgungs- und Lenksysteme wurden vorgeschlagen und probiert: Konvergente Radarstrahlen, Fernsteuerung, Infrarot, halbaktives Radar und akkustische Detektoren, koordiniert in einem primitiven Feuerleitcomputer. Die Prototypen E-1, E-2, E-3 und E-3b wurden ab August 1944 an erprobt unter Verwendung von Motoren basierend auf dem Walter Ri 202, einer Starthilfsrakete für Luftwaffenflugzeuge.

Die Produktionsversion der E-4 sollte durch einen sehr starken Konrad DVK-Motor mit vereinfachter Wartung angetrieben werden.
Bei Kriegsende war eine Gesamtstückzahl von 60 Enzian aller Bauarten hergestellt worden, davon 28 des Typs E-4.

Die Komplexität und das Fehlen einer genauen Projektdefinition verhinderten die rechtzeitige Massenproduktion, um noch zum Einsatz zu kommen. Auch eine verbesserte Version war in der Planung. Es wäre die E-5 geworden mit Überschallcharakteristik, kam jedoch über das Projektstadium nicht hinaus. Ein weiteres daraus entwickeltes Modell kleineren Maßstabs, die E-6, war als Panzerabwehrrakete mit Drahtlenkung gedacht, wurde aber ebenfalls nicht verwirklicht.

Technische Daten „Enzian"

Entwicklungsstadium:	Flugerprobung
Typ:	Funkgesteuerte Fla-Rakete für mittlere Entfernungen
Tragflächen:	Holzbauweise und -beplankung, kombiniertes Höhen- und Querruder
Zelle:	Holzbauweise und -beplankung, Bug aus 20 mm Stahlplatten
Rumpfheck:	Holzbauweise und -beplankung
Antrieb:	Die E-1 wurde mit einem Walter Ri 203, einem umgebauten Ri 202, mit 500 kg Schub erprobt. Bei der E-2, E-3 und E-3b wurde ein Walter 109-502 mit 1.500 kg Schub verwendet. Die E-4 wurde angetrieben durch einen Konrad DVK mit 2.000 kg Schub. Für die E-5 hatte man einen Konradmotor mit 2.500 kg Schub vorgesehen.
Treibstoffe:	Ri 203 arbeitete mit Z-Stoff und T-Stoff, Walter 109-502 mit Br-Stoff und SV-Stoff, die Konradmaschine mit 2.000 kg Schub verbrannte Visol und SV-Stoff und jene mit 2.500 kg Schub Br-Stoff und SV-Stoff.
Treibstoffförderung:	Preßluft für Ri 202, T-Stoff und Z-Stoff für Walter 109-502 und flüssiger Stickstoff für beide Konrad-Motoren
Kampfkopf:	300 g bei der E-4
Annäherungszünder:	durch Infrarot
Erst-Lenksystem:	Typ „Elsaß", bestehend aus einem Mannheim Riese Zielfolgeradar, einem Rheingold Geschoßfolgeradar und einem Kelheim-Sender für Lenkimpulse. Die Funklenksysteme „Kehl/Straßburg", „Kogge/Brigg", „Rheinland", „Düren"Detmold" und „Düsseldorf/Detmold" waren ebenfalls vorgesehen.

Lenksystem, Endform:	Das flugerprobte Infrarotsystem „Madrid"	
	- das halbaktive Radar „Moritz"	
	- das Akkustiksystem „Archimedes"	

Länge:	E-1	3,63 m
	E-3b	3,5 m
	E-4	3,75 m

Spannweite:	E-1	4,05 m
	E-3b	4 m
	E-4	4,05 m

Größter Durchmesser:	E-1	0,88 m
	E-3b	0,915 m
	E-4	0,915 m

Abschußgewicht:	E-1	1.920 kg
	E-4	1.800 kg

Höchstgeschwindigkeit:	E-1	925 km/h
	E-4	1.000 km/h

Flugzeit:	E-1	69 sek.
	E-3b	65 sek
	E-4	70 sek

Erreichte Höhe:	E-1	13.500 m
	E-3b	16.155 m

Reichweite:	E-1	25 km
	E-3b	25,5 km
	E-4	24,5 km

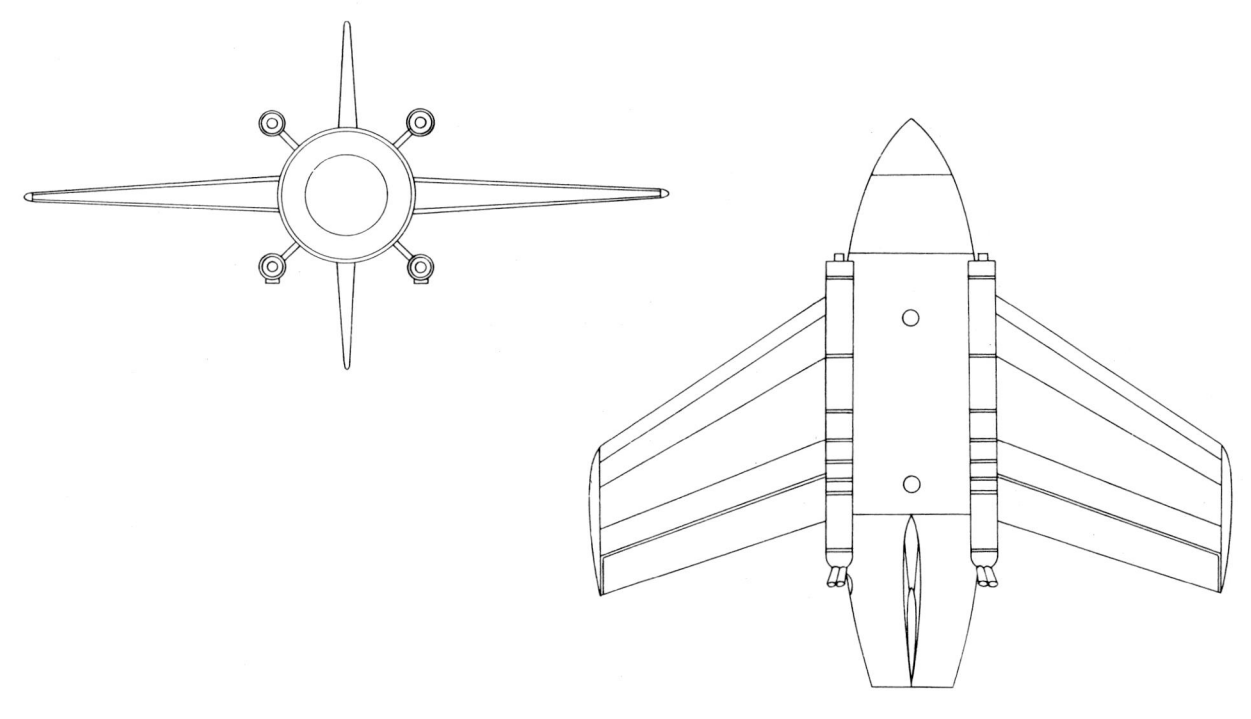

Messerschmitt E-1 «Enzian»

Farbzeichnung auf S. 140

1/48 scale

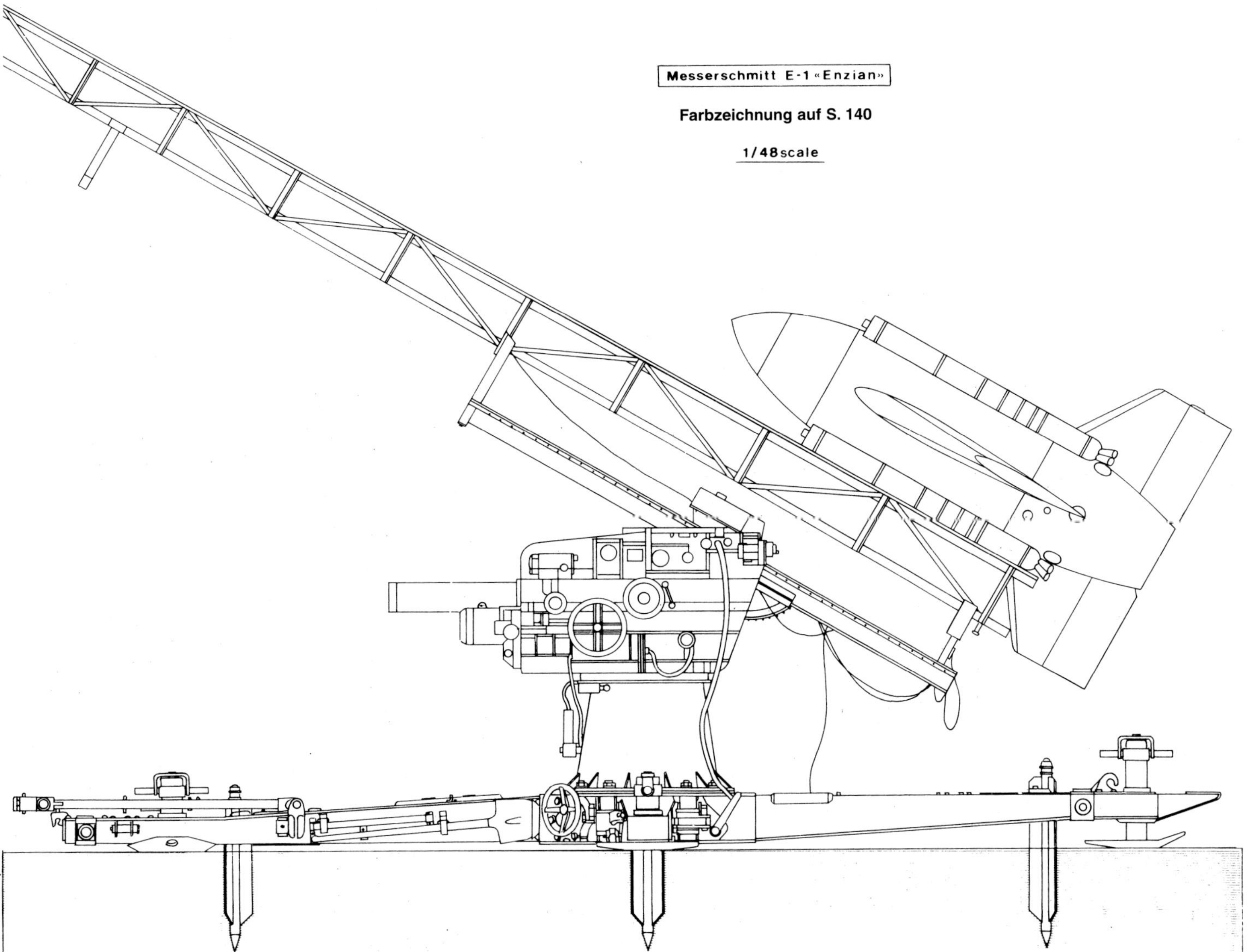

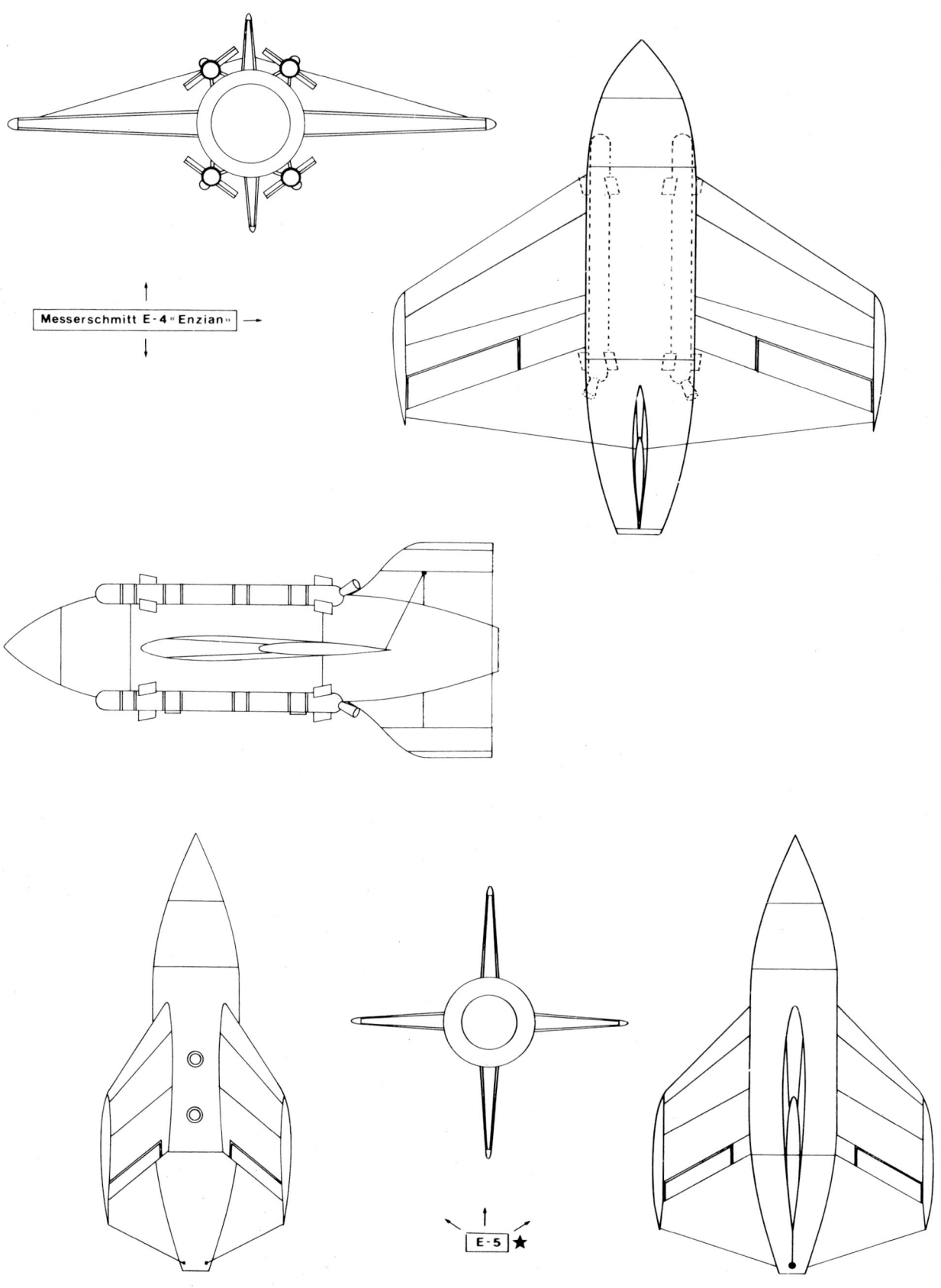

Messerschmitt E-4 «Enzian» →

E-5 ★

Enzian

Geplante Serienausführung einer Enzian auf einer angepaßten
8,8 cm Flaklafette.

Aufrüsten einer Enzian Abschußeinheit für einen Testschuß.

Rheinmetall-Borsig „Feuerlilie"

Unter diesem Namen wurde zwischen 1942 und 1945 ein kurzes Forschungsprogramm in Zusammenarbeit mit den Aerodynamik-Fachleuten der LFA entwickelt. Verschiedene Tragflächen- und Leitwerkskonfigurationen wurden erprobt, erst mit maßstäblichen Modellen, dann mit einer Reihe von Prototypen in zunehmender Größe, angetrieben von Rheinmetall 109-505/515 Feststoff-Motoren.

Die Erste, die zum Fliegen kam, war die „Feuerlilie" F-5 mit 5 cm Durchmesser. Die nächste war dann die F-25 mit einem Durchmesser von 25 cm, mit der auch die zwei meistversprechenden Leitwerkskonfigurationen erprobt wurden, welche vorher in Windkanalversuchen bei der LFA analysiert worden waren.

Das Ende des Krieges kam, während man noch die F-55 mit 55 cm Durchmesser erprobte. Daß der von Dr. Konrad's Team entwickelte Flüssigtreibstoff-Motor nicht beschaffbar war, verhinderte, daß die F-25 und F-55 die vorgesehenen Leistungen weder im Entwurfs- noch im Produktionsstadium erreichten.

Technische Daten der „Feuerlilie" F-25

Entwicklungsstadium:	Probeflüge
Antrieb:	Rheinmetall-Borsig 109-505 mit 500 kg Schub
Treibstoffe:	Feststoff Diglykol
Kampfkopf:	17 kg
Lenksystem:	Funksteuerung
Spannweite:	1,15 m
Länge:	2,08 m
Höhe:	0,488 m
Größter Durchmesser:	0,255 m
Abschußgewicht:	120 kg
Höchstgeschwindigkeit:	820 km/h
Reichweite:	5.500 m
Flughöhe:	3.000 m
Anzahl Probeflüge:	30

Technische Daten der „Feuerlilie" F-55

Entwicklungsstadium:	Probeflüge
Antrieb:	Rheinmetall-Borsig 109-515 mit 4.000 kg Schub
Treibstoffe:	Feststoff Diglycol
Kampfkopf:	180 kg
Lenksystem:	Funkgesteuert
Spannweite:	2,50 m
Länge:	4,80 m
Größter Durchmesser:	0,51 m
Abschußgewicht:	650 kg
Höchstgeschwindigkeit:	1.500 km/h
Reichweite:	7.500 m
Flughöhe:	9.000 m
Anzahl Probeflüge:	2

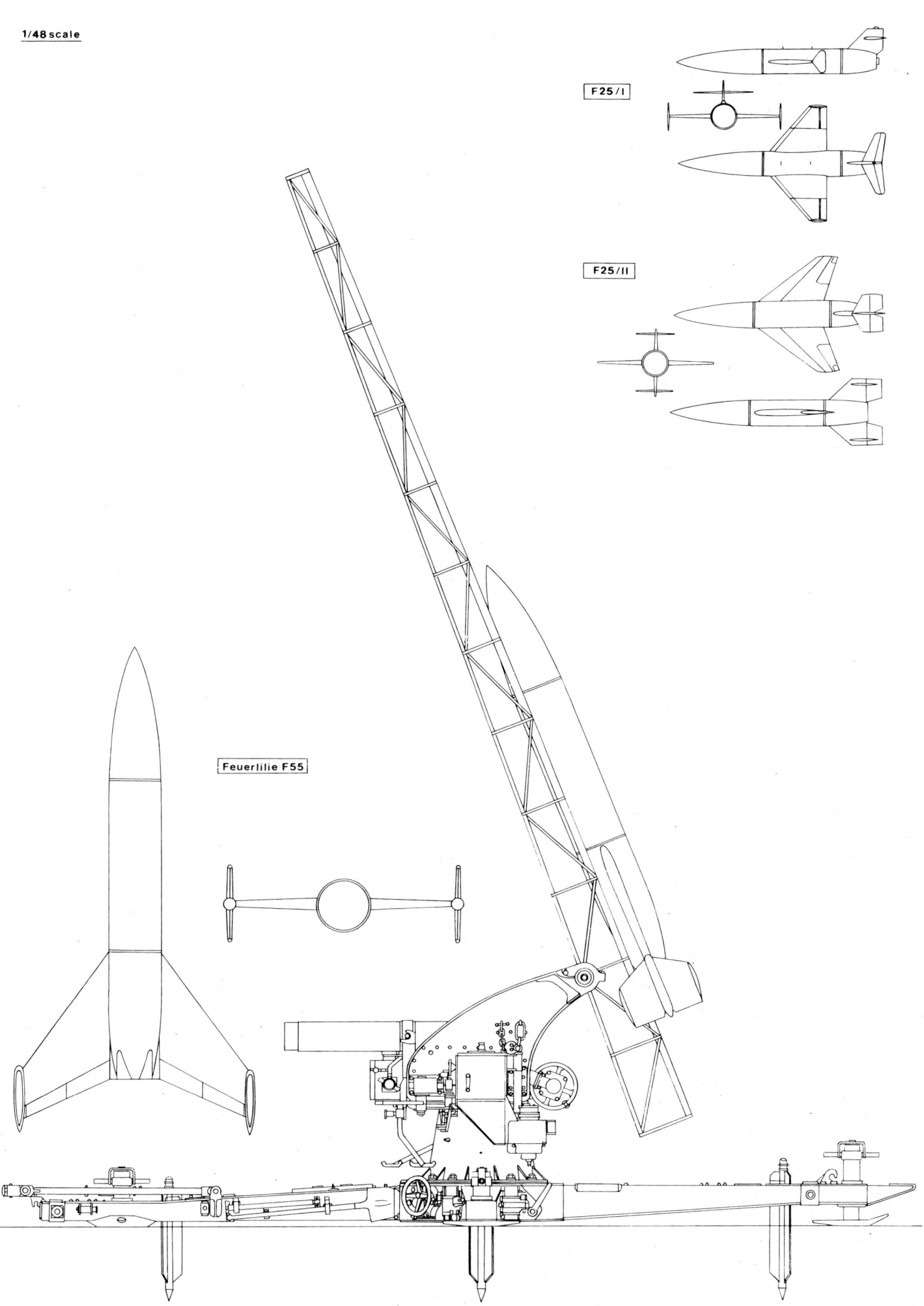

1/48 scale

F25/I

F25/II

Feuerlilie F55

109

Feuerlilie

F55 Feuerlilie. Windkanal Modell bei der AVA Göttingen.

Antriebsteil der F55, bestehend aus vier RI 503
Raketentriebwerken.

Wartungsarbeiten an einer F55 Feuerlilie

Transport einer F55 Feuerlilie zum Abschußgestell.

Rheinmetall-Borsig „Rheintochter"

Eine Fla-Rakete von revolutionärer Charakteristik, welche im November 1942 in Auftrag gegeben wurde, um die deutschen Heeres-Flakbatterien zu verstärken. Sie wurde von einer umgebauten 88 mm Flaklafette mit Hilfe von einer Batterie von 6 Feststoff-Beschleunigerraketen gestartet. Nach Erreichen der Marschgeschwindigkeit wurde die erste Stufe abgeworfen. Danach wurde der zweite Antrieb mit seinen sechs Düsen, schräg seitlich im Schwerpunkt des Flugkörpers angeordnet, automatisch gestartet.

Im Heckteil befand sich der Sprengkopf, während das Vorderteil den Lenkmechanismus und die Servomotoren für das kreuzförmige Ruder am Bug enthielt. Die Bezeichnung der Rakete war R-1 und ihre Produktion wurde eingestellt, nachdem zwischen August 1943 und Dezember 1944 genau 82 Probeflüge gemacht worden waren. Die Flugsteuerung erfolgte vom Boden aus über Funkimpulse. An den Flächenspitzen befanden sich Leuchtraketen, welche dem Bedienungspersonal halfen, den Flug der Rakete zu verfolgen. Die Auslösung der Sprengsatz-Zündung wurde ebenfalls vom Boden aus durch codierte Funkimpulse gesteuert.

Die Ausführung R-III hatte einen Konrad-Antrieb mit Flüssigtreibstoff und nur zwei Feststoff-Beschleunigerraketen, seitlich befestigt und während des Fluges abwerfbar. Die R-III war für die Fla-Einheiten der Luftwaffe vorgesehen. Bis Dezember 1944 waren sechs Prototypen erprobt worden, obgleich sie keine Konrad-Antriebe hatten und wahrscheinlich nur Feststoffantriebe benutzten.

Technische Daten der „Rheintochter"

Entwicklungsstadium:	Probeflüge
Typ:	Mittelstrecken-Fla-Rakete
Tragflächen:	Holzbauweise
Zelle:	Leichtmetallbauweise und -beplankung
Enten-Leitwerk:	Holzbauweise mit elektromechanischer Steuerung
Antrieb R-I:	Eine Startbeschleunigerstufe, im Flug abwerfbar, bestehend aus sechs Feststoffantrieben mit einem Gesamtschub von 1.250 kg. Anschließend startet die nächste Antriebsstufe, bestehend aus sechs lateral angeordneten Düsen mit einem Schub von 4.000 kg und ebenfalls mit Festtreibstoff betrieben.
Antrieb R-III:	Eine abwerfbare Feststoff-Beschleunigerstufe mit je 7.000 kg Schub, und für den Marschflug einen Konrad Flüssigstoffantrieb mit 2.180 kg.
Treibstoffe:	Diglycol als Feststoff und Visol und SV-Stoff für das Konrad-Triebwerk
Treibstofförderung:	Komprimierter Stickstoff für das R-III Konrad Triebwerk
Sprengstoff:	R-I: 150 g hinter dem Triebwerk
	R-III: 100 g
Lenksystem:	funkgesteuert, optisches Zielverfolgungssystem und konvergente Radarstrahlen
Spannweite:	R-I: 3,792 m R-III: 2,928 m
Länge:	R-I: 6,288 m R-III: 3,744 m
Größter Durchmesser:	R-I: 0,576 m R-III: 0,47 m
Abschußgewicht:	R-I: 1.750 kg R-III: 1.500 kg
Höchstgeschwindigkeit:	R-I: 1.296 km/h R-III: 1.080 km/h
Reichweite:	R-I: 40 km
Günstigste Flughöhe:	R-I: 7.000 m R-III: 15.000 m

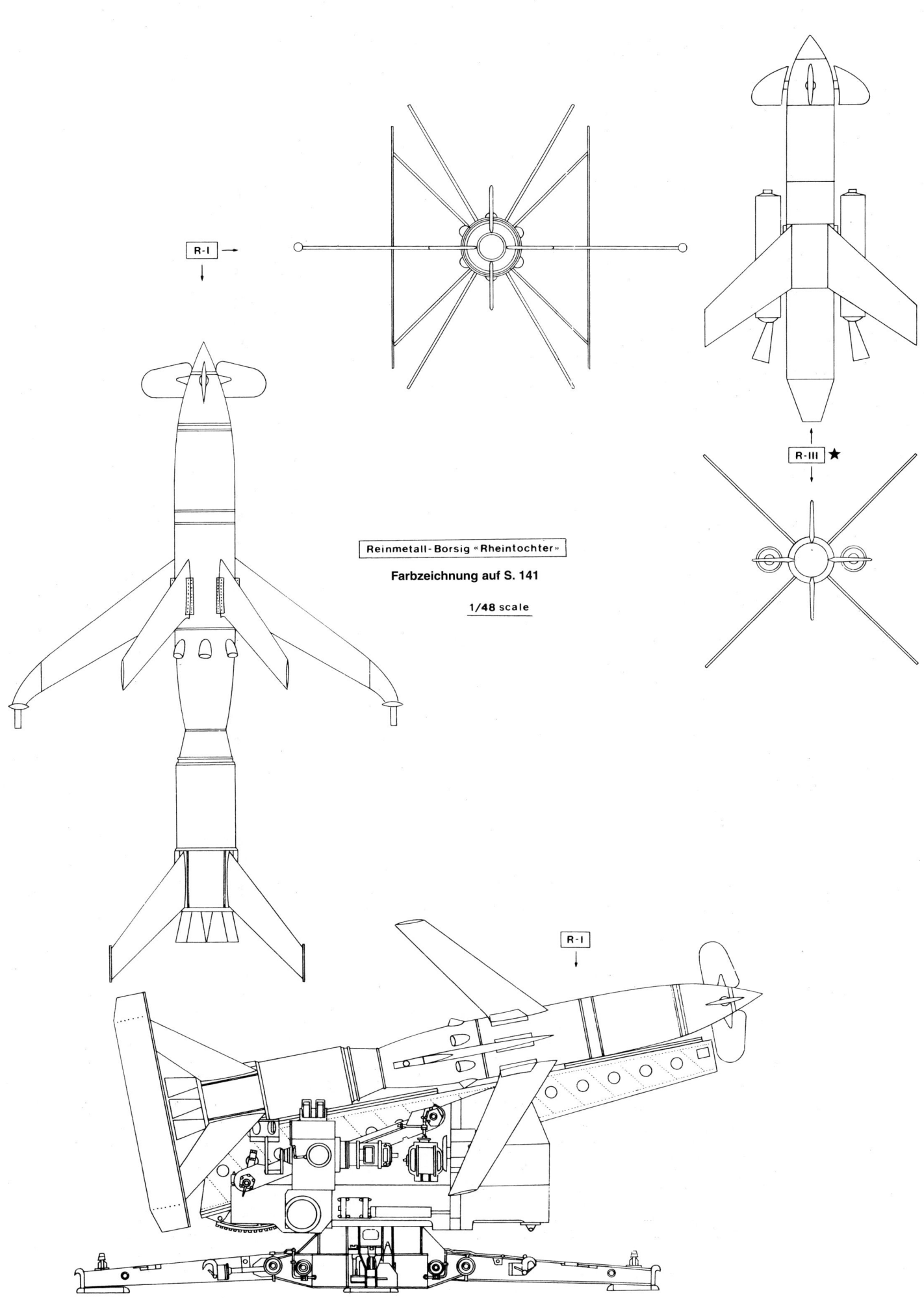

R-I

R-III ★

Reinmetall-Borsig «Rheintochter»

Farbzeichnung auf S. 141

1/48 scale

R-I

Rheintochter

Abschuß einer Enzian in Karlshagen.

Die mächtige Flakrakete Rheintochter auf ihrer Startlafette.

Rheinmetall-Borsig FK „Hecht 2700"

Eine Weiterentwicklung des Originalprojekts der Gleitbombe K-1750, deren Herstellung als Feststoff-Fla-Rakete mit der Bezeichnung FK-700 von den Rheinmetall-Borsig Ingenieuren Klein und Vüllers 1941 vorgeschlagen wurde.

Obwohl mit rollfähigen Tragflächen vorgesehen, wurde der „Hecht" nie gebaut, sondern letztendlich durch das Programm „Feuerlilie" desselben Herstellers ersetzt.

Technische Daten FK „Hecht 2700"

Spannweite:	0,588 m
Länge:	1,75 m
Größter Durchmesser:	0,177 m

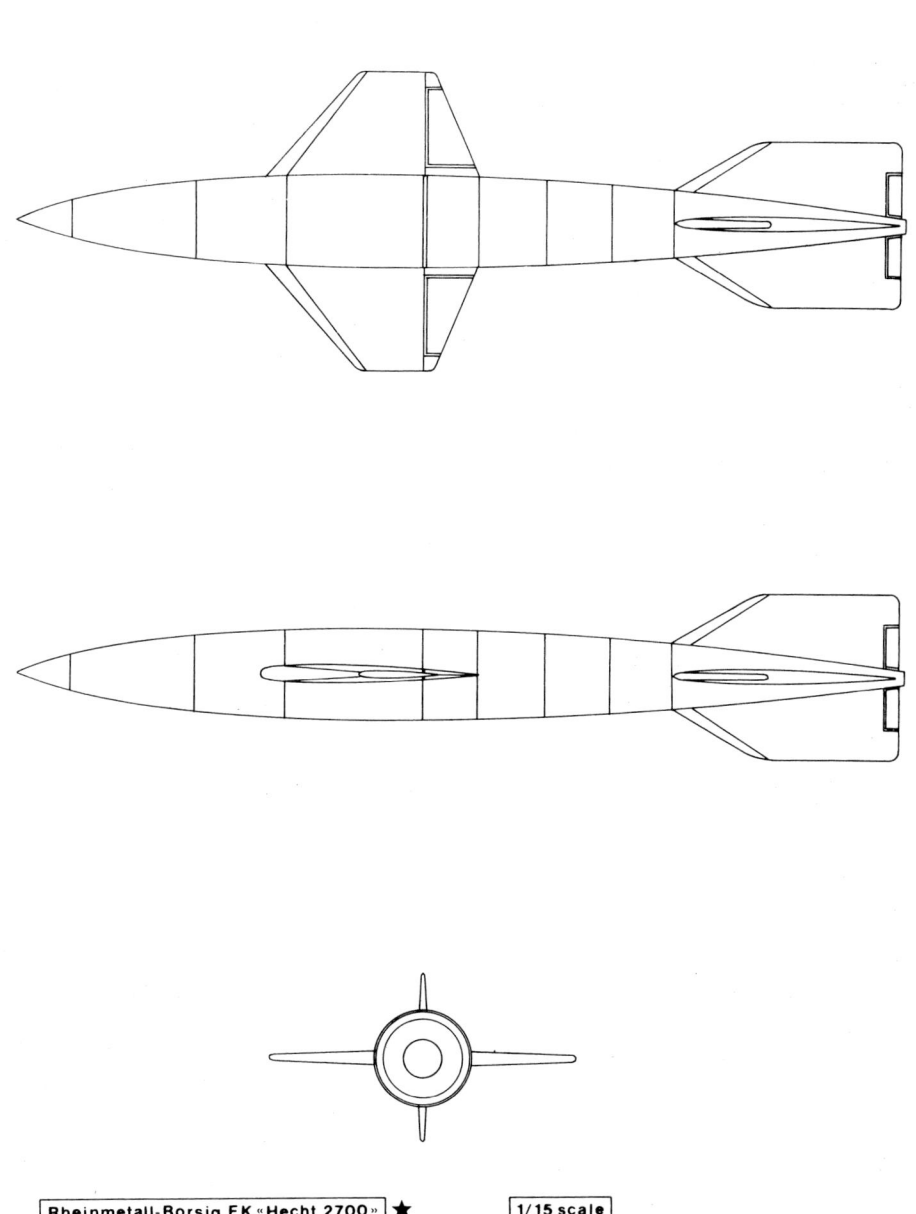

Rheinmetall-Borsig FK «Hecht 2700» ★   1/15 scale

EMW C2 „Wasserfall"

Diese Fla-Rakete, basierend auf derselben Technologie wie die A4 (V-2), wurde gebaut, um die am 18. September 1942 vom RLM ausgegebene Spezifikation zu erfüllen. Dieser Auftrag verlangte die Entwicklung von Lenkraketen zur Unterstützung der Flakbatterien, um sie in die Lage zu versetzen, einen Feindbomber, der mit 864 km/h in 19.000 m Höhe fliegt, auf eine Entfernung von bis zu 48 km abzuschießen.

Forschung und Entwicklung bis Ende 1943 wurden ausgeführt vom Flak-Versuchskommando Nord unter Leitung von Dr. Ing. Haase, sowie bei der Forschungsabteilung für Flugabwehrwaffen beim EMW Peenemünde, verantwortlich Dr. von Braun.

Der erste Start erfolgte am 8. Januar 1944 und war ein Versager, aber der zweite, am 29. Februar 1944, war ein Erfolg: die Rakete erreichte eine Geschwindigkeit von 2.772 km/h im vertikalen Flug.

Als dieses Programm am 6. Februar 1945 eingestellt wurde, waren an die 40 Prototypen gestartet worden. Es waren auch viele andere Raketen in kleinerem Maßstab sowie Modelle von Flugzeugen aus gestartet worden, um die verschiedensten Aspekte aerodynamischer Steuerung zu studieren.

Die ersten Prototypen (Serie W1) hatten vier große Flossen entlang des Schwerpunkts zur Erzeugung eines Auftriebs. Beim Serienmodell (Serie W5) war die Auftriebsfläche auf Grund einer Verbesserung des Funk-Steuersystems reduziert worden. Bei der letzten Version (Serie W10) war sie um 27 % kleiner, um wegen der Materialknappheit im letzten Kriegsjahr Produktionskosten einzusparen.

Die Kosten für eine „Wasserfall"-Rakete bei Serienfertigung lagen zwischen 7.000,-- und 10.000,-- RM. Bei der Verwendung von speziell kalibrierten Komponenten zur Erzielung von optimalen Startbedingungen stieg der Preis auf 14.000,-- RM. Für ein annähernd gleichwertiges Ergebnis wären 4.000 Stück konventionelle Flakgranaten nötig gewesen mit einem Kostenaufwand von 400.000,-- RM.

Die Fertigungsrate, wie sie im Auftrag mit 900 Stück C2-8/45 pro Monat projektiert war, sollte in der unterirdischen Fabrik von Bleichrode produziert werden.

Technische Daten der EMW C2 „Wasserfall"

Entwicklungsstadium:	Flugerprobung		
Typ:	Radargesteuerte Mittelstrecken-Fla-Rakete		
Tragflächen:	Metallbauweise und -beplankung		
Zelle:	Metallbauweise und -beplankung		
Rumpfheck:	Metallbauweise und -beplankung. Bewegliche Flächen elektrisch betätigt, unterstützt durch elektrohydraulisch betätigte Grafit-Düsenleitschaufeln.		
Antrieb:	EMW mit 8.000 kg Schub		
Treibstoffe:	Visol und SV-Stoff		
Treibstofförderung:	komprimierter Stickstoff		
Kampfkopf:	235 kg hochexplosiver Sprengstoff		
Zündvorrichtung:	Kodifiziertes Funksignal und Annäherungszünder		
Lenksystem:	Zielverfolgung auf Sicht und Funksteuersystem „Kehl"/"Straßburg" bei den ersten Prototypen. Für die Serienversion war das System „Rheinland" vorgesehen, basierend auf zwei konvergenten Radar-Strahlen, einer für die Rakete, der andere für das Ziel.		
Selbstzerstöreinrichtung:	90 kg „Nipolit" Explosivfaser		
Spannweite:	W1: 2,88 m	W5: 1,944 m	W10: 1,584 m
Länge:	W1: 7,45 m	W5: 7,765 m	W10: 6,128 m
Größter Durchmesser:	W1: 0,864 m	W5: 0,864 m	W10: 0,72 m
Abschußgewicht:	W1: 3.500 kg	W5: 3.810 kg	W10: 3.500 kg
Höchstgeschwindigkeit:	W1: 2.772 km/h	W5: 2.736 km/h	W10: 2.855 km/h
Reichweite:	W5: 26.400 m		
Flughöhe:	W5: 18.300 m		

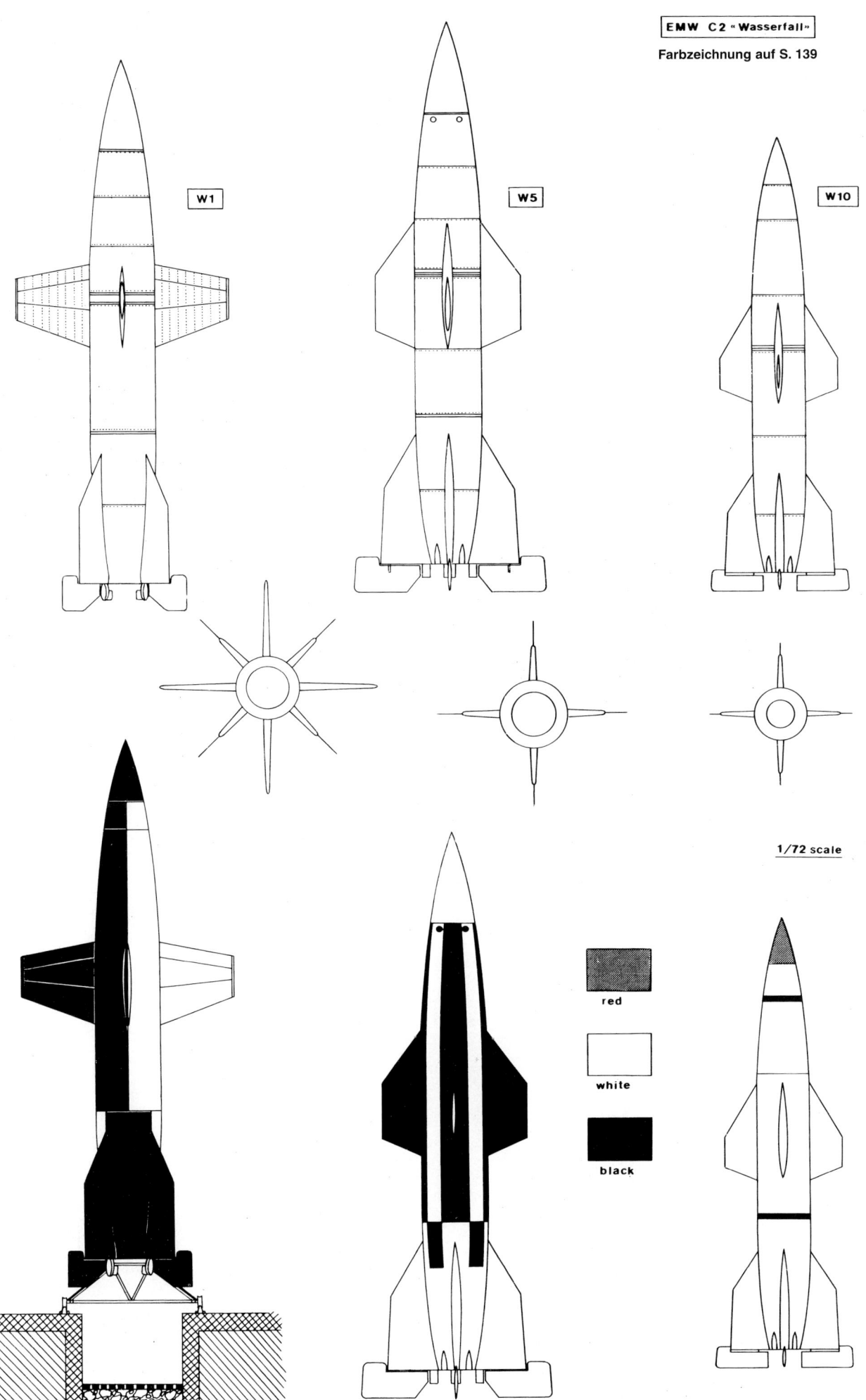

W1

W5

W10

1/72 scale

red

white

black

Wasserfall

Testausführung einer Wasserfall in Peenemünde.

TAFEL 1

UNGELENKTE RAKETEN

	Länge	Durchmesser	Spannweite	Gesamtgewicht	Höchst-geschwindigkeit	Reichweite	Bemerkungen
RZ 65	262 mm 10 3/8 in	73 mm 2 7/8 in	- -	2.780 Kg. 6.116 lb	260 m/seg 852.8 ft/sec	250 m. 820 ft	Versuch, Luft/Luft
RZ 73	330 mm 1 ft 1 in	73 mm 2 7/8 in	- -	3.167 Kg. 6.967 lb	360 m/seg 1,180.8 ft/sec	400 m. 1,312 ft	Versuch, Luft/Luft
RZ 100	1,650 mm 5 ft 4 7/8 in	420 mm 1 ft 4 1/2 in	- -	730 Kg. 1,606 lb	- -	- -	Versuch; Luft/Boden
W.Gr.21	1,177 mm 3 ft 10 2/5 in	210 mm 8 1/4 in	- -	111 Kg. 244 lb	315 m/seg 1,033.2 ft/sec	2,200 m. 7,216 ft	einsatzfähig, Luft/Luft
W.Gr.28/32	990 mm 3 ft 2 7/8 in	320 mm 1 ft 5/8 in	- -	- -	- -	1,800 m. 5,904 ft	einsatzfähig, Luft/Boden, Pz.-Abwehr
R 100 BS	1,840 mm 6 ft 3/8 in	282 mm 11 in	320 mm 1 1/2 in	110 Kg. 242 lb	450 m/seg 1,476 ft/sec	2,000 m. 6,560 ft	Versuch, Luft/Luft, autom. Abfeuern durch Radar
Panzerschreck	800 mm 2 ft 7 1/2 in	100 mm 4 in	230 mm 9 in	8 Kg. 17.6 lb	135 m/seg 442.8 ft/sec	- -	Versuch, Luft/Boden, Pz.-Abwehr
Panzerblitz I	705 mm. 2 ft 3 1/2 in	93 mm 3 5/8 in	200 mm 8 in	6.54 Kg. 14.388 lb	374 m/seg 1226.7 ft/sec	- -	Versuch, Luft/Boden, Pz.-Abwehr
Panzerblitz II	815 mm 2 ft 8 1/4 in	130 mm 5 in	- -	5.10 Kg. 11.22 lb	370 m/seg 1213.6 ft/sec	- -	Vesuch, Luft/Boden, Pz.-Abwehr
R 4/M „Orkan"	812 mm 2 ft 7 4/5 in	55 mm 2 1/8 in	242 mm 9 5/8 in	3.85 Kg. 8.47 lb	525 m/seg 1,722 ft/sec	1,500 m. 4,920 ft	einsatzfähig, Luft/Luft, Salvenfeuer
EMW „Taifun"	1,930 mm. 6 ft 4 in	100 mm 4 in	220 mm 8 5/8 in	29.5 Kg. 64.9 lb	758 m/seg 2,486.2 ft/sec	15,800 m. 51,824 ft	Versuch, Boden/Luft, flüss. Treibstoff
Hs 217 „Föhn"	236 mm. 9 3/8 in	73 mm. 2 7/8 in	- -	3 Kg. 6.6 lb	437 m/seg 1,433.3 ft/sec	1,200 m. 3,936 ft	einsatzfähig, Boden/Luft, in Salven zu je 35 Stck.
„Rheinbote"	11,400 mm 37 ft 4 4/5 in	535 mm 1 ft 9 in	1,490 mm 4 ft 10 5/8 in	1,715 Kg. 3,773 lb	1,889 m/seg 6,195.9 ft/sec	220,000 m. 721,600 ft	einsatzfähig, Boden/Boden

TAFEL 2

RAKETENMOTOREN

Hersteller	Treibstoff	Oxydator	Förderdruck	Schub in kp	Entwicklungsstand	angetr. Flugkörper
BMW 109-511	M-Stoff	SV-Stoff	Luft	600	Probeflüge	Hs 298
BMW 109-548	R-Stoff	SV-Stoff	Luft	140	Probeflüge	„X-4"
BMW 109-558	R-Stoff	SV-Stoff	Luft	380	Probeflüge	Hs117 „Schmetterling"
EMW (A-3)	B-Stoff	A-Stoff	Stickstoff	1500	Probeflüge	A-3
EMW (A-4)	B-Stoff	A-Stoff	T-Stoff/Z-Stoff	27500	einsatzfähig	A-4
EMW (A-5)	B-Stoff	A-Stoff	Stickstoff	1500	Probeflüge	A-5
EMW (A-6)	Visol	SV-Stoff	T-Stoff/Z-Stoff	--	Probeflüge	A-6
EMW (A-8)	Diesel Oil	SV-Stoff	T-Stoff/Z-Stoff	--	Probeflüge	A-8
EMW (A-9)	Visol	SV-Stoff	T-Stoff/Z-Stoff	25000	Projekt	A-9
EMW (A-10/I)	B-Stoff	A-Stoff	T-Stoff/Z-Stoff	165000	Projekt	A-10/I
EMW (A-10/II)	Visol	SV-Stoff	T-Stoff/Z-Stoff	200000	Projekt	A-10/II
EMW (C-2)	Visol	SV-Stoff	Stickstoff	8000	Probeflüge	„Wasserfall"
EMW (Taifun)	RV-Stoff	SV-Stoff	Cordit	1000	Probeflüge	„Taifun"
Konrad DVK	Visol	SV-Stoff	Stickstoff	2000	Projekt	„Enzian IV"
Konrad --	Br-Stoff	SV-Stoff	Stickstoff	2500	Projekt	„Enzian V"
Konrad --	Visol	SV-Stoff	Stickstoff	2180	Probeflüge	„Rheintochter R3"
Rheinmetall-Borsig 109-505	Feststoff	Feststoff	--	500	Probeflüge	„Feuerlilie F25"
Rheinmetall-Borsig 109-515	Feststoff	Feststoff	--	4000	Probeflüge	„Feuerlilie F55"
Rheinmetall-Borsig	Feststoff	Feststoff	--	7500	Probeflüge	„Rheintochter R1"
Rheinmetall-Borsig	Feststoff	Feststoff	--	16000	Probeflüge	„Rheintochter R3"
Rheinmetall-Borsig	Feststoff	Feststoff	--	14000	Probeflüge	„Rheintochter R3"

Tafel 2 (Fortsetzung)

RAKETENMOTOREN

Hersteller	Treibstoff	Oxydator	Förderdruck	Schub in kp	Entwicklungsstand	angetr. Flugkörper
Schmidding 109-513	M-Stoff	A-Stoff	Luft	1000	Probeflüge	Hs 293H
Schmidding 109-543	Feststoff	Feststoff	--	150	Probeflüge	Hs298, Hs 117
Schmidding 109-553	Feststoff	Feststoff	--	1750	Probeflüge	„Schmetterling"
Walter 109-500	Z-Stoff	T-Stoff	Luft	500	einsatzfähig	Startwagen RM-Borsig Rheinmetall-Borsig
Walter 109-502	Br-Stoff	SV-Stoff	T-Stoff/Z-Stoff	1500	Probeflüge	„Enzian I", „Enzian III"
Walter 109-507	Z-Stoff	T-Stoff	Luft	590	einsatzfähig	Hs 293
Walter 109-729	B-Stoff	SV-Stoff	Luft	375	Probeflüge	Hs 117 „Schmetterling"
WASAG 109-506	Feststoff	Feststoff	--	68	Probeflüge	„X-7"
WASAG 109-512	Feststoff	Feststoff	--	1200	Probeflüge	Hs293

TAFEL 3

TREIBSTOFFE

A-Stoff   Flüssiger Sauerstoff bei -183° C
B-Stoff   Hydrazin-Hydrat als Katalisator für T-Stoff und M-Stoff
Br-Stoff   unraffiniertes Benzin
C-Stoff   Mischung aus M-Stoff (57%), B-Stoff (30%) und einer wässrigen Lösung (10 ccl) Kalium-Kupfercyanid (13%)
M-Stoff   Methanol (Methyl Alkohol)
R-Stoff   siehe unter „Tonka"
S-Stoff   Mischung aus Salpetersäure (96%) und Eisenchlorid (4%), auch „Salbei" genannt
SV-Stoff   Mischung aus Salpetersäure (94%) und Stickstoffdioxid (6%), auch „rotrauchende Salpetersäure" genannt
T-Stoff   Wasserstoffperoxid (hochkonzentrierte Lösung)
Z-Stoff   wässerige Lösung von Natrium oder Kalzium als Katalysator für den T-Stoff
Fantol   Phosphorizierter Alkohol zur Zündung der SV-Stoff/Br-Stoff - Mischung
Tonka   Sammelbegriff für eine Reihe von auf Vinyl-Äther basierenden Treibstoffmischungen
Tonka 93   Gewichtsmäßige Mischung aus Xylidin (20%), Anilin (20%), Ethylanilin (20%), Isquexylamin(20%), schwefelsaures Leichtbenzin (10%) und eine wässerige Benzollösung (10%)
Tonka 250   Gewichtsmäßige Mischung aus Xylidin (50%) und Triethylamin (50%)
Tonka 500   Gewichtsmäßige Mischung aus Xylidin (12%), Anilin (15%), Monomethylanilin (22%), Triethylamin (21%), schwefelsaures Leichtbenzin (16%) und eine wässrige Benzollösung (14%)
Visol   Sammelbegriff für eine andere Reihe von Treibstoffen basierend auf Mischungen mit Vinyl-Äther (Isobutyl-Vinyl-Verbindungen)
Diglykol   Diglykolsalpeter, ein Feststoff, vorwiegend verwendet für Hilfsantrieb-Raketen, bestehend aus einer gewichtmäßigen Mischung von Nitrozellulose (63%),
             Diethylenglycoldinitrat (35 %), Carbamit (0,5 %), Wachs (0,2 %) und Graphit (1,3 %)

ABKÜRZUNGEN

A	Aggregat Rakete, bei der HVP hergestellt
AVA	Aerodynamische Versuchsanstalt in Göttingen
BMW	Bayerische Motoren Werke Motorenfabrik in München
DFS	Deutsche Forschungsanstalt für Segelflug
DVL	Deutsche Versuchsanstalt für Luftfahrt in Seewald
DWM	Deutsche Waffen und Munitionsfabrik in Lübeck, Hersteller und höchste Instanz für staatliche Qualitätskontrolle
EMW	Elektromechanische Werke, Tarnname für die HVP als Hersteller, Karlshagen
FFA	Flugfunk-Forschungsanstalt in München
FKFS	Forschungsinstitut für Kraftfahrzeug- und Flugzeugmotoren, Stuttgart
Flak	Flugzeug-Abwehr-Kanone, Sammelname für gesamte Flugzeugabwehr-Artillerie
GL Flak	Gruppe Luftabwehr Projektgruppe Flak beim RLM
HAP	Starteinrichtung für HVP Raketen
HVP	Heeres Versuchsanstalt Peenemünde
HWA	Heeres Waffen Amt in Berlin
HWK	Hellmut Walter Kiel, Abkürzung für Walter-Raketen, hergestellt bei Krupp, Kiel
LA	Fliegende Verbände der Luftwaffe, RLM Abteilung
LB	Luftnachrichtentruppe, RLM Abteilung
LC	Technisches Amt des RLM
LF	Luftwaffe Flak Gruppe Luftabwehr im RLM
LFA	Luftfahrt Forschungsanstalt „Hermann Göring", Braunschweig
LFM	Luftfahrt Forschungsanstalt München
LGZ	Luftfahrt Forschungsanstalt „Graf Zeppelin" in Stuttgart
OKH	Oberkommando des Heeres Generalstab d. Heeres
OKL	Oberkommando der Luftwaffe Generalstab d. Luftwaffe
OKM	Oberkommando der Marine, Admiralstab der Marine
OKW	Oberkommando der Wehrmacht, Generalstab der gesamten Wehrmacht
RFR	Reichsforschungsrat Gremium, für wissenschaftliche Forschung
TAL	Technische Akademie der Luftwaffe in Berlin
V	Versuchsmuster fast immer mit Nummer (V1)
V-1	Vergeltungswaffe Nr. 1
V-2	Vergeltungswaffe Nr. 2
VfR	Verein für Raumschiffahrt
WaF	Waffenamt Forschung Forschungsabteilung der Erprobungsstelle des HWA
WaPrüf	Waffenamt Prüfung Waffenprüfungsabteilung des HWA
WASAG	Westfälisch-Anhaltische Sprengstoff AG, Hersteller von Sprengstoffen in Westfalen
WVA	Wasserbau-Versuchsanstalt Kochelsee, Überschall-Windkanal der HVP in Kochel
ZWB	Zentralstelle für wissenschaftliche Berichterstattung, Zentralstelle für die Veröffentlichung von wissenschaftlichen Berichten

Waffenentwicklungen in alphabetischer Reihenfolge

Arado Ar 234-V1
Arado Ar 234-V6
Arado Ar 234-V8
Arado Ar 234-B1
Arado Ar 234-B2
Arado Ar 234-B2 Nachtigall
Arado Ar 234-C1
Arado Ar 234-C2
Arado Ar 234-C3
Arado Ar 234-C3 N
Arado Ar 234-C4
* Arado Ar 234-C5 mit Fritz X, Hs293 Series, Zitterrochen
* Arado Ar 234-C5 mit Arado E 377
* Arado Ar 234-C5 mit Lt 9,2 „Frosch", L10, GT1200, Bv 143, L11
Arado Ar 234-C6
Arado Ar 234-C7
Arado Ar 234-C8
Arado Ar 234-D1
Arado Ar 234-D2
Arado Ar 234-E
Arado Ar 234-Jäger (mit X-4)
Arado Ar 234-Höhenjäger
Arado Ar 234-Heeresflugzeug
Arado Ar 234-B mit Deichselschlepp (lange Spannweite)
Arado Ar 234-C mit Deichselschlepp (kurze Spannweite)
* Arado Ar 234-B mit SG-5041 V1
* Arado Ar 234-C/V1 (Deichselschlepp 1)
* Arado Ar 234-C/V-1 (Deichselschlepp 2)
* Arado Ar 234-C/V-1 (Huckepack)
* Arado Ar 234-C/V1 (mit Startwagen)
Arado Ar 234- R(a)
Arado Ar 234- R(b)
Arado Ar 234- P-1
Arado Ar 234- P-2
Arado Ar 234- P-3
Arado Ar 234- P-4
Arado Ar 234- P-5
Arado E 370 IVa
Arado E 370 TL
Arado E 381 (erster Entwurf)
Arado E 381 (zweiter Entwurf)
Arado E 381 (dritter Entwurf)
Arado E 555-2
Arado E 555-7
Arado E 555-11

Arado E 555-14
Arado E 560 mit Hs 295
Arado E 580
Arado E 581-4, E 581-5
Arado TEW 16/42-43
Arado TEW 16/43-19 mit Hs 294
Arado TEW 16/43-13 Raketenjäger
Arado Ar I Bomber
Arado Ar I Nachtjäger
Arado Ar II Bomber
Arado Ar II Nachtjäger (erster Entwurf)
Arado Ar II Nachtjäger (zweiter Entwurf)
Bachem BP-20 M1
Bachem BP-20 M-3
Bachem BP-20 M-8
Bachem BP-20 V 15
Bachem BP-20 A
Bachem BP-20 B
* Blohm und Voss BV 40
Blohm und Voss P.163.01
Blohm und Voss P.163.02
Blohm und Voss P.170.01
Blohm und Voss P.177
Blohm und Voss P.178
Blohm und Voss P.179
Blohm und Voss P.188.01-01
Blohm und Voss P.188.04-01
Blohm und Voss P.192.01-01
Blohm und Voss P.193.01-01
Blohm und Voss P.194.00/01/02/03
Blohm und Voss P.196
Blohm und Voss P.197
Blohm und Voss P.198
Blohm und Voss P.202
* Blohm und Voss P.204
Blohm und Voss P.208.03
Blohm und Voss P.209-01
Blohm und Voss P.209-02
Blohm und Voss P.210-01
Blohm und Voss P.210-02
Blohm und Voss P.211
Blohm und Voss P.212-02
Blohm und Voss P.212-03
Blohm und Voss P.213
Blohm und Voss P.215 (mit Hs 298)
Blohm und Voss P.237
Blohm und Voss Ae 607
* Blohm und Voss Manuell Gesteuertes Raketen Projektil

Von Braun Abfangraketen (erster Entwurf)
Von Braun Abfangraketen (zweiter Entwurf)
BMW Strahljäger - Projekt I
BMW Strahljäger - Projekt II
BMW Strahljäger - Projekt III
BMW Strahljäger - Projekt IV
BMW Strahljäger - Mit zwei Strahlturbinen - Entwürfe I
BMW Strahljäger - Mit zwei Strahlturbinen - Entwürfe II
BMW Strahljäger - Mit zwei Strahlturbinen - Entwürfe III
BMW Strahljäger - Mit zwei Strahlturbinen - Entwürfe IV
BMW Strahljäger - Mit zwei Strahlturbinen - Entwürfe V
BMW Strahljäger - Mit zwei Strahlturbinen - Entwürfe VI
BMW Schnellbomber I
BMW Schnellbomber II
BMW Strahlbomber I
BMW Strahlbomber II
Daimler Benz Projekt A
Daimler Benz Projekt B
Daimler Benz Projekt C
Daimler Benz Projekt D (B + C)
* Daimler Benz Projekt E
* Daimler Benz Projekt F
DFS 40
DFS 194
DFS 228
DFS 332
DFS 346
Dornier P.59
Dornier P.231/3
Dornier P.232/2
Dornier P.247/6
Dornier P.252/2-01
Dornier P.252/3-01
Dornier 232/3
Dornier 256/1
Dornier Do-345
Dornier Projekt Schnellbomber I
Dornier Projekt Schnellbomber II
* EMW A 4b (bemannt)
* EMW A 9/A 10 (erster Entwurf)
* EMW A 9/A 10 (zweiter Entwurf)
* Fieseler Fi 103 A-1/Re 1
* Fieseler Fi 103 A-1/Re 2
Fieseler Fi 103 A-1/Re 3
Fieseler Fi 103 A-1/Re 4
Fieseler Fi 166 „Höhenjäger I"

Fieseler Fi 166 "Höhenjäger II"
Focke Achgelis Fa 269
Focke Wulf P.I
Focke Wulf P.II
Focke Wulf P.III
Focke Wulf P.IV
Focke Wulf P.V
Focke Wulf P.VI
Focke Wulf P.VII
Focke Wulf P.VIII
Focke Wulf Ta 183 Entwurf I
Focke Wulf Ta 183 Entwurf II
Focke Wulf Ta 183 Entwurf III
Focke Wulf „Super TL"
Focke Wulf Volksflugzeug
Focke Wulf 190 (Turbojet Variant)
Focke Wulf Triebflügel
Focke Wulf Ta 283
Focke Wulf „Super-Lorin"
Focke Wulf P.0310226-127
Focke Wulf P.0310025-1006
Focke Wulf P.0310251-13
Focke Wulf P.0310251-51
Focke Wulf J.P. 011-045
Focke Wulf J.P. 011-046
Focke Wulf J.P. 011-047
Focke Wulf J.P. 000-222-018
Focke Wulf Jäger Projekt mit BMW-803
Focke Wulf Volksjäger
Focke Wulf 1000 x 1000 x 1000 Projekt A
Focke Wulf 1000 x 1000 x 1000 Projekt B
Focke Wulf 1000 x 1000 x 1000 Projekt C
* „Gleiter Bombenflugzeug" 1945
Gotha Go 345 B
Gotha P.60A
Gotha P.60B
Gotha P.60C
Heinkel „T"
Heinkel P.1073-01-04
Heinkel P.1073-01-18
Heinkel P.1073-01-20
He 162 V 1
He 162 V 16
He 162 S
He 162 Trainer
He 162 A-2
He 162 A-6 (V-Leitwerk)
He 162 B (1 Argus AS 044)
He 162 B (2 Argus AS 014)
He 162 (BMW 003 E + V-Leitwerk)
He 162 D (gepfeilte Tragflächen und V-Leitwerk)

He 162 C (negativ gepfeilte Tragflächen und V-Leitwerk)
He 162 HE (S011 A)
He 162 (BMW 003 R + Rocket)
* He 162 + Arado E 377 a
He 176 V-1
He 176 V-2
He 178 V-1
He 178 V-2
He 280 V-1 (Segler)
He 280 V-1 (vier As 014)
He 280 V-2 (zwei HeS 8a)
He 280 V-2 (zwei Jumo 004)
He 280 V-7 (Segler)
He 280 V-8 (Segler + V-Leitwerk)
He 280 V-3
* He 343 A-1
He 343 A-2
He 343 A-3
He P.1065 IIc
He P.1065 IIIb
He 1068-01-80
He 1068-01-83
He 1068-01-84
He P.1073-01-04
Heinkel P.1077 Julia I
Heinkel P.1077 Julia II
Heinkel P.1077 Romeo
Heinkel P.1078 A
Heinkel P.1078 B
Heinkel P.1078 C
Heinkel P.1079 A
Heinkel P.1079 B (erster Entwurf)
Heinkel P.1079 B (zweiter Entwurf)
Heinkel P.1080
Heinkel „Wespe"
Heinkel „Lerche"
Henschel P.122
Henschel Hs-132
Henschel Hs-135
Horten I
Horten II/II D-10-125
Horten II M
Horten HV
Horten H II 1
Horten HVb
Horten HVc
Horten parabel
Horten III b
Horten III d
Horten III e
Horten III f

Horten H IV
Horten H VII
Horten H VIII
Horten H IX V1
Horten H IX V2
Horten H IX V6
Horten H XIIIa
Horten H XIIIb
Horten H XVIIIa
Horten H XVIIIb
Horten H X (Forschung)
Horten H X (Jäger)
Junkers EF 008
Junkers EF 009
Junkers EF 010
Junkers EF 011
Junkers EF 015
Junkers EF 017
Junkers EF 018
Junkers EF 019
Junkers EF 112
Junkers EF 116
Junkers EF 122
Junkers EF 125
Junkers EF 126
Junkers EF 127
Junkers EF 128
Junkers EF 128 (Nachtjäger)
Junkers EF 130
Junkers Ju 287 V1
Junkers Ju 287 V3
Junkers Ju 287 V5
Lippisch DM-1
Lippisch P.11 Jäger
Lippisch P.11 Bomber
Lippisch P.12
Lippisch P.13
Lippisch P.15
Lippisch P.20
Lippisch schwanzloses Überschallflugzeug
Lippisch P.01-111
Lippisch P.01-113
Lippisch P.01-114
Lippisch P.01-115
Lippisch P.01-116/I
Lippisch P.01-116/II
Lippisch P.01-117
Lippisch P.01-118
Lippisch P.01-119
Lippisch Li 163 S
Messerschmitt 109 T1
Messerschmitt Me 163 A

Messerschmitt Me 163 B
Messerschmitt Me 163 C
Messerschmitt Me 163 DV-1
Messerschmitt Me 263 V 1
Messerschmitt P 65
Messerschmitt P 1065
Me 262 V1 (Jumo 210)
Me 262 V1 (Jumo 210 + 2 BMW P.3302)
Me 262 V2
Me 262 V5
Me 262 V6
Me 262 V9
Me 262 V10 + 1000 Kg. starre Zugstange
Me 262 A-1a/U1
* Me 262 A-2a
Me 262 Schnellbomber Ia
Me 262 Schnellbomber II
Me 262 A-2a/U2
* Me 262 A-1a
Me 262 B-1a
Me 262 Aufklärer II
Me 262 A-5a
Me 262 A-1a/U3
Me 262 A-1b
Me 262 A-1a/U4
Me 262 HG I
Me 262 HG II
* Me 262 HG III
Me 262 Mistel
Me 262 C-1a
Me 262 C-2b
Me 262 Abfangjäger III
Me 262 C-3
Me 262 lorin (2 Jumo 004B + 2 Lorin)
Me 262 B-2 (Jumo 004B, oder HeS 011A, oder DB 021)
Me 262 dreisitziger Nachjäger
Me 262 B-1a/U1
* Mistel 4 (Me 262 A-1a/Ju 287 B)
* Me 328 A-1
* Me 328 A-2
* Me 328 A-3
* Me 328 B-1
* Me 328 B-2
* Me 328 B-3
* Me 328 V1 + Do 217 E
* Me 328 C
Me P1099 B
Me P.1.100 Schnellbomber (Jumo 004 C)
Me P.1100 (HeS 011 A)
Me P.1101-V1
Me P.1102
Me P.1103/1104 Bordjäger
Me P.1106
Me P.1107/I

Me P.1107/II
Me P.1108
Me P.1110/I
Me P.1110/II
Me P.1111
Me P.1112
Me P.1116
Sänger-Bredt (einmotorig)
Sänger Bredt (zweimotorig)
Miethe Fliegende Scheibe
Schriever Fliegende Scheibe
Schriever/Habermol Fliegende Scheibe
Skoda Kaube P.14
* Sombold So.344
Zeppelin Fliegende Panzerfaust
* Zeppelin Rammer

Original -Entwicklungen aus besetzten Ländern

De Schelde S.21 (FW-198) (Holland)
Payen P.A.112 C1 (P.A.22) (Frankreich)
Caproni Reggiane 2007 (Italien)

Rakten-Flugkörper

* Arado E 377 A
* Blohm und Voss BV 143
* Blohm und Voss BV 246 „Hagelkorn"
* Blohm und Voss L-10
* Blohm und Voss L-11
* BMW X 4
* BMW X 7 „Rotkäppchen"
* EMW A3/A5
* EMW A 4 (V-2)
* EMW A6/A8
* EMW A7
* EMW C2 „Wasserfall"
EMW „Taifun"
* Fieseler 103 (V-1)
* Henschel GT.1200
* Henschel 117 Schmetterling
* Henschel 293
* Henschel 294
* Henschel 298 V1 and V2
* Henschel „Zitterrochen"
* Messerschmitt „Enzian"
* Rheinmetall-Borsig „Hecht" 2700
* Rheinmetall-Borsig F25 and F55 „Feuerlilie"
Rheinmetall-Borsig „Rheinbote"
* Rheinmetall-Borsig „Rheintochter" I and III
* Ruhrstahl/Kramer X 1 „Fritz X"

* **(in dieser Ausgabe)**

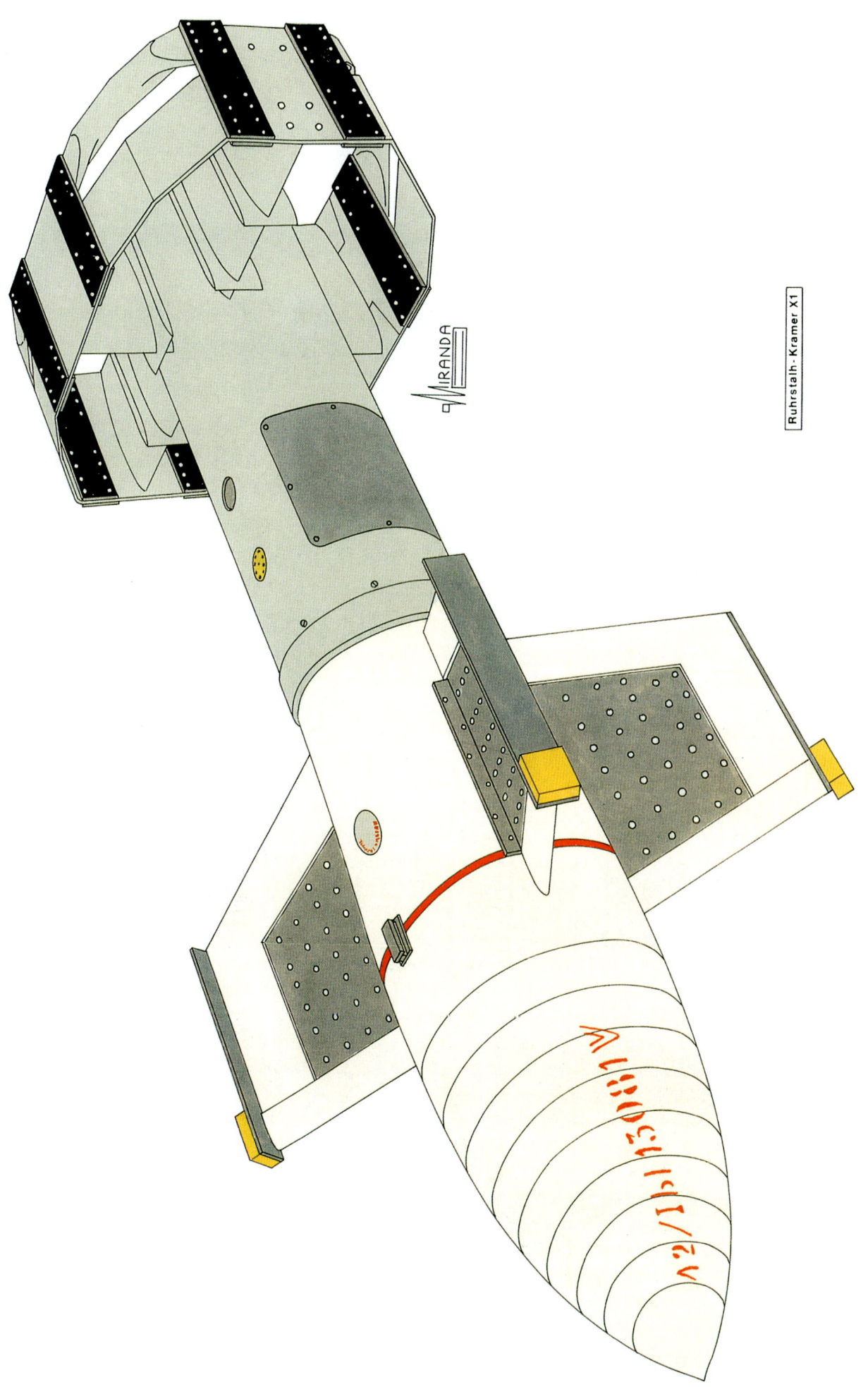

Ruhrstalh - Kramer X1

scale 1/72

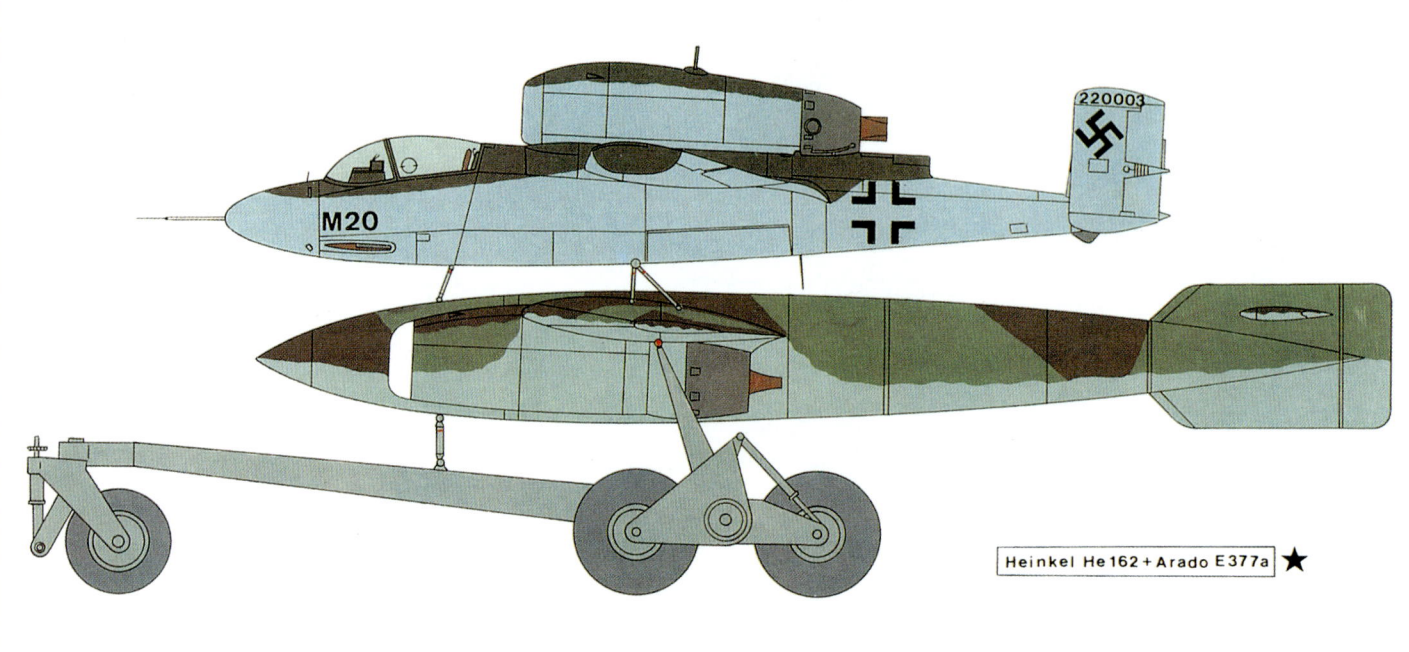

Heinkel He 162 + Arado E377a ★

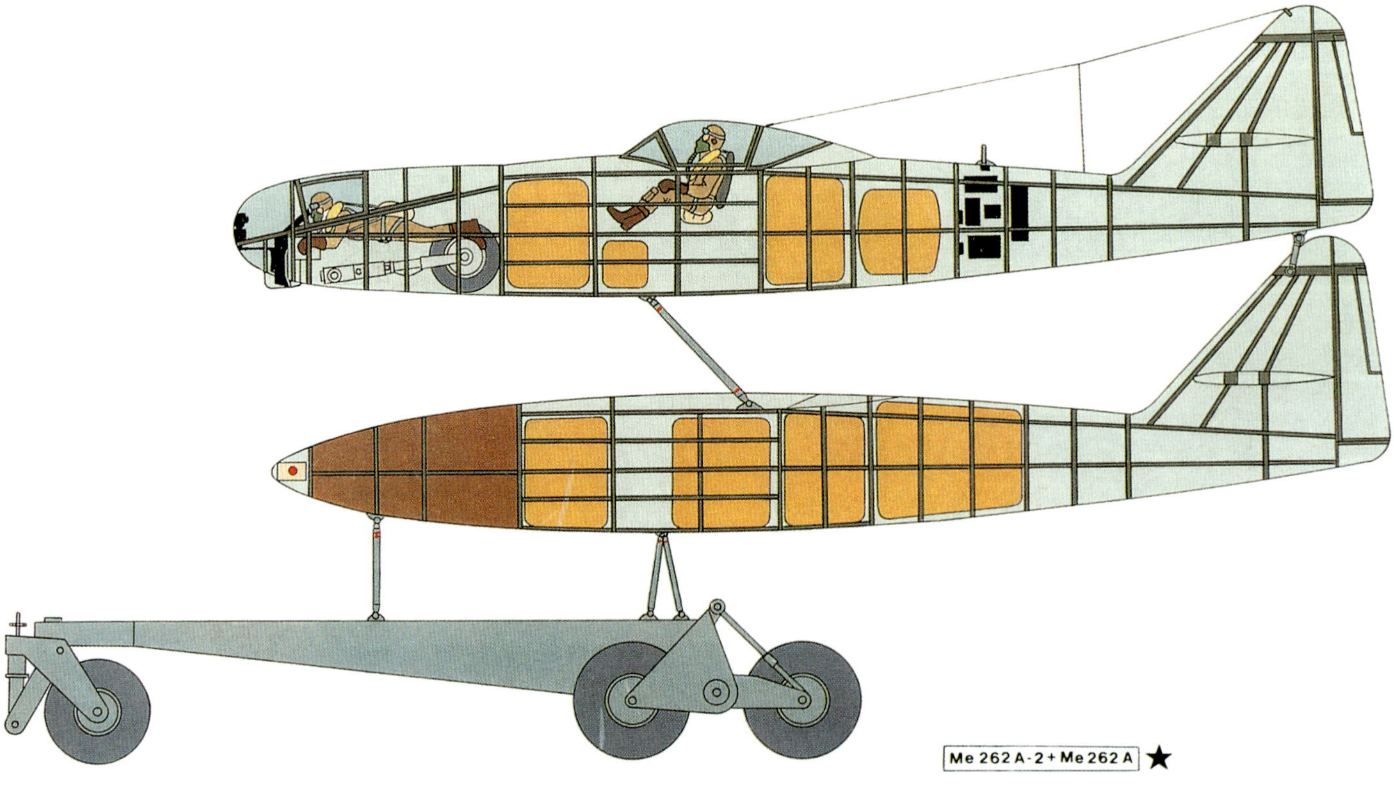

Me 262 A-2 + Me 262 A ★

scale 1/72

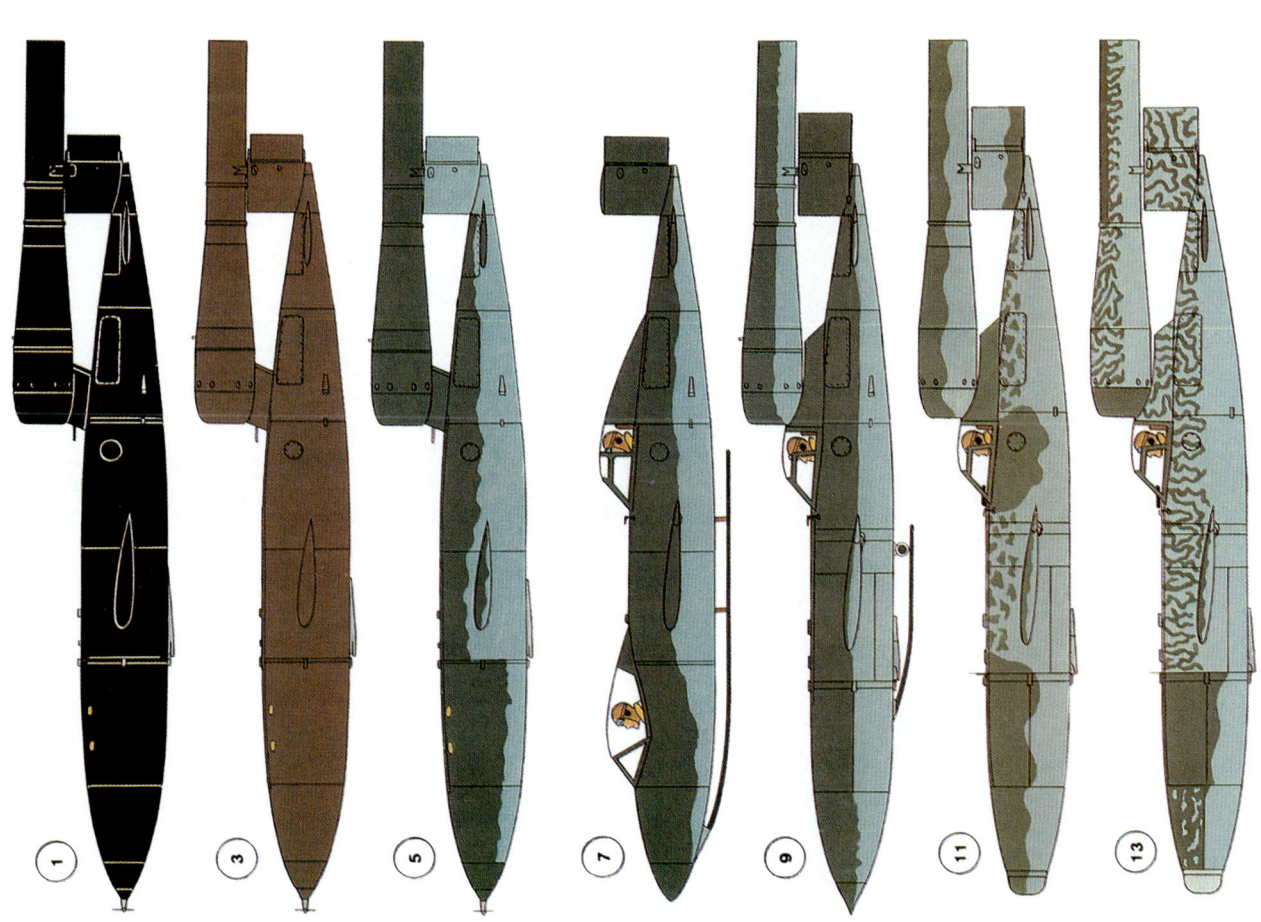

129

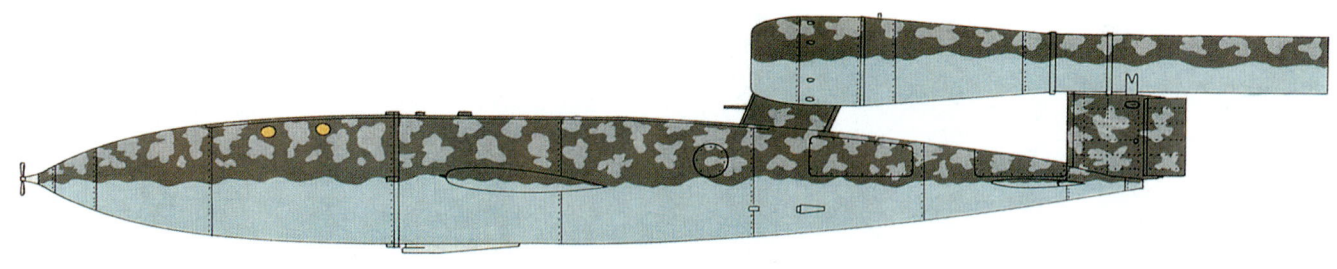

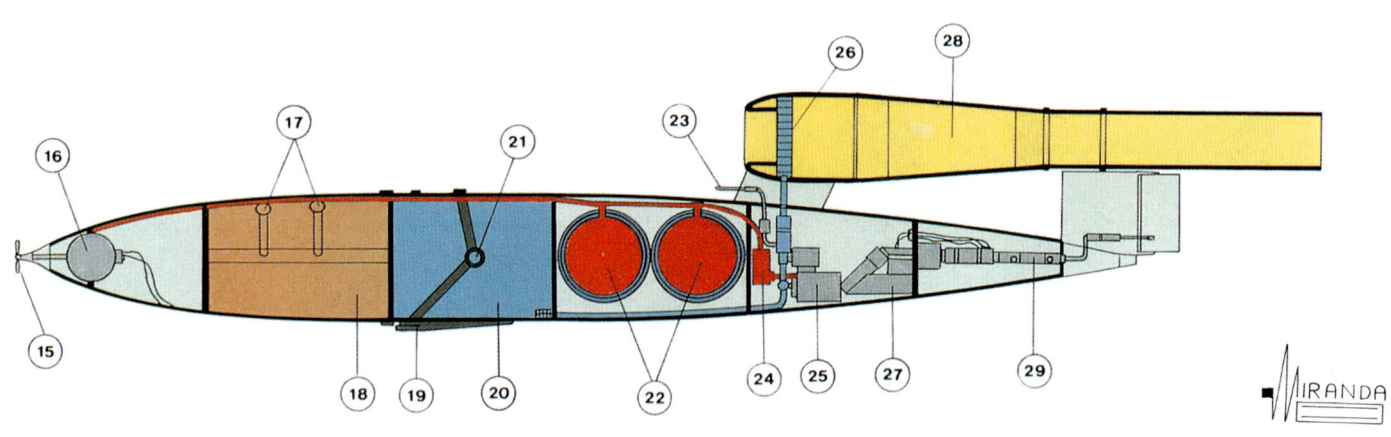

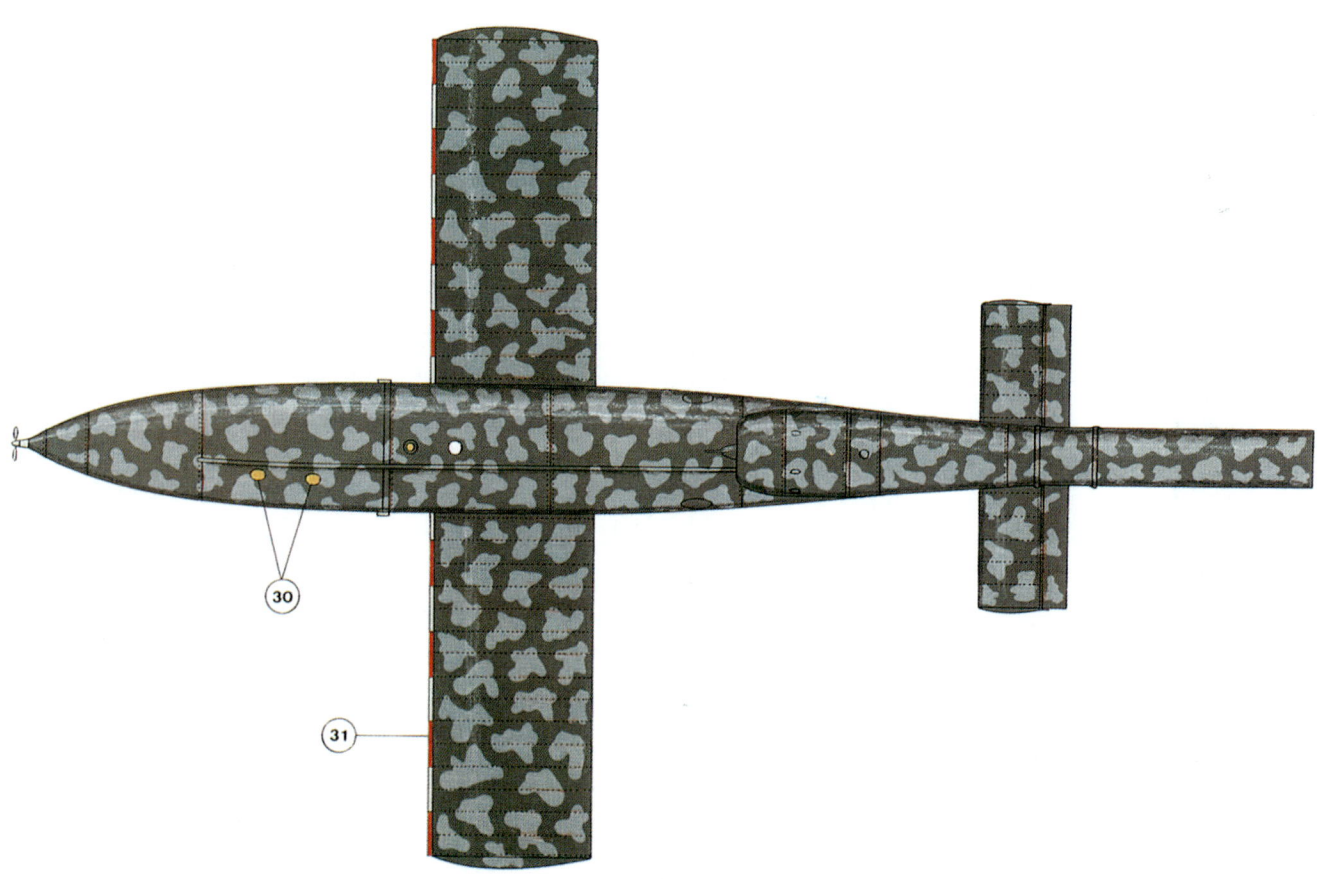

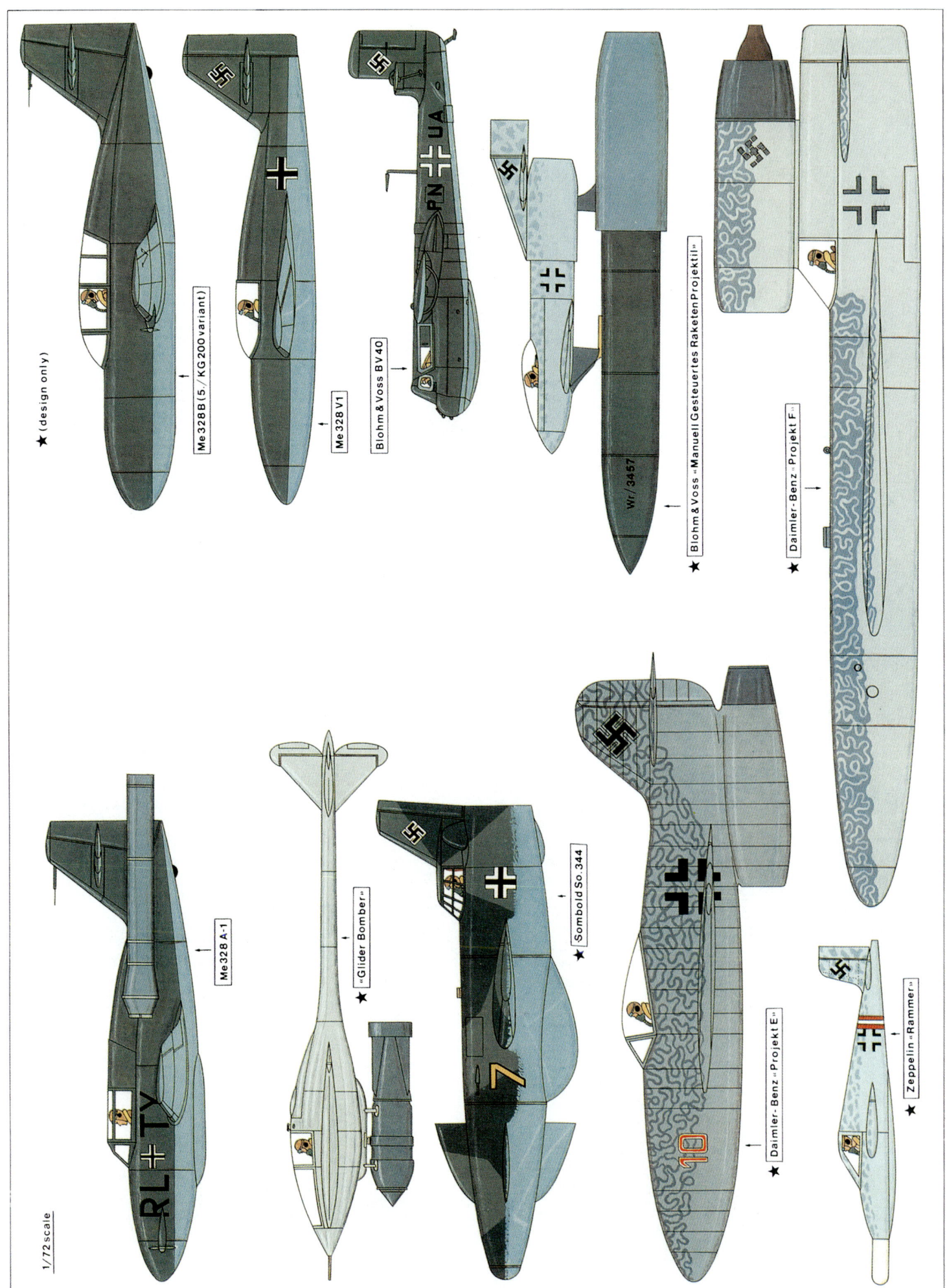

★ (design only)

1/72 scale

Me 328 B (5./KG 200 variant)

Me 328 V1

Blohm & Voss BV 40

Blohm & Voss «Manuell Gesteuertes Raketen Projekti!»
★

Wr./3457

Daimler-Benz «Projekt F»
★

Me 328 A-1

«Glider Bomber»
★

Sombold So.344
★

Daimler-Benz «Projekt E»
★

Zeppelin «Rammer»
★

131

10

11

12

Feuerleitpanzer Sd. Kfz. 7/3
(launch control vehicle)

Kesselanhänger für Flüssig-Sauerstoff
(LOX container)

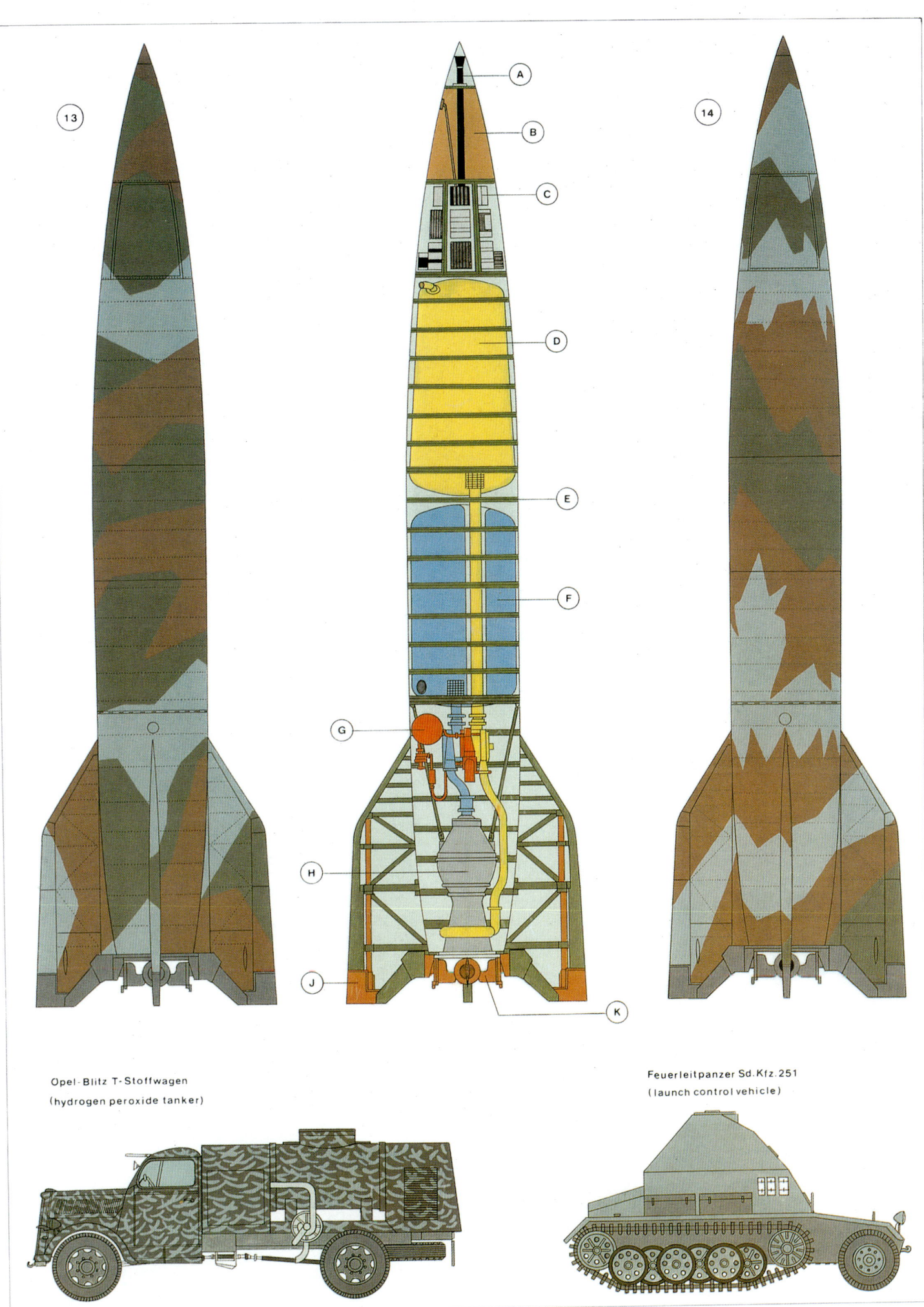

13

A
B
C
D
E
F
G
H
J
K

14

Opel-Blitz T-Stoffwagen
(hydrogen peroxide tanker)

Feuerleitpanzer Sd.Kfz.251
(launch control vehicle)

15

16

17

Meiller-Wagen
(erector trailer)

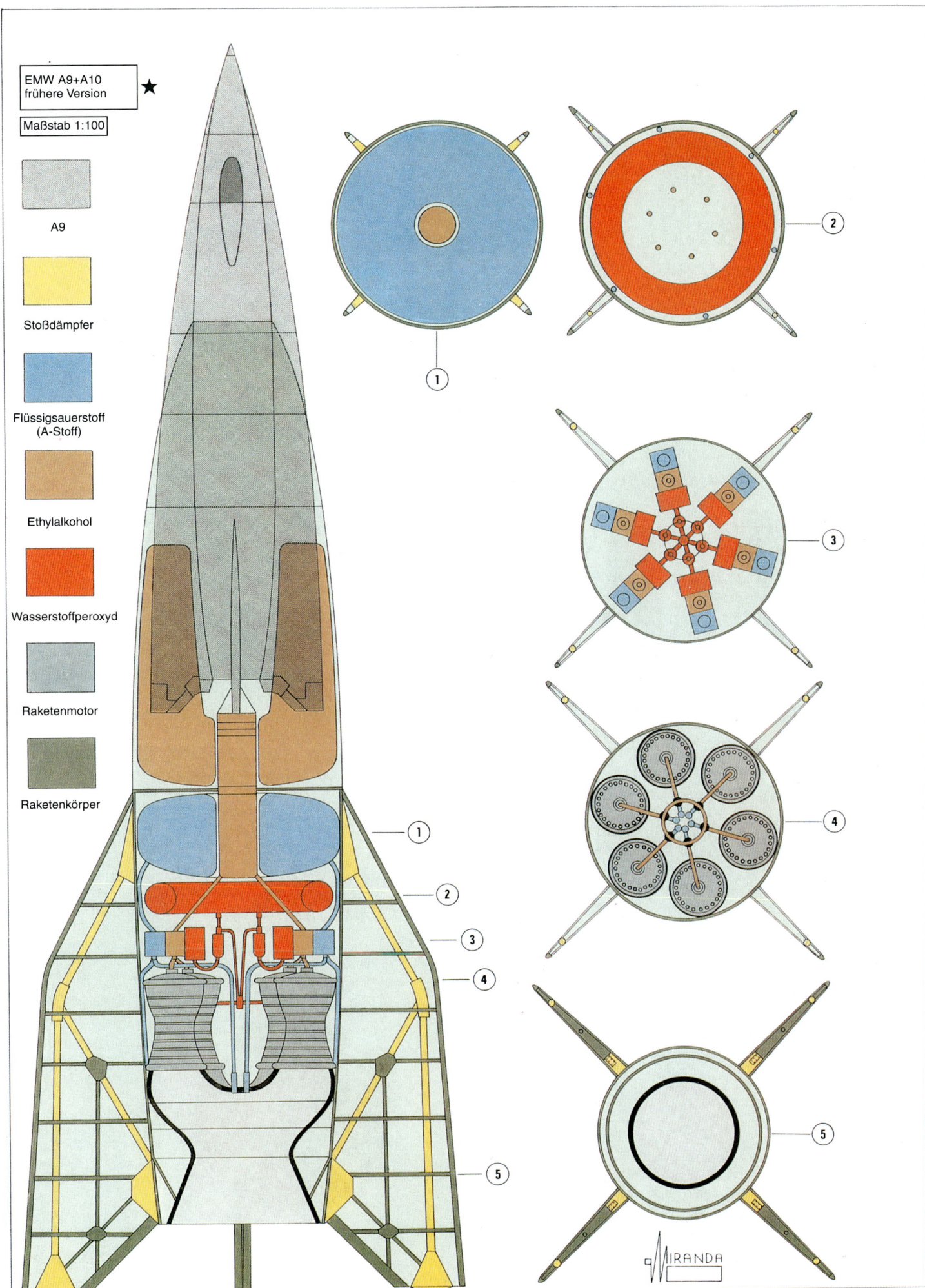

EMW A9+A10
frühere Version ★

Maßstab 1:100

A9

Stoßdämpfer

Flüssigsauerstoff
(A-Stoff)

Ethylalkohol

Wasserstoffperoxyd

Raketenmotor

Raketenkörper

MIRANDA

135

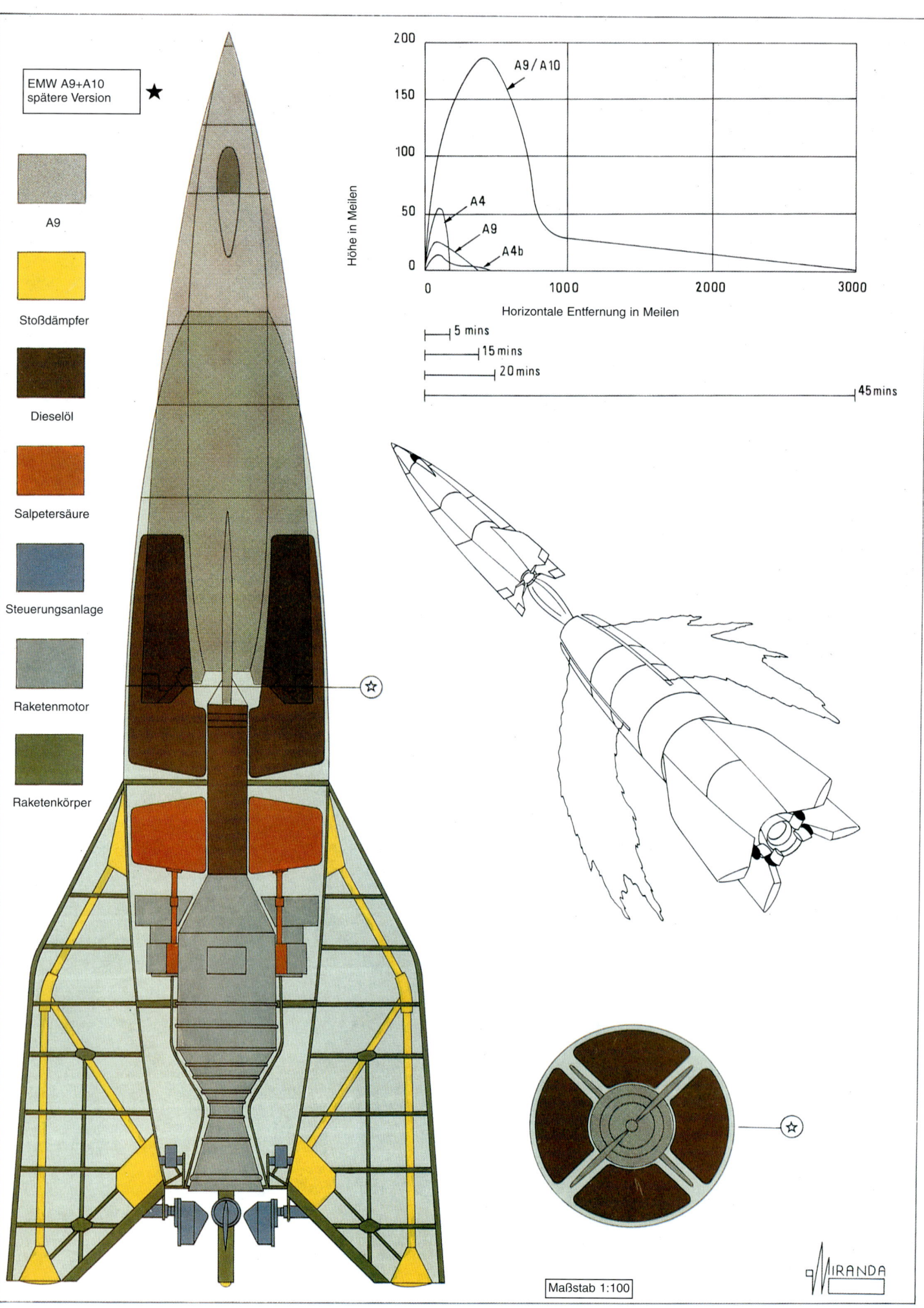

EMW A9+A10
spätere Version ★

A9

Stoßdämpfer

Dieselöl

Salpetersäure

Steuerungsanlage

Raketenmotor

Raketenkörper

Höhe in Meilen

200

150

100

50

A9 / A10

A4

A9

A4b

0   1000   2000   3000

Horizontale Entfernung in Meilen

5 mins

15 mins

20 mins

45 mins

☆

☆

Maßstab 1:100

MIRANDA

EMW A9+A10

scale 1/100

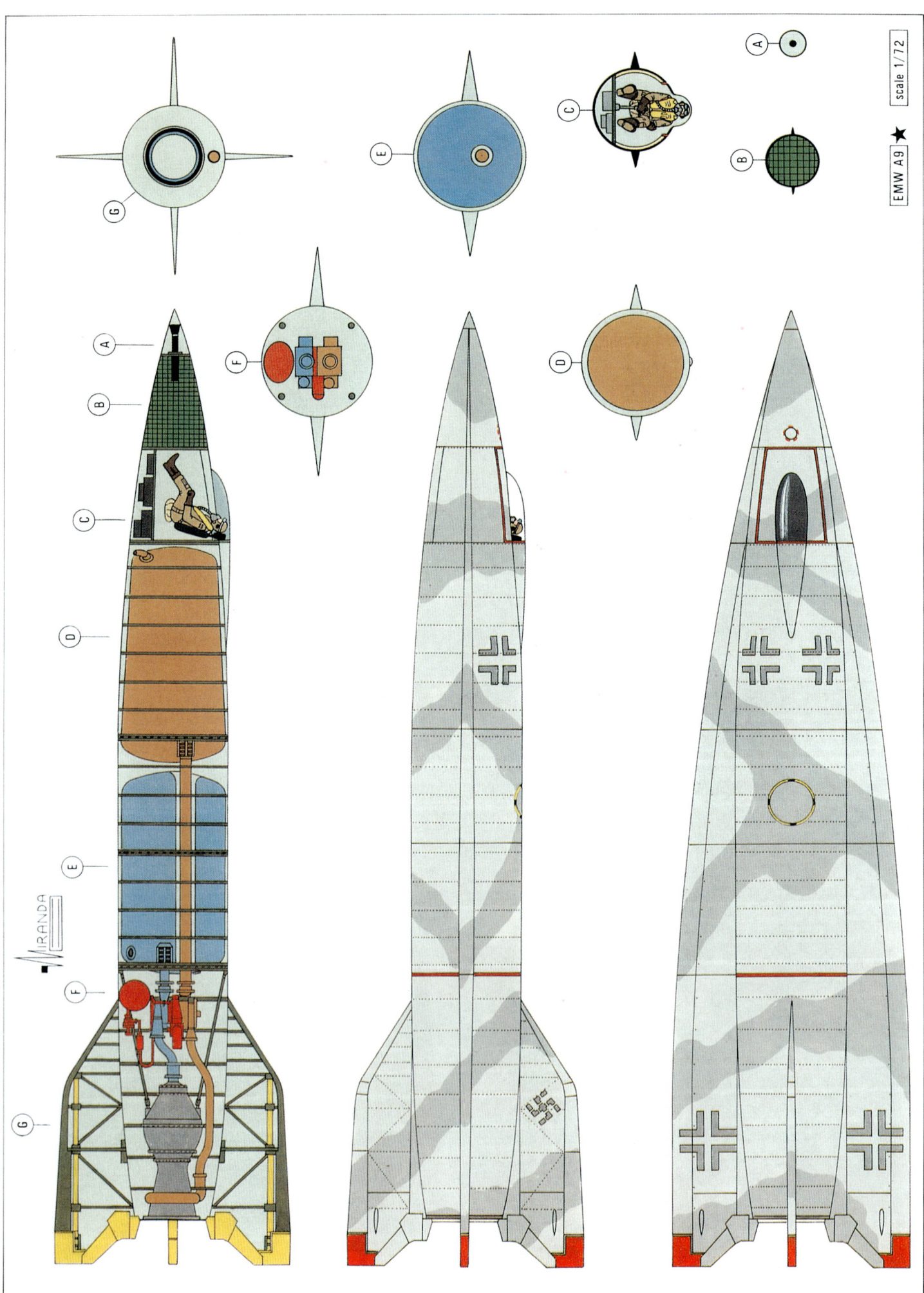

scale 1/72

EMW A9 ★

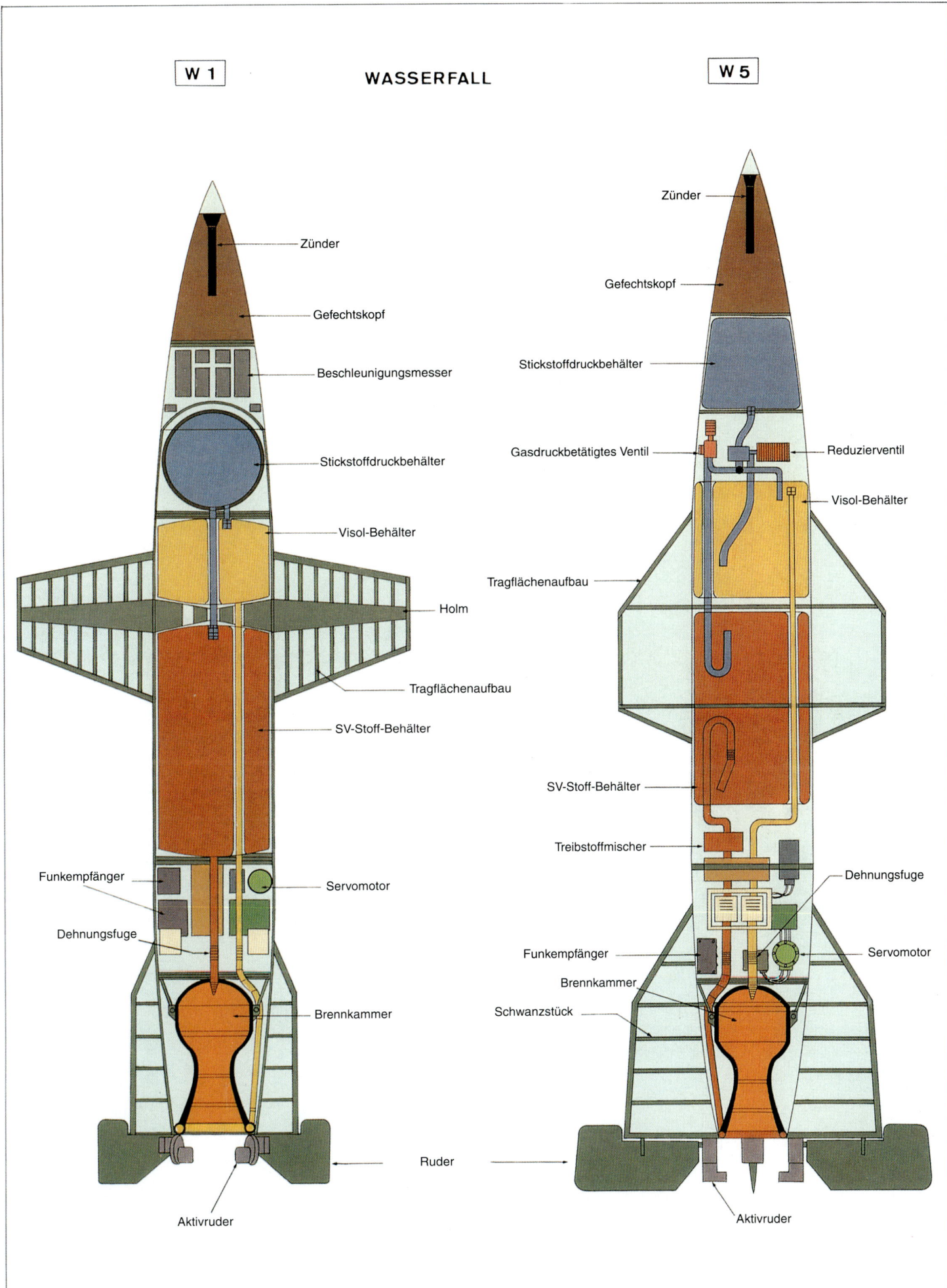

Zünder

Gefechtskopf

Beschleunigungsmesser

Stickstoffdruckbehälter

Visol-Behälter

Holm

Tragflächenaufbau

SV-Stoff-Behälter

Funkempfänger

Dehnungsfuge

Servomotor

Brennkammer

Ruder

Aktivruder

Zünder

Gefechtskopf

Stickstoffdruckbehälter

Gasdruckbetätigtes Ventil

Reduzierventil

Visol-Behälter

Tragflächenaufbau

SV-Stoff-Behälter

Treibstoffmischer

Dehnungsfuge

Funkempfänger

Servomotor

Brennkammer

Schwanzstück

Aktivruder

ENZIAN

E-2   E-3B

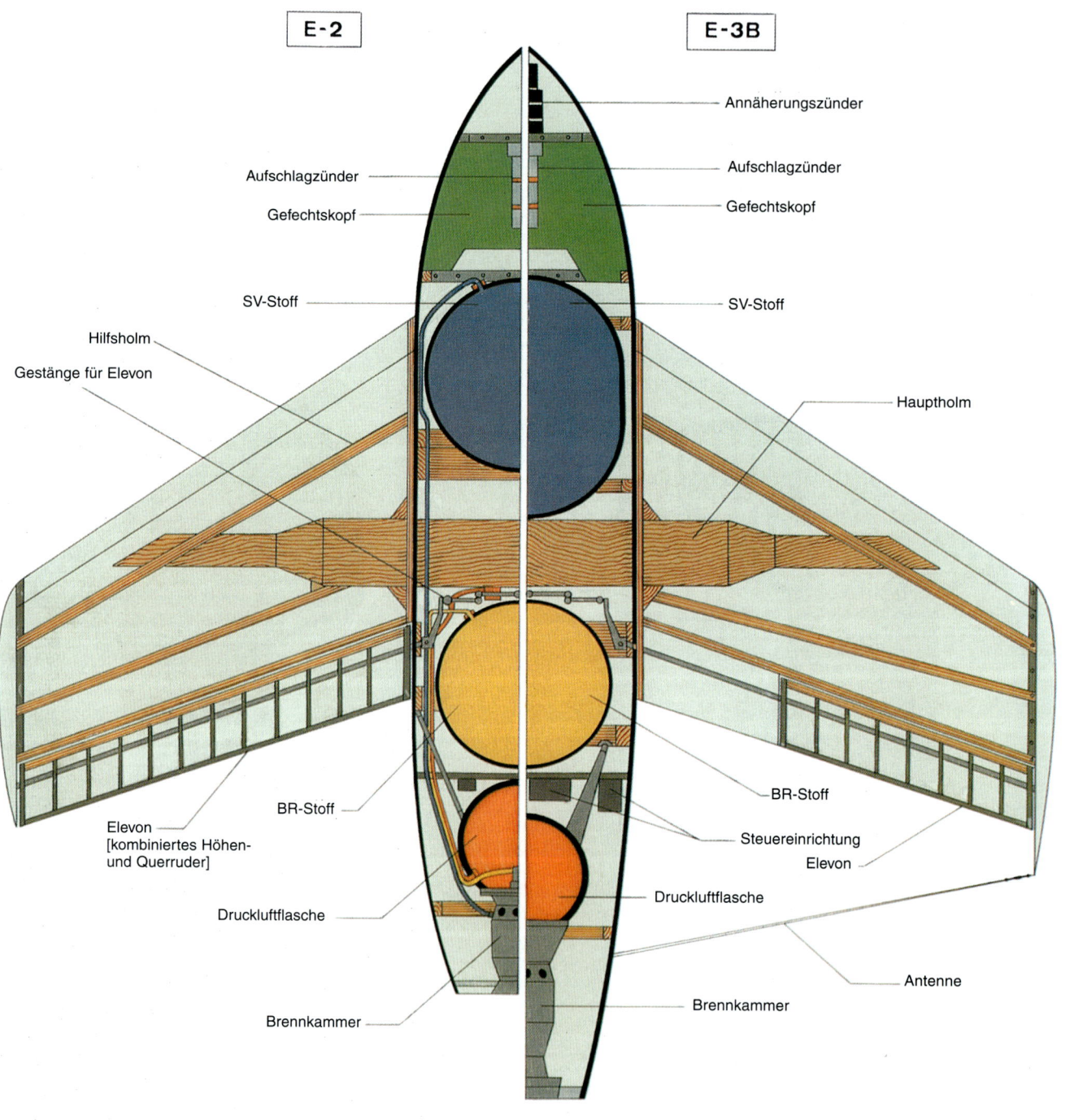

Annäherungszünder

Aufschlagzünder   Aufschlagzünder

Gefechtskopf   Gefechtskopf

SV-Stoff   SV-Stoff

Hilfsholm

Gestänge für Elevon   Hauptholm

Elevon
[kombiniertes Höhen-
und Querruder]

BR-Stoff   BR-Stoff

Steuereinrichtung
Elevon

Druckluftflasche   Druckluftflasche

Antenne

Brennkammer   Brennkammer

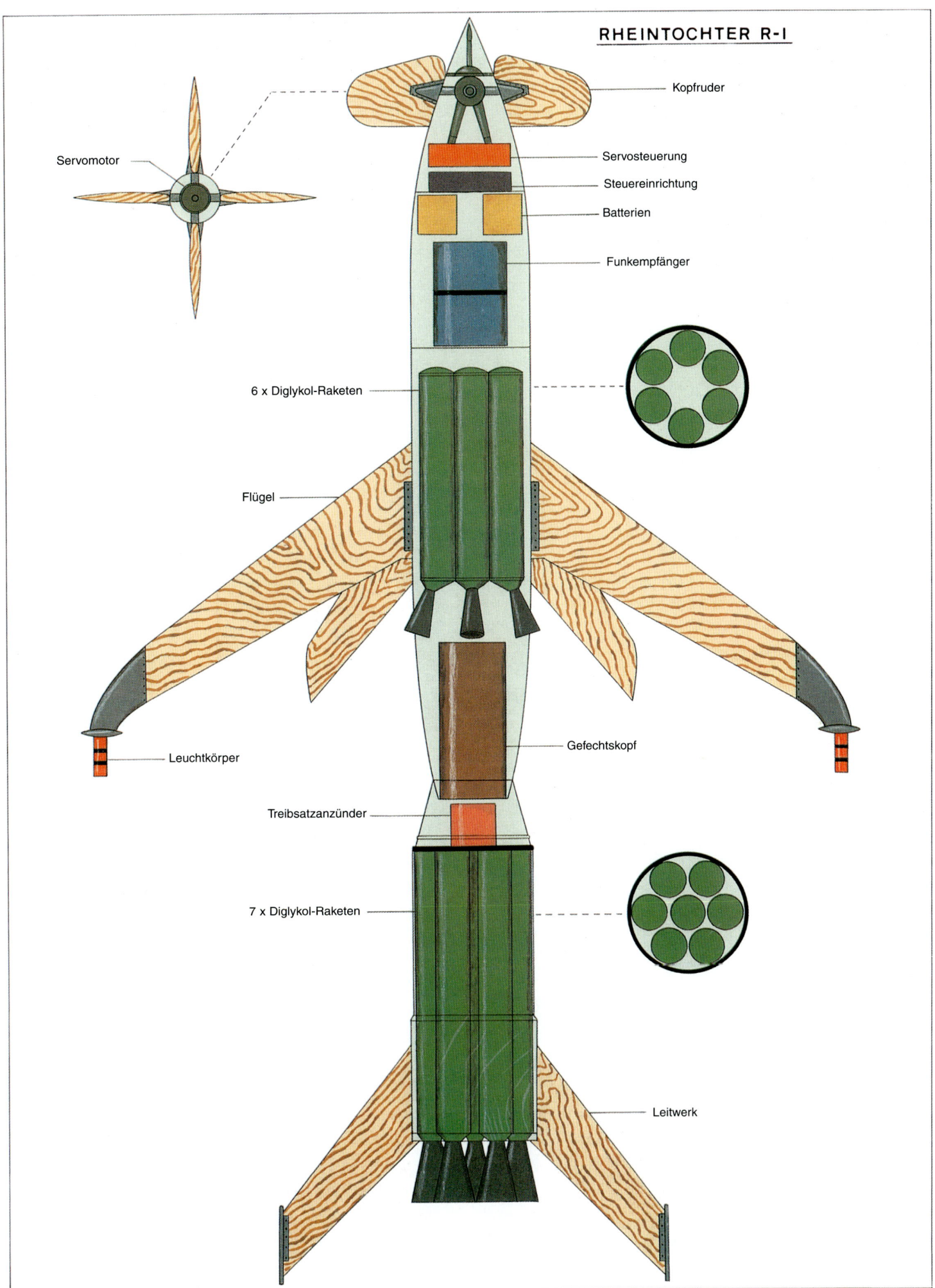

RHEINTOCHTER R-I

Servomotor

Kopfruder

Servosteuerung

Steuereinrichtung

Batterien

Funkempfänger

6 x Diglykol-Raketen

Flügel

Leuchtkörper

Gefechtskopf

Treibsatzanzünder

7 x Diglykol-Raketen

Leitwerk

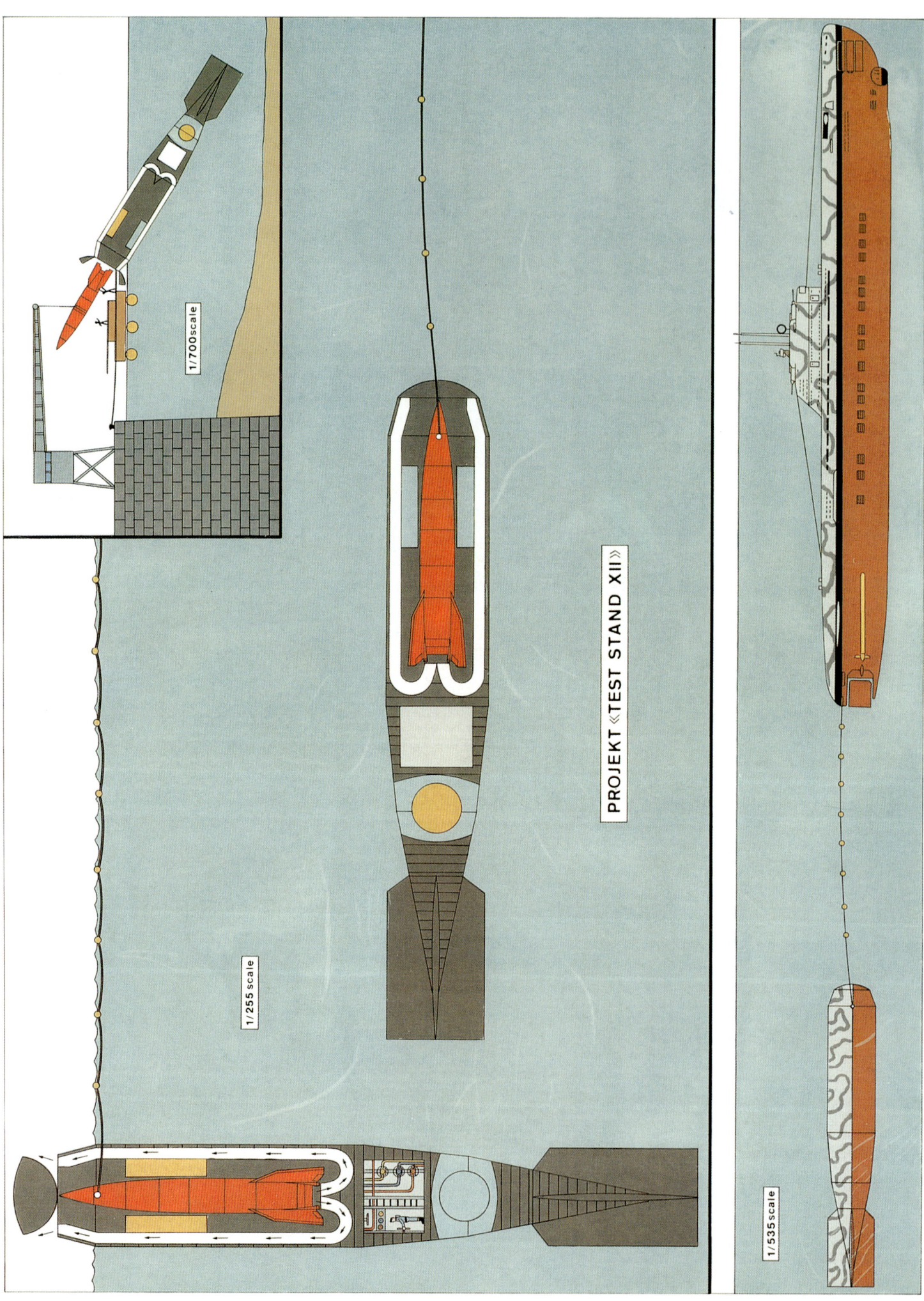

PROJEKT 《TEST STAND XII》

1/700scale

1/255 scale

1/535scale

HS 293

Eine der seltenen Henschel Hs 293 Lenkwaffen im Militärmuseum Oslo, Norwegen.

Ruhrstahl Kramer „Fritz-X" und Hs 293 in Prag/Kbely.

Fieseler Fi 103 / V-1

Die auf dieser Seite dargestellte Fotofolge zeigt eine V-1 Stellung, nachgebaut in Duxford, England mit entsprechenden Zusatzgeräten.